河南省煤矿安全监管执法手册(试行)

(上册)

河南省煤炭工业管理办公室
河 南 煤 矿 安 全 监 察 局 编

中国矿业大学出版社

内 容 提 要

本书分上下两册，上册由两部分组成，第一部分包括总则、监管执法计划编制和审批、现场检查、行政处罚、行政强制、执法结果处置、行政复议、应诉和国家赔偿等方面内容，涵盖监管执法活动的全过程。第二部分为常用执法文书制作，包括制作模板、文书介绍、制作要求等，涵盖煤矿安全监管执法活动每个环节文件的规范性制作。下册内容为煤矿安全监管现场检查表，主要内容为煤矿规程、规定、标准以及河南省有关煤矿安全的要求等。

图书在版编目(CIP)数据

河南省煤矿安全监管执法手册：试行：全2册 / 河南省煤炭工业管理办公室，河南煤矿安全监察局编. —徐州：中国矿业大学出版社，2018.5(2018.7重印)

ISBN 978-7-5646-3984-6

Ⅰ.①河… Ⅱ.①河… ②河… Ⅲ.①矿山安全—安全管理—行政执法—河南—手册 Ⅳ.①D927.610.254-62

中国版本图书馆CIP数据核字(2018)第112704号

书　　名　河南省煤矿安全监管执法手册(试行)(上册)
编　　者　河南省煤炭工业管理办公室
　　　　　河南煤矿安全监察局
责任编辑　王加俊　耿东锋
出版发行　中国矿业大学出版社有限责任公司
　　　　　(江苏省徐州市解放南路　邮编 221008)
营销热线　(0516)83885307　83884995
出版服务　(0516)83885767　83884920
网　　址　http://www.cumtp.com　**E-mail**:cumtpvip@cumtp.com
印　　刷　徐州中矿大印发科技有限公司
开　　本　890×1240　1/32　**本册印张** 7.75　**本册插页** 1　**本册字数** 262千字
版次印次　2018年5月第1版　2018年7月第2次印刷
总 定 价　60.00元(上下册)

河南省煤炭工业管理办公室
河南煤矿安全监察局 文件

豫煤联〔2018〕103号

河南省煤炭工业管理办公室　河南煤矿安全监察局
关于印发《河南省煤矿安全监管执法手册(试行)》的
通　　知

各产煤省辖市、省直管县（市）煤矿安全监管及行业管理部门：

为进一步规范全省煤矿安全监管执法行为，指导并推进省、市、县（市、区）煤矿安全监管执法工作，促使我省煤矿安全监管执法工作走向标准化、规范化和法制化道路，河南省煤炭工业管理办公室、河南煤矿安全监察局组织编写了《河南省煤矿安全监管执法手册（试行)》。目前《河南省煤矿安全监管执法手册(试行)》已通过专家评审，并经河南省煤炭工业管理办公室、河南煤矿安全监察局审议通过，现予印发，请认真贯彻执行。

河南省煤炭工业管理办公室　河南煤矿安全监察局

2018年4月10日

编写委员会

编写办公室

主　　任：孔令辉

副 主 任：焦金永

成　　员：（以姓氏笔画为序）

王冰冰　朱　明　安益智　杜雅杉

张清来　欧阳进喜　高　剑　谢　添

主　　编：安益智　张清来

编写人员：（以姓氏笔画为序）

马向阳　王冰冰　田梁才　司德文

吕金辉　朱自勇　刘国正　庄启恒

齐保贤　许中华　李　锋　李　寒

李本辉　李红彬　李学同　余跃民

张　叠　陈　华　陈先哲　陈树强

岳鹏翔　孟召明　胡优良　茹纯洁

姜素涛　徐春华　黄宾宾　崔庆广

康怀玉　梁　华　彭向军　韩小六

程乐金　魏敬喜

序

为进一步规范我省煤矿安全监管行政执法行为，有力指导并推进省、市、县(市、区)煤矿安全监管执法工作，促使我省煤矿安全监管执法工作走向标准化、规范化和法制化的发展道路，省煤炭工业管理办公室联合河南煤矿安全监察局组织有关人员历时数月编写了《河南省煤矿安全监管执法手册(试行)》(以下简称《手册》)。该《手册》的编著是一项开创性的工作，系全国首例地方性煤矿安全监管执法手册，对依法开展煤矿安全监管执法，落实地方监管责任具有重要意义。

多年煤矿行业管理经验证明，要实现煤矿安全，在努力做好煤矿行业技术管理、安全生产监管等工作的基础上，煤矿安全监管执法是不可缺少的手段。煤矿安全监管执法是“国家监察、地方监管、企业负责”中的重要环节，只有“国家监察、地方监管、企业负责”三方同向发力，形成合力，严格落实企业主体责任，煤矿事故才能得到有效遏制。我省煤矿煤层赋存条件复杂，煤矿开采难度大，高瓦斯和突出矿井产能占比高，煤矿生产安全事故多发，迫切需要加强煤矿的安全监管执法工作，但受我省煤矿监管体制变革等历史因素的影响，当前我省煤矿监管执法还存在监管机构执法主体职责不明确，执法责任不落实，执法力度不够大，执法人员配备不足，检查执法不精准，执法程序不完整等诸多问题。要看到，我省相当一部分煤矿安全监管部门工作人员的业务知识不全面，执法能力偏弱，不敢执法，不会执法。

党的十九大报告作出了“中国特色社会主义进入新时代”的重大判断，把坚持全面依法治国确立为新时代坚持和发展中国特色社会主义基本方略的重要内容，必将引领我国社会主义法制建设进入新时代。《中共中央国务院关于推进安全生产领域改革发展的意见》明确强调,要建设高素质专业化执法队伍,提高执法水平。这些均要求我们注重培养煤矿安全监管人员的专业能力,提高执法效能和效果,适应新时代中国特色社会主义发展要求。另外,随着人民群众法治意识、维权意识不断提高,要求监管部门必须更加规范公正执法,做到法定职责必须为、法无授权不可为。

省煤管办和河南煤监局组织编写的《手册》是全省煤矿安全监管部门监管执法、依法行政的重要指导,是全省煤矿安全监管部门落实依法治省、规范执法的重要依据,将为全省的煤矿安全监管执法活动提供有力的法理保障。《手册》的印发将进一步提升全省的煤矿安全监管执法规范化水平,提高全省煤矿安全监管部门执法人员的执法能力和执法效能。

“天下之事,不难于立法,而难于法之必行”。我省各级煤矿安全监管人员都应认真学习并准确掌握《手册》的内容,做到每位监管执法人员都能规范执法。也希望大家在今后的工作中,以此书为指引,切实加大安全监管执法力度,围绕查大系统、治大灾害、除大隐患、防大事故的目标,严格标准,严格检查,严格执法,有力推动我省煤矿安全生产水平持续提升,实现煤矿的长治久安。以煤炭行业的持续、稳定、健康、绿色发展竞跑新时代河南全面建设社会主义现代化新征程,奋力谱写决胜全面小康、中原更加出采的辉煌篇章!

河南省煤炭工业管理办公室
河 南 煤 矿 安 全 监 察 局

2018 年 4 月

前　言

为进一步规范我省的煤矿安全监管执法行为、统一监管执法程序，保障煤矿安全监管部门依法履行职责，河南省煤炭工业管理办公室和河南煤矿安全监察局两单位共同组织编写了《河南省煤矿安全监管执法手册（试行）》（以下简称《手册》）。《手册》是指导全省煤矿安全监管部门及其行政执法人员公正执行法律法规和规程规定的内部规范。

《手册》分为上下两册。上册共八编二十一章，主要由两大部分组成，第一部分包括总则、监督检查计划、现场检查、行政处罚、行政强制、执法结果处置、行政复议、应诉和国家赔偿等，涵盖了监管执法活动的全过程内容，在规范执法程序、如何开展监管执法等方面给予监管部门执法人员作出全面指导。第二部分为常用执法文书制作，涵盖煤矿安全监管执法活动过程每个环节的规范性文件制作，其包括制作模板、文书介绍、制作要求等相关内容，执法人员在制作执法文书时可直接参考应用。下册内容为煤矿安全监管现场检查表，引用了国家安监总局、国家煤监局编制的煤矿监察执法手册的检查表，主要内容为《煤矿安全规程》等规章、规程、规定和标准的内容以及我省有关煤矿安全的要求，供执法人员做现场检查方案时直接抽取或参考使用。

本书自 2017 年 6 月开始组织编写，经历了前期广泛调研、初稿编制、集中修改完善、广泛征求意见、省内外实地调研、专家论证修改等阶段。河南省煤炭工业管理办公室和河南煤矿安全监察局两单位领导对此项工作高度重视，分别指派专人负责具体编写工作，编委会和编写办的同志都为《手册》的编写付出了辛勤的劳动。本书在编写当中得到了国家煤矿安全监察局、河南煤监局豫南分局和豫西分局、郑州市煤管局、洛阳市煤炭局、许昌市安监局、巩义市煤管局、禹州市煤炭局等煤矿监管监察部门以及河南能源化工集团、郑煤集团郑州工业技师学院、中煤河南新能公司王行庄煤矿等单位的大力支持,河南省人民政府法制办公室、河南省发展和改革委员会、河南省安全生产监督管理局执法监察总队的有关同志也对本书的编写给予了指导,在此一并表示感谢。

由于时间仓促和水平所限,书中不妥之处在所难免,敬请大家多多批评指正。

编　者

2018 年 4 月

目　录

第一编　总　则

第一章　一般规定

1.1　制定目的和依据

为加强我省煤矿安全生产监管执法规范化建设，统一执法程序，规范执法行为，保障煤矿安全监管部门依法履行职责，依照现行国家有关法律、行政法规、地方性法规、部门规章和其他规范性文件规定，制定本《手册》。

1.2　适用范围

1.2.1　本《手册》是指引煤矿安全监管部门及其行政执法人员严格、规范、公正、文明执行法律、法规和规章规定的内部规范，仅限本省煤矿安全监管部门内部适用，不得在任何法律文书中引用。

1.2.2　本《手册》所称的煤矿安全生产监管执法，是指煤矿安全监管部门及其行政执法人员依照法定的职权和程序，对煤矿企业实施的安全生产（含职业卫生）行政许可、监督检查、行政处罚、行政强制等影响行政相对人权利、义务的行政行为，以及开展行政复议、参与行政诉讼、履行国家赔偿义务等行政行为的总称。

1.2.3　我省各级煤矿安全监管部门及其行政执法人员，应当遵守本《手册》规定。根据授权、委托开展煤矿安全生产监管执法的组织或者机构，参照本《手册》开展煤矿安全生产监管执法。

1.2.4　本《手册》依据的法律法规和规范性文件有修改的，以最新文本为准。法律法规和规范性文件对煤矿安全生产监管执法工作另有规定的，从其规定。

1.2.5　本《手册》不含行政许可、事故调查等方面的法规、规章内容。

1.2.6　本《手册》第八编所附常用执法文书式样，不得擅自修改。认为有必要予以修改完善的，应当及时书面报告河南省煤炭工业管理办公室。

1.3　基本要求

1.3.1　煤矿安全监管部门应当建立安全生产执法信息公示制度，将执法的依据、程序和结果等事项向当事人公开，并按规定在本单位政府网站或者通过其他方式向社会公示，接受社会公众的监督(涉及国家秘密、商业秘密、个人隐私的除外)。

1.3.2　煤矿安全监管部门行政执法人员，应当坚守法治信仰，遵守宪法和法律，忠于职守，坚持原则，秉公执法。

1.3.3　煤矿安全监管部门行政执法人员在开展安全监管执法过程中，应当遵守下列基本要求：

(1) 按照规定的权限和程序，在法定职责范围内实施监督检查，不得影响被检查单位的正常生产经营活动。

(2) 在执行监督检查任务时，应当出示有效证件。

(3) 调查取证合法、及时、客观、全面，案件事实清楚，证据确凿，手续完备，程序合法。

(4) 行使行政处罚自由裁量权，应当遵循合法、公平、公正、公开的原则，依法维护公民、法人和其他组织的合法权益。

(5) 清正廉洁，公道正派，服从和执行上级依法作出的决定和命令。

(6) 若涉及被检查单位的技术秘密和业务秘密，应当为其保密。

(7) 执法文书规范、完备，案卷规范。

1.3.4　煤矿安全监管部门行政执法人员开展监管执法，严禁有下列行为：

(1) 推诿或者拒绝履行法定职责；越权执法，滥用职权。

(2) 在监督检查工作中，索取或者接受生产经营单位的财物或者为自己、亲友或者他人谋求利益。

(3) 参加生产经营单位安排、组织或者支付费用的宴请、娱乐、旅游、出访等活动。

(4) 违反规定在对涉及安全生产的有关事项进行检查、验收中收取费用;要求接受检查、验收的单位购买其指定品牌或者指定生产、销售单位的安全设备、器材或者其他产品。

(5) 以任何形式从事安全生产中介活动,或收取中介机构提供的钱物。

(6) 违反“收支两条线”规定,私自处理、留置罚没财产。

(7) 弄虚作假,隐瞒、包庇、纵容违法行为。

(8) 其他违法违纪的行为。

1.4 修订

本《手册》视情况由河南省煤炭工业管理办公室、河南煤矿安全监察局适时修订。

1.5 实施时间

本《手册》自印发之日起施行。

有关法律、法规、规章及规范性文件

(1)《中华人民共和国煤炭法》。

(2)《中华人民共和国矿山安全法》。

(3)《中华人民共和国安全生产法》。

(4)《中华人民共和国职业病防治法》。

(5)《中华人民共和国刑法》。

(6)《中华人民共和国行政处罚法》。

(7)《中华人民共和国行政许可法》。

(8)《中华人民共和国行政强制法》。

(9)《中华人民共和国行政复议法》。

(10)《中华人民共和国行政诉讼法》。

(11)《中华人民共和国公务员法》。

(12)《安全生产监管监察职责和行政执法责任追究的暂行规定》(国家安全生产监督管理总局令第 24 号)。

(13)《安全生产行政处罚自由裁量适用规则(试行)》(国家安全生产监督管理总局令第 31 号)。

(14)《关于印发安全生产执法人员履职行为“四个零”规定的通知》(安监总党〔2013〕27 号)。

第二编　监督检查计划

第二章　安全生产年度监督检查计划

2.1　基本要求

2.1.1　安全生产监督检查(以下简称监督检查),是指安全监管部门按照职责分工,对有关生产经营单位遵守安全生产、职业健康的法律、法规、规章以及国家标准、行业标准的情况进行监督检查,依法采取现场处理、行政强制、行政处罚等措施的行政执法行为。

2.1.2　煤矿安全监管部门应当按照分类分级监督管理的要求,制定安全生产年度监督检查计划,并组织实施。

煤矿安全监管部门编制的年度监督检查计划应当相互衔接,避免在监督检查对象、内容和时间上重复或者监督检查缺位。

2.1.3　煤矿安全监管部门应当按照经过批准的年度监督检查计划开展安全生产监督检查工作。

2.2　编制原则及考虑因素

2.2.1　编制原则:煤矿安全监管部门应当按照统筹兼顾、分类分级、突出重点、提高效能、留有余地的原则,编制年度监督检查计划。

2.2.2　考虑因素:煤矿安全监管部门编制监督检查计划,应当综合考虑下列因素:

(1) 行政执法人员的数量和能力。

(2) 本部门监督检查职责范围内煤矿企业的数量、分布、生产规模及其安全生产状况。

（3）重点检查的区域及煤矿企业状况。

（4）道路交通状况以及执法车辆、技术装备配备和执法经费情况。

（5）影响年度监督检查计划执行的其他因素。

2.2.3　总法定工作日，是指国家规定的法定工作日和本部门行政执法人员总数的乘积。纳入计算行政执法人员数量的比例，省级煤矿安全监管部门（不含其专门执法机构，下同）不得低于在册人数的60%，设区的市级煤矿安全监管部门不得低于在册人数的70%，县级煤矿安全监管部门不得低于在册人数的80%，专门执法机构不得低于在册人数的90%。专门执法机构是指有关煤矿安全监管部门所属的安全生产行政执法队伍。

2.2.4　监督检查工作日，是指煤矿安全监管部门对煤矿企业开展监督检查的工作日。其数额为总法定工作日减去其他执法工作日、非执法工作日所剩余的工作日。

监督检查工作日包括重点检查工作日和一般检查工作日。重点检查工作日是指对重点检查单位开展监督检查所需要占用的工作日；一般检查工作日是指对重点检查单位以外的煤矿企业进行监督检查所需要占用的工作日。

2.2.5　其他执法工作日，是指下列工作预计所占用的工作日：

（1）参与开展的安全生产综合监管。

（2）实施行政许可。

（3）参与生产安全事故调查和处理。

（4）调查核实安全生产投诉举报。

（5）参加有关部门联合执法。

（6）办理有关法律、法规、规章规定的登记、备案。

（7）开展对中介服务机构的监督检查。

（8）开展安全生产宣传教育培训。

（9）办理行政复议、行政应诉。

（10）完成本级人民政府或者上级煤矿安全监管部门安排的执法工作任务。

2.2.6　非执法工作日，是指下列工作和事项预计所占用的工作日：

（1）机关值班。

（2）学习、培训、考核、会议。

(3) 检查指导下级煤矿安全监管部门工作。

(4) 参加党群活动。

(5) 病假、事假。

(6) 法定年休假、探亲假、婚(丧)假。

其他执法工作日、非执法工作日,按照前三年度的平均值测算。

2.3 监督检查计划的内容

2.3.1 监督检查计划应包含的内容如下:

(1) 工作目标和主要任务。

(2) 行政执法人员数量和总法定工作日、监督检查工作日、其他执法工作日、非执法工作日。

(3) 重点检查安排:重点检查单位范围、数量、名称,计划检查次数、时间安排及在年度监督检查计划中的占比等。

(4) 一般检查安排:一般检查单位范围、数量,时间安排及在年度监督检查计划中的占比等。

(5) 总法定工作日、监督检查工作日、其他执法工作日、非执法工作日测算的说明。

2.3.2 对监督检查计划内容的基本要求如下:

(1) 年度监督检查计划包括重点检查、一般检查两个部分的安排,以重点检查为主。重点检查的比例一般不低于60%。

(2) 年度监督检查计划中的重点检查安排,应当明确重点检查单位的范围、数量、名称及计划检查次数。

重点检查单位范围如下:

① 安全生产风险或者职业病危害风险等级较高的煤矿。

② 近三年发生过造成人员死亡的生产安全事故或者发生过群发性职业病危害事件的煤矿。

③ 纳入安全生产失信行为联合惩戒对象的煤矿。

④ 发现存在重大生产安全事故隐患的煤矿。

⑤ 发现存在作业岗位职业病危害因素的强度或者浓度严重超标的煤矿。

⑥ 试生产或者复工复产的煤矿。

⑦ 其他应当纳入重点检查安排的煤矿。

(3) 年度监督检查计划中的一般检查安排,应当明确一般检查单位的范围、数量。

一般检查单位范围如下：

① 本部门负责监督检查的重点检查单位以外的煤矿。

② 对下级煤矿安全监管部门负责监督检查的煤矿进行抽查所涉及的煤矿。

③ 其他应当纳入一般检查安排的煤矿。

（4）实施一般检查，应当采用“双随机”（随机选取被检查单位、随机确定监督检查人员）抽查方式，因监督检查人员数量、专业等限制难以实施“双随机”抽查的，应当随机选取被检查单位；实施重点检查的，应当结合实际情况随机确定监督检查人员。

2.4　监督检查计划编制程序

2.4.1　煤矿安全监管部门应当指定一个内设机构负责编制年度监督检查计划。各内设执法机构、专门执法机构根据其职责提出具体年度监督检查计划，由负责编制年度监督检查计划的机构统一审核编制。

2.4.2　设区的市级、县级煤矿安全监管部门初步拟订年度监督检查计划后，应当分别抄报省级、设区的市级煤矿安全监管部门征求意见。省级煤矿安全监管部门制订年度监督检查计划时，应当听取设区的市级、县级煤矿安全监管部门的意见。

2.4.3　煤矿安全监管部门编制的年度监督检查计划，应当经本部门领导集体讨论通过后，报本级人民政府批准。年度监督检查计划经批准后，应当于每年 3 月底前报上一级煤矿安全监管部门备案。

年度监督检查计划报批、备案时，应当一并报送上一个年度监督检查计划的执行情况及相关数据。

根据授权或者受委托开展煤矿安全生产监督检查的组织或者机构编制的监督检查计划，应当按照相关规定报授权、委托的人民政府或者煤矿安全监管部门批准并备案。

2.4.4　年度监督检查计划批准后，煤矿安全监管部门按照有关工作部署组织开展安全生产大检查、专项治理。需对年度监督检查计划作出重大调整的，应当在 30 日内按照规定重新履行报批和备案手续。

上述重大调整是指有下列情形之一的：

① 重点检查单位的数量减少幅度超过计划 10%，或者重点检查单位的范围发生变更的。

② 监督检查单位的数量减少幅度超过计划20%的。

③ 其他需要报批的情形。

年度监督检查计划有重大调整的,应当同时核定相应的工作量。

年度监督检查计划发生部分调整或者变更的,煤矿安全监管部门应当及时制作有关文件,以存档备查。

2.5 月度监督检查计划

月度监督检查计划的编制依照本地区、本部门相关规定执行。

有关法律、法规、规章及规范性文件

(1)《中华人民共和国安全生产法》。

(2)《安全生产监管监察职责和行政执法责任追究的暂行规定》(国家安全生产监督管理总局令第24号)。

(3)《河南省人民政府办公厅关于进一步加强煤矿安全管理的通知》(豫政办〔2014〕163号)。

(4)《国家安全监管总局关于印发〈安全生产年度监督检查计划编制办法〉的通知》(安监总政法〔2017〕150号)。

第三编　现场检查

第三章　检查前准备

开展现场检查前，应当了解被检查单位基本情况，查阅被检查单位图纸、安全生产信息等资料，明确检查的内容和方法，编制现场检查方案，做好检查准备工作。

3.1　编制现场检查方案

3.1.1　基本概念：现场检查方案是依据监督检查计划制作的，包括检查对象、检查方式、检查时间、检查地点、检查内容和检查人员分工等信息的一种执法文书，是检查人员现场检查的基本依据。

现场检查方案直接规定现场检查实施的内容和要求，对现场检查具有指导作用。

3.1.2　现场检查方案编制原则及主要内容如下：

(1) 编制主体：现场检查方案由执法检查带队负责人组织参加检查人员讨论研究编制，并经执法检查带队负责人审核批准后实施。

(2) 编制原则：编制现场检查方案应当遵循结合实际、突出重点、重在操作的原则。制作之前，应当对矿井的基本情况、主要安全生产系统、采掘作业地点等有基本了解，保证检查方案的针对性和可操作性。

(3) 主要内容：应包括被检查单位名称、检查方式、检查的具体时间、被检查单位概况、检查主要内容及分工和其他事项等要素。

现场检查方案应依照本《手册》第八编“常用执法文书制作”要求编制。

3.2　资料和装备准备

3.2.1　文书及证件准备：主要包括执法证件、相关法律法规、国家和行业标准及规程、执法文书等。

3.2.2　装备准备：主要包括检查所需的执法车辆，执法记录仪，照相、录音、检验、检测工具仪器，笔记本电脑等。

有关法律、法规、规章及规范性文件

(1)《安全生产监管监察职责和行政执法责任追究的暂行规定》(国家安全生产监督管理总局令第24号)。

(2)《国务院办公厅关于加强安全生产监管执法的通知》(国办发〔2015〕20号)。

(3)《国家安全监管总局 国家煤矿安监局关于进一步加强和规范煤矿图纸管理和监管监察工作的通知》(安监总煤调〔2014〕80号)。

第四章 检查组织实施

4.1 检查基本要求

4.1.1 检查人员应当熟悉有关安全生产法律、法规、标准，熟悉煤矿安全生产监管业务，具备执法资格，持有效执法证件。

现场检查人员应当不少于2人，并指定1名执法检查带队负责人；必要时可以聘请专家提供技术支撑，在带队负责人领导下进行现场检查。

4.1.2 应当按照批准的监督检查计划和现场检查方案依法实施检查，无监督检查计划或者无单位安排，检查人员严禁擅自开展执法检查。

4.1.3 进入作业场所检查时，必须遵守法律、法规和标准，并应当采取必要的安全防范措施，配备必要的个体防护装备，注意所在环境等的安全状况，确保人身安全。

4.1.4 检查过程中应有被检查单位相关人员配合、陪同检查，现场能够确认的违法违规行为和事故隐患应当当场告知陪同检查人员；现场不能够确认的违法违规行为和事故隐患，经调查确认后应及时告知陪同检查人员。对检查过程发现的疑点或者问题现场尚无证据证明的，应当仔细询问相关人员，查找证据，查清事实。采取现场试验、现场操作、现场实测等方法检查时，被检查单位人员应当现场见证。陪同检查人员对检查结论有异议的，应当进一步核查确认。

4.1.5 应当做好有关文字、图片、音像、数据等资料的记录、收集和保存。配备使用便携式移动执法终端的，应当对现场执法过程记录；对违法违规行为和事故隐患的关键证据应当照相或者录像。

4.1.6 应当提前通知被检查单位准备有关材料。

4.1.7 不得影响被检查单位的正常生产经营活动。

4.1.8 检查人员应当充分尊重行政相对人的知情权、陈述权、申辩权，维护行政相对人的合法权益，对涉及被检查单位的技术秘密和商业秘密应当为其保密。

4.2 检查方式方法

4.2.1 检查方式:应当依据现场检查方案和检查列表逐项进行。

4.2.2 检查方法:针对检查具体内容可根据实际情况选择以下一种或者多种方法:

(1) 直观检查。对确定查看的技术、管理资料,音频视频资料,监测检测数据资料,设备状态监测资料,作业人员资料,作业场所、安全设施、职业病防护设施、安全生产系统等进行细致审阅和检查,以检查其合法性、合规性、正确性,从中发现违法违规行为和事故隐患。

直观检查应当围绕检查内容关键流程、关键环节、重要节点、效果指标(主要是瓦斯、水、火、冲击地压等指标)等进行检查,检查过程中应当注意检查它们之间是否关联、对应、闭合,不同信源相互印证。

(2) 现场试验。按照规定的方法对有关设备、设施和安全仪器仪表等进行试验,查看其功能是否符合规定。

(3) 操作检查。由现场作业人员对所从事的工作进行实际操作,查看操作过程、主要环节是否符合规定。

(4) 现场实测。按照规定的方法使用仪器仪表现场实测,检测有关参数,并与现场相关实时监测的数据及被检查单位提供的数据进行比对、核对,核查误差是否超过规定。

(5) 抽样检测。根据需要可按照规定的方法对设备、材料等进行抽样,委托具备资质的有关机构进行检测、检验,判定设备、材料等是否符合规定。

(6) 计算检查。按照规定的方法(没有具体规定的,参照专业通用的方法)对有关可疑数据的准确性重新计算复核,校核选取的参数是否合理。

(7) 核对检查。针对重大灾害治理方案措施、企业主体责任落实情况检查时,若其落实环节多、时间长、范围广而难以全覆盖检查,应当按照抽样原理随机抽检其关键环节的一项或者多项进行核对检查,对照相关规定与落实情况进行相互比较、追根溯源,以核对其是否相符。检查中应当利用人员定位、安全监控、作业场所视频监控、生产调度等信息化系统的历史和实时信息进行核对。

(8) 个别了解。对检查项目的关键工作内容、具体工作要求、重要工作流程落实过程中存在的违法违规行为、检查中发现的疑点和问题难以直接取得证据的,或者对作业人员安全管理规定和知识掌握情况进行检查的,可以向相关人员了解情况。了解情况可以与确定的对象单独进行。

4.3 检查实施

4.3.1 表明身份。检查开始时,应当主动向当事人或者相关人员出示合法有效的执法证件。未出示有效的执法证件,不得实施相关行政执法行为。

4.3.2 听取介绍。听取被检查单位介绍安全生产现状、生产布局、主要采掘工作面等情况,与检查方案进行核对,主要采掘工作面等信息不一致的应当询问变化原因,同时修改检查方案。

4.3.3 布置检查。告知检查的时间安排、内容、分工,以及所需提供的资料,明确配合、陪同检查的相关事项。

4.3.4 收集资料。根据检查资料清单分别收集所需资料。

4.3.5 熟悉资料。对收集的安全管理、重大灾害治理方案措施等生产资料应当认真阅读,熟悉被检查单位安全生产责任制、重大灾害治理等情况及相关规定。

4.3.6 对表检查。应当视被检查作业场所性质佩戴必需的安全防护用品,并对所携带的设备、仪器仪表等完好性进行确认后,按照检查方案、检查列表的内容开展检查。同时,应当向现场作业人员表明身份,告知配合检查事项。

4.3.7 检查过程控制。检查期间,监管执法带队负责人应当统筹协调检查进度,了解检查情况,做好检查人员之间相互协调配合,确保完成检查方案规定的工作任务。

4.4 违法违规事实和事故隐患认定

4.4.1 初步确认。检查过程发现的问题,应当当场告知行政相对人,行政相对人有异议或者提供新的证据的,应当认真进行核查和确认,结果应当当场告知行政相对人。同时,应当充分听取行政相对人的陈述和申辩,陈述和申辩理由成立的,要予以采纳。

4.4.2 对照规定核对。对检查发现的问题,应当对照有关法律、法规、标准进行认真核对,核对后提交讨论。

4.4.3 集体研究。针对检查人员核对后提交的意见,监管执法带队负责人应当组织检查人员逐条确认是否属于违法违规行为和事故隐患,无明确规定的问题不得认定为违法违规行为或者事故隐患。集体研究确认可与集体审核现场检查(勘验)笔录所要记录的问题一并进行。

4.4.4　复核检查。经过集体讨论认为不清、不实、不准的问题或者行政相对人有异议的问题，监管执法带队负责人应当指派有关人员进一步复核检查，做到事实清楚、证据确凿。

4.5　证据收集和保存

4.5.1　一般要求

检查期间发现有依法应当给予行政处罚的违法违规行为和事故隐患，应当收集、固定有关证据。

4.5.2　证据种类

现场检查需保存证据的种类主要有书证、物证、视听资料等。

4.5.3　收集类型

(1) 书证。包括原本、正本和副本。调查取证时一般应当留存原件，收集原件确有困难的，可以复制，复制件应当注明“经核对与原件无异”的字样，并有出具人、2 名以上执法人员的签名和日期。收集的复制件应注明出处，经相关部门(单位)核对无异后加盖其印章。

(2) 物证。应当及时收集、保存物证。对于数量较多的种类物，可以收集、保存其中的一部分。

(3) 视听资料。对作业场所发现违法违规行为和事故隐患证据难以再次验证或者容易消除的，应当进行照相或者录像，注明照相、录像地点、时间、检查人和证明对象等，并由证明人签名。

现场照相、录像应当符合以下基本要求：① 煤矿井下、瓦斯抽采泵房等场所照相、录像应当使用防爆设备；② 影像清晰，主题突出，层次分明，色彩真实；③ 清晰、准确记录现场原始状态。

(4) 原始载体。收集计算机数据或者录音、录像等视听资料的原始载体确有困难的，可以提供复制件，注明制作方法、制作时间、制作人和证明对象等，并由证明人签名；声音资料应当附有该声音内容的文字记录。

(5) 法律法规和司法解释规定的其他证据。

4.5.4　收集原则

(1) 必须依据法定程序和合法手段进行。

(2) 必须客观、全面，充分体现证据的本来面目，不能夸大，也不能缩小，更不能歪曲或者捏造。

(3) 必须严格按照取证规则取证。

4.5.5　证据保管

对收集到的书证、物证、视听资料、原始载体等应当妥善保管，防止证据材料丢失或者被转移、盗窃、破坏、更换。

4.5.6　先行登记保存

先行登记保存，是行政执法机关在调查或者进行检查过程中，遇到特殊紧急情况时所采取的一项证据保全措施，是对有证明作用的物品采取的一种强制性保管的措施。现场检查过程中应当对物证进行先行登记保存。

（1）先行登记保存的条件：在证据可能灭失或者以后难以取得的情况下，可以先行登记保存。

（2）决定先行登记保存：需要先行登记保存的，应当填写先行登记保存证据审批表，经检查单位负责人批准。

（3）进行先行登记保存：先行登记保存时，检查人员不得少于 2 人。检查人员应当表明执法身份，出示执法证件，告知证据持有人先行登记保存证据的期限、理由和依据。

对证据先行登记保存时，应当会同证据持有人或者见证人对证据的名称、数量、特征等进行认真清点、登记。必要时，应当对先行登记保存的证据进行拍照。

（4）制作先行登记保存证据物品清单和先行登记保存证据通知书。

4.5.7　先行登记保存证据的处理

对先行登记保存的证据，应当在 7 日内作出处理决定。

（1）违法事实成立依法应当予以没收的，作出行政处罚决定，予以没收；依法可以扣留或者封存的，予以扣留或者封存。

（2）违法事实不成立，或者依法不应当予以没收、扣留、封存的，解除登记保存。

逾期不作出处理决定的，视为自动解除。

（3）制作先行登记保存证据物品处理通知书。

4.6　抽样取证

4.6.1　抽样取证条件

对检查对象重要检验资料缺失、同类产品因质量问题发生事故或者与行政处罚案件有关、性质不能确定、数量较大的需要取样检验的物品，可以抽样取证。

4.6.2　决定抽样取证

抽样取证，应当填写抽样取证审批表，经检查单位负责人批准。

4.6.3 进行抽样取证

(1) 抽样取证时,应当有取证单位的有关负责人在场。

(2) 抽取样品:抽样取证应当采取随机的方式。抽取样品的数量和规格,应当按照相应的检测检验规范要求确定。

(3) 制作抽样取证物品清单和抽样取证通知书。

(4) 检验样品:对抽取的样品应当及时进行检验。检验结果应当及时告知行政相对人。检验费用由煤矿安全监管部门承担。

(5) 处理样品:经检验,能够作为证据使用的,应当及时采取扣押等措施。不属于证据的,应当及时返还样品(因检验原因消耗或者损毁的样品除外)。制作抽样取证物品处理通知书。

4.7 应急处置

现场检查过程中如遇拒绝、阻挠执法等突发情况,应当按照以下方法进行处置:

(1) 录音、录像。根据现场情况首先开启录音、录像设备,对现场应急处置情况进行实时录音、录像。

(2) 警示、责令改正。应当对相关人员直接进行警示,指出违法行为应该给予的行政处罚或者刑事处罚的后果(生产经营单位拒绝、阻碍负有安全生产监督管理职责的部门依法实施监督检查,拒不改正的,按照《中华人民共和国安全生产法》第一百零五条规定:处二万元以上二十万元以下的罚款;对其直接负责的主管人员和其他直接责任人员处一万元以上二万元以下的罚款;构成犯罪的,依照刑法有关规定追究刑事责任);相关人员接受警示,及时改正配合检查的,继续进行检查,并及时汇报监管执法带队负责人和单位负责人。

(3) 报警和报告地方政府。警示无效的或者遇到暴力抗法情形,应当保持冷静,不挑起肢体、语言冲突,不挑动、不扩大事态发展,保证人身安全,立即报警,并立即报告本单位负责人;本单位负责人应当立即向上级煤矿安全监管部门和被检查单位所在地县级以上人民政府报告,要求采取应急处置措施,及时制止、处置妨碍执行公务、暴力抗法行为,保证检查人员的权利和人身安全。

(4) 因自然灾害、突发事故等不可抗力造成检查不能正常进行时,可中止检查。

有关法律、法规、规章及规范性文件

(1)《中华人民共和国安全生产法》。

(2)《中华人民共和国行政处罚法》。

(3)《中华人民共和国行政诉讼法》。

(4)《河南省行政执法条例》。

(5)《国务院办公厅关于加强安全生产监管执法的通知》(国办发〔2015〕20 号)。

(6)《最高人民法院关于行政诉讼证据若干问题的规定》(法释〔2002〕21 号)。

(7)《河南省行政执法证件管理办法》(河南省人民政府令第 180 号)。

(8)《安全生产监管监察职责和行政执法责任追究的规定》(国家安全生产监督管理总局令第 24 号)。

(9)《河南省行政处罚案卷评查标准》(豫法政办〔2017〕9 号)。

(10)《安全生产执法程序规定》(安监总政法〔2016〕72 号)。

第五章 现场处理

5.1 一般规定

5.1.1 检查中发现影响煤矿安全生产的违法违规行为,应当当场予以纠正或者要求限期改正。对依法应当给予行政处罚的行为,按程序作出处罚决定。

5.1.2 检查中发现的事故隐患,应当责令煤矿立即排除。

5.1.3 重大事故隐患排除前或者排除过程中无法保证安全的,应当责令从危险区域内撤出作业人员,责令暂时停止作业或者停止使用相关设施、设备。

【依据:《中华人民共和国安全生产法》(简称《安全生产法》)第六十二条】

5.2 现场处理措施常见种类

(1) 当场予以纠正。

(2) 责令改正。

(3) 责令限期改正。

(4) 责令立即停止生产。

(5) 责令立即排除事故隐患。

(6) 责令立即消除或者限期消除事故隐患。

(7) 责令从危险区域撤出作业人员。

(8) 责令停止作业或者停止使用相关设施、设备。

5.3 现场处理措施常见情形

5.3.1 责令改正

发现下列安全生产违法违规行为,责令改正:

(1) 拒绝、阻碍煤矿安全监管部门及其人员现场检查或隐瞒事故隐患的。

【依据:《安全生产法》第一百零五条】

(2) 井下风动凿岩干打眼的。

【依据:《中华人民共和国矿山安全法实施条例》(简称《矿山安全法实施条例》)第二十五条、第五十四条】

(3) 领导未按规定带班下井或者下井登记档案虚假的。

【依据:《国务院关于预防煤矿生产安全事故的特别规定》第二十一条,《煤矿领导带班下井及安全监督检查规定》(国家安全生产监督管理总局令第 33 号)第十九条】

(4) 应急救援器材、设备和物资未按规定配备并进行经常性维护保养的。

【依据:《安全生产违法行为行政处罚办法》(国家安全生产监督管理总局令第 15 号)第四十六条】

5.3.2 责令限期改正

发现下列安全生产违法违规行为,责令限期改正:

(1) 不按规定保证安全生产所必需资金投入的。

【依据:《安全生产法》第九十条】

(2) 生产经营单位的主要负责人未履行规定的安全生产管理职责的。

【依据:《安全生产法》第九十一条】

(3) 特种作业人员未按照规定经专门的安全作业培训并取得相应资格,上岗作业的。

(4) 未如实记录安全生产教育和培训情况的。

(5) 未将事故隐患排查治理情况如实记录或者未向从业人员通报的。

(6) 未按照规定设立安全生产管理机构或配备安全生产管理人员的。

(7) 主要负责人和安全生产管理人员未按照规定经考核合格的。

(8) 未按照规定对从业人员、被派遣劳动者、实习学生进行安全生产教育和培训,或者未按照规定如实告知有关的安全生产事项的。

【以上依据:《安全生产法》第九十四条】

(9) 未按照规定对煤矿建设项目进行安全评价的。

(10) 煤矿建设项目没有安全设施设计或者安全设施设计未按照规定报经有关部门审查同意的。

(11) 煤矿建设项目的施工单位未按照批准的安全设施设计施工的。

(12) 煤矿建设项目竣工投入生产或者使用前,安全设施未经验收合格的。

(13) 煤矿建设项目没有安全设施设计或安全设施设计未经审查同意擅自施工的。

(14) 建设项目的施工单位未按照批准的安全设施设计施工的。

(15) 煤矿建设工程的安全设施和条件未经验收或验收不合格擅自投入生产的。

(16) 煤矿建设项目没有进行安全评价的。

【以上依据:《安全生产法》第九十五条】

(17) 使用应当淘汰、禁止使用的危及生产安全的工艺、设备的。

(18) 安全设备的安装、使用、检测、改造和报废不符合国家标准或者行业标准的。

(19) 矿山井下特种设备未经具有专业资质的机构检测、检验合格,取得安全使用证或者安全标志,投入使用的。

(20) 未对安全设备进行经常性维护、保养和定期检测的。

(21) 未为从业人员提供符合国家标准或者行业标准的劳动防护用品的。

(22) 未在有较大危险因素的生产经营场所和有关设施、设备上设置明显的安全警示标志的。

【以上依据:《安全生产法》第九十六条】

(23) 爆破、吊装以及其他危险作业,未安排专门人员进行现场安全管理的。

【依据:《安全生产法》第九十八条】

(24) 对重大危险源未登记建档,或者未进行评估、监控,或者未制定应急预案的。

【依据:《安全生产法》第九十八条】

(25) 煤矿企业在制定事故应急救援预案、设立应急救援组织、配备救援装备、组织演练等方面不符合规定的。

【依据:《安全生产法》第七十八条、第七十九条、第九十四条】

(26) 储存、使用危险物品,未建立专门安全管理制度、未采取可靠的安全措施或者不接受依法实施监督管理的。

【依据:《安全生产法》第九十八条】

(27) 未建立事故隐患排查治理制度的。

【依据:《安全生产法》第九十八条】

(28) 将生产经营项目、场所、设备发包或出租给不具备安全生产条件或相应资质单位或个人的。

【依据:《安全生产法》第一百条】

(29) 生产经营单位未与承包单位、承租单位签订专门的安全生产管理协议或者未在承包合同、租赁合同中明确各自的安全生产管理职责,或者未对承包单位、承租单位的安全生产统一协调、管理的。

【依据:《安全生产法》第一百条】

(30) 两个以上生产经营单位未签订安全生产管理协议或未指定专职安全生产管理人员进行安全检查与协调的。

【依据:《安全生产法》第一百零一条】

(31) 生产经营场所安全出口不畅通或者锁闭、封堵生产经营场所出口的。

【依据:《安全生产法》第一百零二条】

(32) 煤矿建设项目违反职业病防治有关规定,有下列行为之一的:

① 未按照规定进行职业病危害预评价。

② 医疗机构可能产生放射性职业病危害的建设项目未按照规定提交放射性职业病危害预评价报告,或者放射性职业病危害预评价报告未经卫生行政部门审核同意,开工建设。

③ 建设项目的职业病防护设施未按照规定与主体工程同时设计、同时施工、同时投入生产和使用。

④ 建设项目的职业病防护设施设计不符合国家职业卫生标准和卫生要求,或者医疗机构放射性职业病危害严重的建设项目的防护设施设计未经卫生行政部门审查同意擅自施工。

⑤ 未按照规定对职业病防护设施进行职业病危害控制效果评价。

⑥ 建设项目竣工投入生产和使用前,职业病防护设施未按照规定验收合格。

【依据:《中华人民共和国职业病防治法》(简称《职业病防治法》)第六十九条】

(33) 煤矿职业病危害防治,有下列行为之一的:

① 工作场所职业病危害因素检测、评价结果没有存档、上报、公布。

② 未采取《职业病防治法》第二十条规定的职业病防治管理措施。

③ 未按照规定公布有关职业病防治的规章制度、操作规程、职业病危害事故应急救援措施。

④ 未按照规定组织劳动者进行职业卫生培训,或者未对劳动者个人职业病防护采取指导、督促措施。

⑤ 国内首次使用或者首次进口与职业病危害有关的化学材料,未按照规定报送毒性鉴定资料以及经有关部门登记注册或者批准进口的文件。

⑥ 未按照规定及时、如实向煤矿安全监管部门申报产生职业病危害的项目。

⑦ 未实施由专人负责的职业病危害因素日常监测,或者监测系统不能正常监测。

⑧ 订立或者变更劳动合同时,未告知劳动者职业病危害真实情况。

⑨ 未按照规定组织职业健康检查、建立职业健康监护档案或者未将检查结果书面告知劳动者。

⑩ 未依照《职业病防治法》规定在劳动者离开用人单位时提供职业健康监护档案复印件。

⑪ 工作场所职业病危害因素的强度或者浓度超过国家职业卫生标准。

⑫ 未提供职业病防护设施和个人使用的职业病防护用品,或者提供的职业病防护设施和个人使用的职业病防护用品不符合国家职业卫生标准和卫生要求。

⑬ 对职业病防护设备、应急救援设施和个人使用的职业病防护用品未按照规定进行维护、检修、检测,或者不能保持正常运行、使用状态。

⑭ 未按照规定对工作场所职业病危害因素进行检测、评价。

⑮ 工作场所职业病危害因素经治理仍然达不到国家职业卫生标准和卫生要求时,未停止存在职业病危害因素的作业。

⑯ 未按照规定安排职业病病人、疑似职业病病人进行诊治。

⑰ 发生或者可能发生急性职业病危害事故时,未立即采取应急救援和控制措施或者未按照规定及时报告。

⑱ 未按照规定在产生严重职业病危害的作业岗位醒目位置设置警示标识和中文警示说明。

⑲ 拒绝职业卫生监督管理部门监督检查。

⑳ 隐瞒、伪造、篡改、毁损职业健康监护档案、工作场所职业病危害因素检测评价结果等相关资料,或者拒不提供职业病诊断、鉴定所需资料。

㉑ 未按照规定承担职业病诊断、鉴定费用和职业病病人的医疗、生活保障费用。

【依据:《职业病防治法》第七十至七十二条】

(34) 生产经营单位的决策机构、主要负责人、个人经营的投资人(包括实际控制人)未依法保证下列安全生产所必需的资金投入之一,致使生产经营单位不具备安全生产条件的:

① 提取或者使用安全生产费用。

② 用于配备劳动防护用品的经费。

③ 用于安全生产教育和培训的经费。

④ 国家规定的其他安全生产所必需的资金投入。

【依据:《安全生产违法行为行政处罚办法》(国家安全生产监督管理总局令第 15 号)第四十三条】

(35) 未免费为每位职工发放煤矿职工安全手册的。

【依据:《国务院关于预防煤矿生产安全事故的特别规定》第二十二条】

(36) 对突出矿井的巷道未依照规定布置的。

【依据:《防治煤与瓦斯突出规定》(国家安全生产监督管理总局令第 19 号)第十六条、第一百一十五条】

(37) 突出煤层的采掘作业不符合《防治煤与瓦斯突出规定》第十九条规定的。

【依据:《防治煤与瓦斯突出规定》(国家安全生产监督管理总局令第 19 号)第十九条、第一百一十五条】

(38) 靠近突出煤层的掘进巷道不按照规定边探边掘的。

【依据:《防治煤与瓦斯突出规定》(国家安全生产监督管理总局令第 19 号)第二十一条、第一百一十五条】

(39) 突出煤层的采掘工作面违反规定安排在应力集中范围内的。

【依据:《防治煤与瓦斯突出规定》(国家安全生产监督管理总局令第 19 号)第二十二条、第一百一十五条】

(40) 在突出煤层的煤巷中安装、更换、维修或回收支架时,未依照规定采取预防因煤体垮落而引起突出措施的。

【依据:《防治煤与瓦斯突出规定》(国家安全生产监督管理总局令第 19 号)第二十二条、第一百一十七条】

(41) 突出孔洞未及时充填、封闭严实或者进行支护;当恢复采掘作业时,未在其附近 30 m 范围内加强支护的。

【依据:《防治煤与瓦斯突出规定》(国家安全生产监督管理总局令第 19 号)第二十五条、第一百一十七条】

(42) 有瓦斯突出危险,未编制专门设计文件的。

【依据:《防治煤与瓦斯突出规定》(国家安全生产监督管理总局令第 19 号)第十四条、第一百一十四条】

(43) 突出矿井新水平、新采区移交生产前,未经过防突专项验收移交生产的。

【依据:《防治煤与瓦斯突出规定》(国家安全生产监督管理总局令第 19 号)第十四条、第一百一十四条】

(44) 建井期间未依照规定进行突出危险性鉴定的。

【依据:《防治煤与瓦斯突出规定》(国家安全生产监督管理总局令第 19 号)第十条】

(45) 矿井有下列情况之一的,未立即进行突出煤层鉴定;鉴定未完成前,未按照突出煤层管理的:

① 煤层有瓦斯动力现象。

② 相邻矿井开采的同一煤层发生突出。

③ 煤层瓦斯压力达到或者超过 0.74 MPa。

【依据:《防治煤与瓦斯突出规定》(国家安全生产监督管理总局令第 19 号)第十一条】

(46) 高瓦斯矿井、突出矿井非突出煤层未依照规定测定煤层瓦斯压力、含量及相关参数的。

【依据:《防治煤与瓦斯突出规定》(国家安全生产监督管理总局令第 19 号)第十八条、第一百一十三条】

(47) 高瓦斯矿井、突出矿井非突出煤层未依照规定观察突出预兆、执行局部综合防突措施的。

【依据:《防治煤与瓦斯突出规定》(国家安全生产监督管理总局令第 19 号)第十八条、第一百一十三条】

(48) 清理突出的煤炭时,未制定防煤尘、防片帮、防冒顶、防瓦斯超限、防火源安全技术措施的。

【依据:《防治煤与瓦斯突出规定》(国家安全生产监督管理总局令第 19 号)第二十五条、第一百一十七条】

(49) 煤(岩)与瓦斯突出矿井井下进行电焊、气焊和喷灯焊接时,未停止突出煤层的掘进、回采、钻孔、支护以及其他所有扰动突出煤层作业的。

【依据:《防治煤与瓦斯突出规定》(国家安全生产监督管理总局令第19号)第二十四条、第一百一十七条】

(50) 有突出矿井的煤矿企业主要负责人,突出矿井主要负责人、技术负责人、分管负责人、各职能部门负责人与区(队)长、班组长、防突人员以及企业和矿井安全监察部门未依照规定履行职责的。

【依据:《防治煤与瓦斯突出规定》(国家安全生产监督管理总局令第19号)第二十六条、第一百一十九条】

(51) 有突出矿井的煤矿企业、突出矿井未设置满足防突工作需要的专业防突队伍的。

【依据:《防治煤与瓦斯突出规定》(国家安全生产监督管理总局令第19号)第二十七条、第一百一十九条】

(52) 突出煤层采掘工作面未依照规定设专职瓦斯检查工并随时检查瓦斯的。

【依据:《防治煤与瓦斯突出规定》(国家安全生产监督管理总局令第19号)第三十条、第一百二十条】

(53) 有突出矿井的煤矿企业、突出矿井未依照规定制定区域和局部综合防突措施或措施不达标仍然组织生产的。

【依据:《防治煤与瓦斯突出规定》(国家安全生产监督管理总局令第19号)第五条、第一百二十一条】

(54) 煤与瓦斯突出矿井管理人员和井下工作人员未按规定培训上岗作业的。

【依据:《防治煤与瓦斯突出规定》(国家安全生产监督管理总局令第19号)第一百一十九条】

(55) 用人单位和医疗卫生机构未按照规定报告职业病、疑似职业病的。

【依据:《职业病防治法》第七十四条】

(56) 主要负责人和安全生产管理人员未按照规定经考核合格的。

(57) 未按照规定对从业人员进行安全生产培训的。

(58) 未如实记录安全生产培训情况的。

(59) 特种作业人员未经专门的安全培训并取得相应资格,上岗作业的。

(60) 未建立安全培训管理制度或者未制定年度安全培训计划的。

(61) 未明确负责安全培训工作的机构,或者未配备专兼职安全培训管理人员的。

(62) 用于安全培训的资金不符合《煤矿安全培训规定》的。

(63) 未按照统一的培训大纲组织培训的。

(64) 不具备安全培训条件进行自主培训,或者委托不具备安全培训条件机构进行培训的。

【依据:《煤矿安全培训规定》(国家安全生产监督管理总局令第 92 号)第四十七条、第四十八条】

5.3.3 责令立即停止生产

发现下列安全生产违法违规行为或重大事故隐患,责令立即停止生产:

(1) 超能力、超强度或者超定员组织生产的。

(2) 瓦斯超限作业的。

(3) 煤与瓦斯突出矿井,未依照规定实施防突出措施,仍然进行生产的。

(4) 高瓦斯矿井未建立瓦斯抽放系统和监控系统,或者瓦斯监控系统不能正常运行,仍然进行生产的。

(5) 通风系统不完善、不可靠,仍然进行生产的。

(6) 有严重水患,未采取有效措施,仍然进行生产的。

(7) 超层越界开采的。

(8) 有冲击地压危险,未采取有效措施,仍然进行生产的。

(9) 自然发火严重,未采取有效措施,仍然进行生产的。

(10) 使用明令禁止使用或者淘汰的设备、工艺,仍然进行生产的。

(11) 煤矿没有双回路供电系统,仍然进行生产的。

(12) 新建煤矿边建设边生产,煤矿改扩建期间,在改扩建的区域生产,或者在其他区域的生产超出安全设计规定的范围和规模的。

(13) 煤矿实行整体承包生产经营后,未重新取得安全生产许可证,从事生产的,或者承包方再次转包的,以及煤矿将井下采掘工作面和井巷维修作业进行劳务承包的。

(14) 煤矿改制期间,未明确安全生产责任人和安全管理机构的,或者在完成改制后,未重新取得或者变更采矿许可证、安全生产许可证和营业执照的。

【以上依据:《国务院关于预防煤矿生产安全事故的特别规定》第八条第二款、第十条第一款】

(15) 没有分别配备矿长,总工程师和分管安全、生产、机电的副矿长,以及负责采煤、掘进、机电运输、通风、地质测量工作的专业技术人员的。

(16) 未按规定足额提取和使用安全生产费用的。

(17) 出现瓦斯动力现象,或者相邻矿井开采的同一煤层发生了突出,或者煤层瓦斯压力达到或者超过 0.74 MPa 的非突出矿井,未立即按照突出煤层管理并在规定时限内进行突出危险性鉴定的(直接认定为突出矿井的除外)。

(18) 图纸作假、隐瞒采掘工作面的。

【以上依据:《国务院关于预防煤矿生产安全事故的特别规定》第八条第二款、第十条第一款,《煤矿重大生产安全事故隐患判定标准》(国家安全生产监督管理总局令第 85 号)第十八条】

(19) 提请关闭的煤矿。

【依据:《国务院关于预防煤矿生产安全事故的特别规定》第十三条】

(20) 煤矿无证照或者证照不全从事生产的。

【依据:《国务院关于预防煤矿生产安全事故的特别规定》第五条】

(21) 关闭的煤矿擅自恢复生产的。

【依据:《国务院关于预防煤矿生产安全事故的特别规定》第五条、第十三条】

(22) 煤矿存在瓦斯突出、自然发火、冲击地压、水害威胁等重大安全生产隐患,该煤矿在现有技术条件下难以有效防治的。

【依据:《国务院关于预防煤矿生产安全事故的特别规定》第十五条】

5.3.4　责令立即排除事故隐患

检查中发现的事故隐患,应当责令立即排除。

【依据:《安全生产法》第六十二条第三款】

5.3.5　责令立即消除或者限期消除事故隐患

煤矿不采取措施消除事故隐患,责令立即消除或者限期消除事故隐患。

【依据:《安全生产法》第九十九条】

5.3.6　责令从危险区域撤出作业人员

重大事故隐患排除前或者排除过程中无法保证安全的,责令从危险区域撤出作业人员。

【依据:《安全生产法》第六十二条】

5.3.7 责令停止作业或者停止使用相关设施、设备

重大事故隐患排除前或者排除过程中无法保证安全的,应当责令从危险区域撤出作业人员,责令停止作业或者停止使用相关设施、设备。

【依据:《安全生产法》第六十二条】

5.4 制作现场检查和处理执法文书

5.4.1 现场检查(勘验)笔录所记录问题和安全隐患,是现场处理的基本依据。在开展现场检查执法活动时,必须做到现场检查(勘验)笔录和现场处理措施决定书同步制作。检查执法带队负责人组织对检查执法过程中发现问题和安全隐患进行集中讨论时,既要明确问题和安全隐患的规范描述,也必须明确对问题和安全隐患的处理意见。

5.4.2 作出责令(限期)改正的,应当制作责令(限期)改正通知书。发现有威胁职工生命安全的紧急情况,可在作业现场先行口头下达停止作业、撤出作业人员命令,把人员从危险区域撤出,事后此命令要在现场处理措施决定书中予以明确。命令执行时间从现场作出口头命令时计算。

5.4.3 现场检查(勘验)笔录、现场处理措施决定书应依照本《手册》"执法文书制作模板及要求"编制。

5.4.4 现场检查(勘验)笔录、现场处理措施决定书制作完成后,应当直接送达被检查单位。

有关法律、法规、规章及规范性文件

(1)《安全生产法》。

(2)《职业病防治法》。

(3)《国务院关于预防煤矿生产安全事故的特别规定》。

(4)《矿山安全法实施条例》。

(5)《防治煤与瓦斯突出规定》(国家安全生产监督管理总局令第19号)。

(6)《安全生产违法行为行政处罚办法》(国家安全生产监督管理总局令第15号)。

第四编 行 政 处 罚

第六章 行政处罚种类及规定

6.1 煤矿行政处罚常见种类

(1) 警告。

(2) 罚款。

(3) 责令停止生产。

(4) 责令停止建设或者停产整顿。

(5) 责令停止施工或停产整顿。

(6) 责令停产整顿。

(7) 没收违法所得,没收非法开采的煤炭产品,没收采掘设备。

(8) 提请关闭。

(9) 法律、行政法规规定的其他行政处罚。

6.2 煤矿行政处罚常见情形

6.2.1 警告

发现下列违法行为或事故隐患,依法给予警告:

(1) 未编制事故隐患排查标准清单的。

【依据:《河南省生产安全事故隐患排查治理办法》(河南省人民政府令第 173 号)第三十条】

(2) 煤矿企业、矿井未按照规定配齐专业技术人员、专用探放水设备、探放水作业队伍的。

【依据:《煤矿防治水规定》第一百三十条】

(3) 矿井未依照规定编制含有相应的防治水内容的井田地质报告、建井设计和建井地质报告;矿井防治水图件不齐全的。

【依据:《煤矿防治水规定》第一百三十二条】

(4) 井下采掘作业未按照规定提出专门水文地质情况报告的。

【依据:《煤矿防治水规定》第一百三十六条】

(5) 违反事故隐患排查治理规定,有下列行为之一的:

① 未编制事故隐患排查标准清单。

② 未明确单位各业务部门、安全生产管理机构、班组负责人和具体岗位从业人员的事故隐患排查治理职责。

③ 未保障事故隐患排查治理所需专项资金。

④ 未按照规定排查事故隐患或者未建立事故隐患排查治理信息台账。

⑤ 未按照规定报告事故隐患排查治理情况或者重大事故隐患。

【依据:《河南省生产安全事故隐患排查治理办法》(河南省人民政府令第 173 号)第三十条】

(6) 未建立健全煤矿领导带班下井制度的。

【依据:《煤矿领导带班下井及安全监督检查规定》(国家安全生产监督管理总局令第 33 号)第十八条】

(7) 未建立煤矿领导井下交接班制度的。

【依据:《煤矿领导带班下井及安全监督检查规定》(国家安全生产监督管理总局令第 33 号)第十八条】

(8) 未建立煤矿领导带班下井档案管理制度的。

【依据:《煤矿领导带班下井及安全监督检查规定》(国家安全生产监督管理总局令第 33 号)第十八条】

(9) 煤矿领导每月带班下井情况未按照规定公示的。

【依据:《煤矿领导带班下井及安全监督检查规定》(国家安全生产监督管理总局令第 33 号)第十八条】

(10) 未按规定填写煤矿领导下井交接班记录簿、带班下井记录或者保存带班下井相关记录档案的。

【依据:《煤矿领导带班下井及安全监督检查规定》(国家安全生产监督管理总局令第 33 号)第十八条】

(11) 违反操作规程或者安全管理规定作业的。

【依据:《安全生产违法行为行政处罚办法》(国家安全生产监督管理总局令第15号)第四十五条】

(12) 违章指挥从业人员或者强令从业人员违章、冒险作业的。

【依据:《安全生产违法行为行政处罚办法》(国家安全生产监督管理总局令第15号)第四十五条】

(13) 发现从业人员违章作业不加制止的。

【依据:《安全生产违法行为行政处罚办法》(国家安全生产监督管理总局令第15号)第四十五条】

(14) 超过核定的生产能力、强度或者定员进行生产的。

【依据:《安全生产违法行为行政处罚办法》(国家安全生产监督管理总局令第15号)第四十五条】

(15) 对被查封或者扣押的设施、设备、器材、危险物品和作业场所,擅自启封或者使用的。

【依据:《安全生产违法行为行政处罚办法》(国家安全生产监督管理总局令第15号)第四十五条】

(16) 故意提供虚假情况或者隐瞒存在的事故隐患以及其他安全问题的。

【依据:《安全生产违法行为行政处罚办法》(国家安全生产监督管理总局令第15号)第四十五条】

(17) 拒不执行安全监管监察部门依法下达的安全监管监察指令的。

【依据:《安全生产违法行为行政处罚办法》(国家安全生产监督管理总局令第15号)第四十五条】

(18) 建设单位违反《职业病防治法》规定,有下列行为之一的:

① 未按照规定进行职业病危害预评价。

② 医疗机构可能产生放射性职业病危害的建设项目未按照规定提交放射性职业病危害预评价报告,或者放射性职业病危害预评价报告未经卫生行政部门审核同意,开工建设。

③ 建设项目的职业病防护设施未按照规定与主体工程同时设计、同时施工、同时投入生产和使用。

④ 建设项目的职业病防护设施设计不符合国家职业卫生标准和卫生要求,或者医疗机构放射性职业病危害严重的建设项目的防护设施设计未经卫生行政部门审查同意擅自施工。

⑤ 未按照规定对职业病防护设施进行职业病危害控制效果评价。

⑥ 建设项目竣工投入生产和使用前,职业病防护设施未按照规定验收合格。

【依据:《职业病防治法》第六十九条】

(19) 违反《职业病防治法》规定,有下列行为之一的:

① 工作场所职业病危害因素检测、评价结果没有存档、上报、公布。

② 未采取《职业病防治法》第二十条规定的职业病防治管理措施。

③ 未按照规定公布有关职业病防治的规章制度、操作规程、职业病危害事故应急救援措施。

④ 未按照规定组织劳动者进行职业卫生培训,或者未对劳动者个人职业病防护采取指导、督促措施。

⑤ 国内首次使用或者首次进口与职业病危害有关的化学材料,未按照规定报送毒性鉴定资料以及经有关部门登记注册或者批准进口的文件。

【依据:《职业病防治法》第七十条】

(20) 用人单位违反《职业病防治法》规定,有下列行为之一的:

① 未按照规定及时、如实向煤矿安全监管部门申报产生职业病危害的项目。

② 未实施由专人负责的职业病危害因素日常监测,或者监测系统不能正常监测。

③ 订立或者变更劳动合同时,未告知劳动者职业病危害真实情况。

④ 未按照规定组织职业健康检查、建立职业健康监护档案或者未将检查结果书面告知劳动者。

⑤ 未依照《职业病防治法》规定在劳动者离开用人单位时提供职业健康监护档案复印件。

【依据:《职业病防治法》第七十一条】

(21) 用人单位违反《职业病防治法》规定,有下列行为之一的:

① 工作场所职业病危害因素的强度或者浓度超过国家职业卫生标准。

② 未提供职业病防护设施和个人使用的职业病防护用品,或者提供的职业病防护设施和个人使用的职业病防护用品不符合国家职业卫生标准和卫生要求。

③ 对职业病防护设备、应急救援设施和个人使用的职业病防护用品未按照规定进行维护、检修、检测,或者不能保持正常运行、使用状态。

④ 未按照规定对工作场所职业病危害因素进行检测、评价。

⑤ 工作场所职业病危害因素经治理仍然达不到国家职业卫生标准和卫生要求时，未停止存在职业病危害因素的作业。

⑥ 未按照规定安排职业病病人、疑似职业病病人进行诊治。

⑦ 发生或者可能发生急性职业病危害事故时，未立即采取应急救援和控制措施或者未按照规定及时报告。

⑧ 未按照规定在产生严重职业病危害的作业岗位醒目位置设置警示标识和中文警示说明。

⑨ 拒绝职业卫生监督管理部门监督检查。

⑩ 隐瞒、伪造、篡改、毁损职业健康监护档案、工作场所职业病危害因素检测评价结果等相关资料，或者拒不提供职业病诊断、鉴定所需资料。

⑪ 未按照规定承担职业病诊断、鉴定费用和职业病病人的医疗、生活保障费用。

【依据：《职业病防治法》第七十二条】

(22) 向用人单位提供可能产生职业病危害的设备、材料，未按照规定提供中文说明书或者设置警示标识和中文警示说明的。

【依据：《职业病防治法》第七十三条】

(23) 生产经营单位未建立健全特种作业人员档案的。

【依据：《特种作业人员安全技术培训考核管理规定》第三十八条】

(24) 非法印制、伪造、倒卖特种作业操作证或使用非法印制、伪造、倒卖的特种作业操作证的。

【依据：《特种作业人员安全技术培训考核管理规定》第四十条】

(25) 特种作业人员伪造、涂改特种作业操作证或者使用伪造的特种作业操作证的。

【依据：《特种作业人员安全技术培训考核管理规定》第四十一条】

(26) 特种作业人员转借、转让、冒用特种作业操作证的。

【依据：《特种作业人员安全技术培训考核管理规定》第四十一条】

6.2.2　罚款

发现下列违法行为或事故隐患，依法给予罚款：

(1) 生产经营单位的决策机构、主要负责人或者个人经营的投资人不依照《安全生产法》规定保证安全生产所必需的资金投入，致使生产经营单位不具备安全生产条件导致发生生产安全事故的。

【依据:《安全生产法》第九十条】

(2) 主要负责人未履行《安全生产法》规定的安全生产管理职责,责令限期改正,逾期未改正的。

【依据:《安全生产法》第九十一条】

(3) 生产经营单位有下列行为之一的:

① 未按照规定设置安全生产管理机构或者配备安全生产管理人员。

② 危险物品的生产、经营、储存单位以及矿山、金属冶炼、建筑施工、道路运输单位的主要负责人和安全生产管理人员未按照规定经考核合格。

③ 未按照规定对从业人员、被派遣劳动者、实习学生进行安全生产教育和培训,或者未按照规定如实告知有关的安全生产事项。

④ 未如实记录安全生产教育和培训情况。

⑤ 未将事故隐患排查治理情况如实记录或者未向从业人员通报。

⑥ 未按照规定制定生产安全事故应急救援预案或者未定期组织演练。

⑦ 特种作业人员未按照规定经专门的安全作业培训并取得相应资格,上岗作业。

【依据:《安全生产法》第九十四条】

(4) 生产经营单位有下列行为之一,责令停止建设或者停产停业整顿,限期改正,逾期未改正的:

① 未按照规定对煤矿建设项目进行安全评价。

② 煤矿建设项目没有安全设施设计或者安全设施设计未按照规定报经有关部门审查同意。

③ 煤矿建设项目的施工单位未按照批准的安全设施设计施工。

④ 煤矿建设项目竣工投入生产或者使用前,安全设施未经验收合格。

【依据:《安全生产法》第九十五条】

(5) 生产经营单位有下列行为之一的:

① 井下作业场所和有关设施、设备上未设置明显的安全警示标志。

② 安全设备的安装、使用、检测、改造和报废不符合国家标准或者行业标准。

③ 未对安全设备进行经常性维护、保养和定期检测。

④ 未为从业人员提供符合国家标准或者行业标准的劳动防护用品。

⑤ 煤矿井下特种设备未经具有专业资质的机构检测、检验合格,取得安全使用证或者安全标志,投入使用。

⑥ 使用应当淘汰的危及生产安全的工艺、设备。

【依据:《安全生产法》第九十六条】

(6) 生产经营单位未采取措施消除事故隐患,已被责令立即消除或限期消除,而生产经营单位拒不执行的。

【依据:《安全生产法》第九十九条】

(7) 将生产经营项目、场所、设备发包或出租给不具备安全生产条件或相应资质单位或个人的。

【依据:《安全生产法》第一百条】

(8) 煤矿未与承包单位、承租单位签订专门的安全生产管理协议或者未在承包合同、租赁合同中明确各自的安全生产管理职责,或者未对承包单位、承租单位的安全生产统一协调、管理的。

【依据:《安全生产法》第一百条】

(9) 两个以上煤矿未签订安全生产管理协议或未指定专职安全生产管理人员进行安全检查与协调的。

【依据:《安全生产法》第一百零一条】

(10) 生产经营场所安全出口不畅通或者锁闭、封堵生产经营场所出口的。

【依据:《安全生产法》第一百零二条】

(11) 与从业人员订立协议,免除或减轻其对从业人员因生产安全事故伤亡依法应承担责任的。

【依据:《安全生产法》第一百零三条】

(12) 拒绝、阻碍煤矿安全监管部门及其人员现场检查或隐瞒事故隐患,责令改正,拒不改正的。

【依据:《安全生产法》第一百零五条】

(13) 生产经营单位的主要负责人在本单位发生生产安全事故时,不立即组织抢救或者在事故调查处理期间擅离职守或者逃匿的。

【依据:《安全生产法》第一百零六条】

(14) 生产经营单位的主要负责人对生产安全事故隐瞒不报、谎报或者迟报的。

【依据:《安全生产法》第一百零六条第二款】

(15) 发生生产安全事故,对负有责任的生产经营单位。

【依据:《安全生产法》第一百零九条】

(16) 煤矿有下列情形之一的：

① 未建立健全煤矿领导带班下井制度。

② 未建立煤矿领导井下交接班制度。

③ 未建立煤矿领导带班下井档案管理制度。

④ 煤矿领导每月带班下井情况未按照规定公示。

⑤ 未按规定填写煤矿领导下井交接班记录簿、带班下井记录或者保存带班下井相关记录档案。

【依据:《煤矿领导带班下井及安全监督检查规定》(国家安全生产监督管理总局令第 33 号)第十八条】

(17) 煤矿领导未按规定带班下井或者下井登记档案虚假的。

【依据:《煤矿领导带班下井及安全监督检查规定》(国家安全生产监督管理总局令第 33 号)第十九条】

(18) 对发生事故而没有煤矿领导带班下井的煤矿及其主要负责人。

【依据:《煤矿领导带班下井及安全监督检查规定》第二十条、第二十一条】

(19) 未取得相关证照,擅自从事生产的。

【依据:《国务院关于预防煤矿生产安全事故的特别规定》第五条】

(20) 煤矿企业未建立健全安全生产隐患排查、治理和报告制度,未定期组织重大安全生产事故隐患排查,并将排查情况每季度向县级以上地方人民政府煤矿安全监管部门、煤矿安全监察机构写出书面报告,责令限期改正,逾期未改正的。

【依据:《国务院关于预防煤矿生产安全事故的特别规定》第九条】

(21) 违反《国务院关于预防煤矿生产安全事故的特别规定》规定,存在以下情况仍然组织生产的：

① 超能力、超强度或者超定员组织生产。

② 瓦斯超限作业。

③ 煤与瓦斯突出矿井,未依照规定实施防突出措施。

④ 高瓦斯矿井未建立瓦斯抽放系统和监控系统,或者瓦斯监控系统不能正常运行。

⑤ 通风系统不完善、不可靠。

⑥ 有严重水患,未采取有效措施。

⑦ 超层越界开采。

⑧ 有冲击地压危险，未采取有效措施。

⑨ 自然发火严重，未采取有效措施。

⑩ 使用明令禁止使用或者淘汰的设备、工艺。

⑪ 年产 6 万吨以上的煤矿没有双回路供电系统。

⑫ 新建煤矿边建设边生产，煤矿改扩建期间，在改扩建的区域生产，或者在其他区域的生产超出安全设计规定的范围和规模。

⑬ 煤矿实行整体承包生产经营后，未重新取得安全生产许可证和煤炭生产许可证，从事生产的，或者承包方再次转包的，以及煤矿将井下采掘工作面和井巷维修作业进行劳务承包。

⑭ 煤矿改制期间，未明确安全生产责任人和安全管理机构的，或者在完成改制后，未重新取得或者变更采矿许可证、安全生产许可证、煤炭生产许可证和营业执照。

⑮ 没有分别配备矿长，总工程师和分管安全、生产、机电的副矿长，以及负责采煤、掘进、机电运输、通风、地质测量工作的专业技术人员。

⑯ 未按规定足额提取和使用安全生产费用。

⑰ 出现瓦斯动力现象，或者相邻矿井开采的同一煤层发生了突出，或者煤层瓦斯压力达到或者超过 0.74 MPa 的非突出矿井，未立即按照突出煤层管理并在规定时限内进行突出危险性鉴定(直接认定为突出矿井的除外)。

⑱ 图纸作假、隐瞒采掘工作面。

【依据:《国务院关于预防煤矿生产安全事故的特别规定》第十条】

(22) 被责令停产整顿的煤矿擅自从事生产的。

【依据:《国务院关于预防煤矿生产安全事故的特别规定》第十一条】

(23) 提请关闭煤矿擅自恢复生产的。

【依据:《国务院关于预防煤矿生产安全事故的特别规定》第十三条】

(24) 煤矿安全生产教育、培训或特种作业人员上岗违反规定的。

【依据:《国务院关于预防煤矿生产安全事故的特别规定》第十六条】

(25) 未免费为每位职工发放煤矿职工安全手册，已责令限期改正，逾期未改正的。

【依据:《国务院关于预防煤矿生产安全事故的特别规定》第二十二条】

(26) 违反顶帮管理和支护管理规定以及在露天采剥作业和排土作业中有相关违法行为的。

【依据:《矿山安全法实施条例》第五十四条】

(27) 在建筑物、构筑物和铁路下面开采,未编制专门设计文件的。

【依据:《矿山安全法实施条例》第五十四条】

(28) 使用不符合安全标准的设备、器材、防护用品和安全检测仪器的。

【依据:《矿山安全法》第四十条】

(29) 机电设备及其防护装置等未按规定操作、检查、维修和建立档案的。

【依据:《矿山安全法实施条例》第五十四条】

(30) 在水下和地温异常及有热水涌出地区开采未编制专门设计文件的。

【依据:《矿山安全法实施条例》第五十四条】

(31) 煤矿作业场所的瓦斯、粉尘等浓度达不到规定要求的。

【依据:《矿山安全法实施条例》第五十四条】

(32) 不严格执行瓦斯检查制度,携带烟草和点火用具下井的。

【依据:《矿山安全法实施条例》第五十四条】

(33) 有瓦斯突出危险,未编制专门设计文件的。

【依据:《矿山安全法实施条例》第五十四条】

(34) 井下风量、风质、风速和作业环境的气候,不符合规定的。

【依据:《矿山安全法实施条例》第五十四条】

(35) 井下风动凿岩干打眼的。

【依据:《矿山安全法实施条例》第五十四条】

(36) 未按规定对粉尘进行检测的。

【依据:《矿山安全法实施条例》第五十四条】

(37) 产生粉尘的作业场所未采取综合防尘措施的。

【依据:《矿山安全法实施条例》第五十四条】

(38) 突出矿井发生突出的没有立即停产,并立即分析、查找突出原因的。

【依据:《防治煤与瓦斯突出规定》第一百一十二条】

(39) 非突出矿井首次发生突出的没有立即停产,按《防治煤与瓦斯突出规定》的要求建立防突机构和管理制度,编制矿井防突设计,配备安全装备,完善安全设施和安全生产系统,补充实施区域防突措施的。

【依据:《防治煤与瓦斯突出规定》第一百一十二条】

(40) 建井期间未依照规定进行突出危险性鉴定的。

【依据:《防治煤与瓦斯突出规定》第一百一十三条】

(41) 经评估认为有突出危险的新建矿井,建井期间未对开采煤层及其他可能对采掘活动造成威胁的煤层进行突出危险性鉴定的。

【依据:《防治煤与瓦斯突出规定》第一百一十三条】

(42) 矿井有下列情况之一,未立即进行突出煤层鉴定的:

① 煤层有瓦斯动力现象。

② 相邻矿井开采的同一煤层发生突出。

③ 煤层瓦斯压力达到或者超过 0.74 MPa。

【依据:《防治煤与瓦斯突出规定》第一百一十三条】

(43) 有突出危险的新建矿井及突出矿井的新水平、新采区,未编制防突专项设计的,或突出矿井未编制突出事故应急预案的。

【依据:《防治煤与瓦斯突出规定》第十四条、第一百一十四条】

(44) 各项防突措施未按照《防治煤与瓦斯突出规定》第二十九条要求贯彻实施的。

【依据:《防治煤与瓦斯突出规定》第二十九条、第一百一十四条】

(45) 突出矿井地质测量工作没有遵守《防治煤与瓦斯突出规定》第十七条规定的。

【依据:《防治煤与瓦斯突出规定》第十七条、第一百一十四条】

(46) 突出矿井的巷道布置不符合《防治煤与瓦斯突出规定》第十六条要求和原则的。

【依据:《防治煤与瓦斯突出规定》第十六条、第一百一十五条】

(47) 突出煤层的采掘作业不符合《防治煤与瓦斯突出规定》第十九条规定的。

【依据:《防治煤与瓦斯突出规定》第十九条、第一百一十五条】

(48) 所有突出煤层外的掘进巷道(包括钻场等)距离突出煤层的最小法向距离小于 10 m 时(在地质构造破坏带小于 20 m 时),未采取边探边掘措施,确保最小法向距离不小于 5 m 的。

【依据:《防治煤与瓦斯突出规定》第一百一十五条】

(49) 在同一突出煤层正在采掘的工作面应力集中范围内安排其他工作面进行回采或者掘进的。

【依据:《防治煤与瓦斯突出规定》第一百一十五条】

(50) 突出煤层的掘进工作面没有避开邻近煤层采煤工作面的应力集中范围的。

【依据:《防治煤与瓦斯突出规定》第一百一十五条】

(51) 突出矿井未建立满足防突工作要求的地面永久瓦斯抽采系统仍然进行生产的。

【依据:《防治煤与瓦斯突出规定》第一百一十六条】

(52) 煤(岩)与瓦斯突出矿井使用架线式电机车的。

【依据:《防治煤与瓦斯突出规定》第一百一十六条】

(53) 在突出煤层的煤巷中安装、更换、维修或回收支架时,未依照规定采取预防因煤体垮落而引起突出措施的。

【依据:《防治煤与瓦斯突出规定》第一百一十七条】

(54) 未按照规定对突出孔洞及其附近加强支护的。

【依据:《防治煤与瓦斯突出规定》第一百一十七条】

(55) 清理突出的煤炭时,未依照规定制定防煤尘等安全技术措施的。

【依据:《防治煤与瓦斯突出规定》第一百一十七条】

(56) 突出矿井井下进行电焊、气焊和喷灯焊接时,未按规定停止扰动突出煤层作业的。

【依据:《防治煤与瓦斯突出规定》第一百一十七条】

(57) 突出矿井未依照规定建立完善局部通风系统的。

【依据:《防治煤与瓦斯突出规定》第一百一十八条】

(58) 煤与瓦斯突出矿井管理人员和井下工作人员未按规定培训上岗作业的。

【依据:《防治煤与瓦斯突出规定》第一百一十九条】

(59) 有突出矿井的煤矿企业主要负责人,突出矿井主要负责人、技术负责人、分管负责人、各职能部门负责人与区(队)长、班组长、防突人员以及企业和矿井安全监察部门未依照规定履行职责的。

【依据:《防治煤与瓦斯突出规定》第一百一十九条】

(60) 有突出矿井的煤矿企业、突出矿井未依照规定设置专业防突队伍的。

【依据:《防治煤与瓦斯突出规定》第一百一十九条】

(61) 突出煤层采掘工作面未依照规定设专职瓦斯检查工并随时检查瓦斯的。

【依据:《防治煤与瓦斯突出规定》第一百二十条】

(62) 在突出煤层中,专职爆破工未依照规定固定在同一工作面工作的。

【依据:《防治煤与瓦斯突出规定》第一百二十条】

(63) 有突出矿井的煤矿企业、突出矿井未依照规定制定区域和局部综合防突措施或措施不达标仍然组织生产的。

【依据:《防治煤与瓦斯突出规定》第一百二十一条】

(64) 煤矿企业、矿井未按照规定配齐专业技术人员、专用探放水设备、探放水作业队伍的。

【依据:《煤矿防治水规定》第一百三十条】

(65) 矿井未依照规定编制含有相应的防治水内容的井田地质报告、建井设计和建井地质报告,或矿井防治水图件不齐全的。

【依据:《煤矿防治水规定》第一百三十二条】

(66) 矿井发生突水后未观测记录、未按规定上报的。

【依据:《煤矿防治水规定》第一百三十三条】

(67) 擅自开采防隔水煤柱或者开采水淹区下的废弃防隔水煤柱顶水作业的。

【依据:《煤矿防治水规定》第一百三十四条】

(68) 井下需要构筑水闸墙,未依照规定进行设计、施工并进行竣工验收,投入使用的。

【依据:《煤矿防治水规定》第一百三十五条】

(69) 井下采掘作业未按照规定提出专门水文地质情况报告的。

【依据:《煤矿防治水规定》第一百三十六条】

(70) 井下采掘作业违反探放水规定的。

【依据:《煤矿防治水规定》第一百三十七条】

(71) 应急救援器材、设备和物资未按规定配备并进行经常性维护保养的。

【依据:《安全生产违法行为行政处罚办法》第四十六条】

(72) 生产经营单位的决策机构、主要负责人、个人经营的投资人(包括实际控制人)未依法保证下列安全生产所必需的资金投入之一,致使生产经营单位不具备安全生产条件的:

① 提取或者使用安全生产费用。

② 用于配备劳动防护用品的经费。

③ 用于安全生产教育和培训的经费。

④ 国家规定的其他安全生产所必需的资金投入。

【依据:《安全生产违法行为行政处罚办法》第四十三条】

(73) 违反操作规程或者安全管理规定作业的。

【依据:《安全生产违法行为行政处罚办法》第四十五条】

(74) 违章指挥从业人员或者强令从业人员违章、冒险作业的。

【依据:《安全生产违法行为行政处罚办法》第四十五条】

(75) 发现从业人员违章作业不加制止的。

【依据:《安全生产违法行为行政处罚办法》第四十五条】

(76) 超过核定的生产能力、强度或者定员进行生产的。

【依据:《安全生产违法行为行政处罚办法》第四十五条】

(77) 对被查封或者扣押的设施、设备、器材、危险物品和作业场所,擅自启封或者使用的。

【依据:《安全生产违法行为行政处罚办法》第四十五条】

(78) 故意提供虚假情况或者隐瞒存在的事故隐患以及其他安全问题的。

【依据:《安全生产违法行为行政处罚办法》第四十四条】

(79) 拒不执行安全监管监察部门依法下达的安全监管监察指令的。

【依据:《安全生产违法行为行政处罚办法》第四十五条】

(80) 未建立应急救援组织或者生产经营规模较小、未指定兼职应急救援人员的。

【依据:《安全生产违法行为行政处罚办法》第四十六条】

(81) 未配备必要的应急救援器材、设备和物资,并进行经常性维护、保养,保证正常运转的。

【依据:《安全生产违法行为行政处罚办法》第四十六条】

(82) 生产经营单位与从业人员订立协议,免除或者减轻其对从业人员因生产安全事故伤亡依法应承担的责任的,该协议无效;对生产经营单位的主要负责人、个人经营的投资人按照规定处以罚款。

【依据:《安全生产违法行为行政处罚办法》第四十七条】

(83) 明知煤矿未取得安全生产许可证或者其他批准文件擅自从事生产经营活动,仍为其提供生产经营场所、运输、保管、仓储等条件的。

【依据:《安全生产违法行为行政处罚办法》第四十九条】

(84) 主要负责人、安全生产管理人员、特种作业人员以欺骗、贿赂等不正当手段取得资格证书或者特种作业操作证的。

【依据:《安全生产培训管理办法》第三十五条】

(85) 未编制事故隐患排查标准清单的。

【依据:《河南省生产安全事故隐患排查治理办法》第三十条】

(86) 未明确单位各业务部门(车间)、安全生产管理机构、班组负责人和具体岗位从业人员的事故隐患排查治理职责的。

【依据:《河南省生产安全事故隐患排查治理办法》第三十条】

(87) 未保障事故隐患排查治理所需专项资金的。

【依据:《河南省生产安全事故隐患排查治理办法》第三十条】

(88) 未按照规定排查事故隐患或者未建立事故隐患排查治理信息台账的。

【依据:《河南省生产安全事故隐患排查治理办法》第三十条】

(89) 未按照规定报告事故隐患排查治理情况或者重大事故隐患的。

【依据:《河南省生产安全事故隐患排查治理办法》第三十条】

(90) 建设单位违反《职业病防治法》规定,有下列行为之一,责令限期改正,逾期不改正的:

① 未按照规定进行职业病危害预评价。

② 医疗机构可能产生放射性职业病危害的建设项目未按照规定提交放射性职业病危害预评价报告,或者放射性职业病危害预评价报告未经卫生行政部门审核同意,开工建设。

③ 建设项目的职业病防护设施未按照规定与主体工程同时设计、同时施工、同时投入生产和使用。

④ 建设项目的职业病防护设施设计不符合国家职业卫生标准和卫生要求,或者医疗机构放射性职业病危害严重的建设项目的防护设施设计未经卫生行政部门审查同意擅自施工。

⑤ 未按照规定对职业病防护设施进行职业病危害控制效果评价。

⑥ 建设项目竣工投入生产和使用前,职业病防护设施未按照规定验收合格。

【依据:《职业病防治法》第六十九条】

(91) 违反《职业病防治法》规定,有下列行为之一,责令限期改正,逾期不改正的：

① 工作场所职业病危害因素检测、评价结果没有存档、上报、公布。

② 未采取《职业病防治法》第二十条规定的职业病防治管理措施。

③ 未按照规定公布有关职业病防治的规章制度、操作规程、职业病危害事故应急救援措施。

④ 未按照规定组织劳动者进行职业卫生培训，或者未对劳动者个人职业病防护采取指导、督促措施。

⑤ 国内首次使用或者首次进口与职业病危害有关的化学材料，未按照规定报送毒性鉴定资料以及经有关部门登记注册或者批准进口的文件。

【依据：《职业病防治法》第七十条】

(92) 用人单位违反《职业病防治法》规定，有下列行为之一的：

① 未按照规定及时、如实向煤矿安全监管部门申报产生职业病危害的项目。

② 未实施由专人负责的职业病危害因素日常监测，或者监测系统不能正常监测。

③ 订立或者变更劳动合同时，未告知劳动者职业病危害真实情况。

④ 未按照规定组织职业健康检查、建立职业健康监护档案或者未将检查结果书面告知劳动者。

⑤ 未依照《职业病防治法》规定在劳动者离开用人单位时提供职业健康监护档案复印件。

【依据：《职业病防治法》第七十一条】

(93) 用人单位违反《职业病防治法》规定，有下列行为之一，责令限期改正，逾期不改正的：

① 工作场所职业病危害因素的强度或者浓度超过国家职业卫生标准。

② 未提供职业病防护设施和个人使用的职业病防护用品，或者提供的职业病防护设施和个人使用的职业病防护用品不符合国家职业卫生标准和卫生要求。

③ 对职业病防护设备、应急救援设施和个人使用的职业病防护用品未按照规定进行维护、检修、检测，或者不能保持正常运行、使用状态。

④ 未按照规定对工作场所职业病危害因素进行检测、评价。

⑤ 工作场所职业病危害因素经治理仍然达不到国家职业卫生标准和卫生要求时，未停止存在职业病危害因素的作业。

⑥ 未按照规定安排职业病病人、疑似职业病病人进行诊治。

⑦ 发生或者可能发生急性职业病危害事故时，未立即采取应急救援和控制措施或者未按照规定及时报告。

⑧ 未按照规定在产生严重职业病危害的作业岗位醒目位置设置警示标识和中文警示说明。

⑨ 拒绝职业卫生监督管理部门监督检查。

⑩ 隐瞒、伪造、篡改、毁损职业健康监护档案、工作场所职业病危害因素检测评价结果等相关资料，或者拒不提供职业病诊断、鉴定所需资料。

⑪ 未按照规定承担职业病诊断、鉴定费用和职业病病人的医疗、生活保障费用。

【依据:《职业病防治法》第七十二条】

(94) 违反《职业病防治法》规定，有下列情形之一的：

① 隐瞒技术、工艺、设备、材料所产生的职业病危害而采用。

② 隐瞒本单位职业卫生真实情况。

③ 可能发生急性职业损伤的有毒、有害工作场所、放射工作场所或者放射性同位素的运输、贮存不符合《职业病防治法》第二十五条规定。

④ 使用国家明令禁止使用的可能产生职业病危害的设备或者材料。

⑤ 将产生职业病危害的作业转移给没有职业病防护条件的单位和个人，或者没有职业病防护条件的单位和个人接受产生职业病危害的作业。

⑥ 擅自拆除、停止使用职业病防护设备或者应急救援设施。

⑦ 安排未经职业健康检查的劳动者、有职业禁忌的劳动者、未成年工或者孕期、哺乳期女职工从事接触职业病危害的作业或者禁忌作业。

⑧ 违章指挥和强令劳动者进行没有职业病防护措施的作业。

【依据:《职业病防治法》第七十五条】

(95) 用人单位违反《职业病防治法》规定，已经对劳动者生命健康造成严重损害的。

【依据:《职业病防治法》第七十七条】

(96) 生产经营单位未建立健全特种作业人员档案的。

【依据:《特种作业人员安全技术培训考核管理规定》第三十八条】

(97) 生产经营单位使用未取得特种作业操作证的特种作业人员上岗作业的。

【依据:《特种作业人员安全技术培训考核管理规定》第三十九条】

(98) 生产经营单位非法印制、伪造、倒卖特种作业操作证,或者使用非法印制、伪造、倒卖的特种作业操作证的。

【依据:《特种作业人员安全技术培训考核管理规定》第四十条】

(99) 特种作业人员伪造、涂改特种作业操作证或者使用伪造的特种作业操作证的。

【依据:《特种作业人员安全技术培训考核管理规定》第四十一条】

(100) 特种作业人员转借、转让、冒用特种作业操作证的。

【依据:《特种作业人员安全技术培训考核管理规定》第四十一条】

6.2.3　责令停止生产

发现下列违法行为或事故隐患,依法责令停止生产:

(1) 两个以上生产经营单位在同一作业区域内进行可能危及对方安全生产的生产经营活动,未签订安全生产管理协议或者未指定专职安全生产管理人员进行安全检查与协调的,责令限期改正,逾期未改正的。

【依据:《安全生产法》第四十五条、第一百零一条】

(2) 煤矿企业对安全事故隐患不按期整改的。

【依据:《河南省煤炭条例》第三十九条】

6.2.4　责令停止建设或者停产整顿

发现下列违法行为或事故隐患,依法责令停止建设或者停产整顿:

(1) 未按照规定对煤矿建设项目进行安全评价的。

(2) 煤矿建设项目没有安全设施设计或者安全设施设计未按照规定报经有关部门审查同意的。

(3) 煤矿建设项目的施工单位未按照批准的安全设施设计施工的。

(4) 煤矿建设项目竣工投入生产或者使用前,安全设施未经验收合格的。

【依据:《安全生产法》第九十五条】

6.2.5　责令停止施工或停产整顿

发现下列违法行为或事故隐患,依法责令停止施工或停产整顿:

(1) 经评估认为有突出危险的新建矿井,建井期间未对开采煤层及其他可能对采掘活动造成威胁的煤层进行突出危险性鉴定的。

【依据:《防治煤与瓦斯突出规定》(国家安全生产监督管理总局令第19号)第十条、第一百一十三条】

(2) 矿井有下列情况之一的,应当立即进行突出煤层鉴定,鉴定完成前，未按照突出煤层管理的：

① 煤层有瓦斯动力现象。

② 相邻矿井开采的同一煤层发生突出。

③ 煤层瓦斯压力达到或者超过 0.74 MPa。

【依据：《防治煤与瓦斯突出规定》（国家安全生产监督管理总局令第 19 号）第十一条、第一百一十三条】

（3）突出矿井开采的非突出煤层和高瓦斯矿井的开采煤层，在延深达到或超过 50 m 或开拓新采区时，未测定煤层瓦斯压力、瓦斯含量及其他与突出危险性相关的参数的。

【依据：《防治煤与瓦斯突出规定》（国家安全生产监督管理总局令第 19 号）第十八条第一款、第一百一十三条】

（4）高瓦斯矿井各煤层和突出矿井的非突出煤层在新水平开拓工程的所有煤巷掘进过程中，未依照规定观察突出预兆、执行局部综合防突措施的。

【依据：《防治煤与瓦斯突出规定》（国家安全生产监督管理总局令第 19 号）第十八条第二款、第一百一十三条】

（5）突出矿井的巷道未依照《防治煤与瓦斯突出规定》第十六条规定布置，责令限期改正，逾期未改正的。

【依据：《防治煤与瓦斯突出规定》（国家安全生产监督管理总局令第 19 号）第十六条、第一百一十五条】

（6）突出煤层的采掘作业不符合《防治煤与瓦斯突出规定》第十九条规定，责令限期改正，逾期未改正的。

【依据：《防治煤与瓦斯突出规定》（国家安全生产监督管理总局令第 19 号）第十九条、第一百一十五条】

（7）靠近突出煤层的掘进巷道不按照规定边探边掘，责令限期改正，逾期未改正的。

【依据：《防治煤与瓦斯突出规定》（国家安全生产监督管理总局令第 19 号）第二十一条、第一百一十五条】

（8）突出煤层的采掘工作面违反规定安排在应力集中范围内，责令限期改正，逾期未改正的。

【依据：《防治煤与瓦斯突出规定》（国家安全生产监督管理总局令第 19 号）第二十二条第一款、第一百一十五条】

(9) 突出煤层的掘进工作面未避开邻近煤层采煤工作面的应力集中范围,责令限期改正,逾期未改正的。

【依据:《防治煤与瓦斯突出规定》(国家安全生产监督管理总局令第19号)第二十二条第二款、第一百一十五条】

(10) 在突出煤层的煤巷中安装、更换、维修或回收支架时,未依照规定采取预防煤体垮落而引起突出的措施,责令限期改正,逾期未改正的。

【依据:《防治煤与瓦斯突出规定》(国家安全生产监督管理总局令第19号)第二十二条第三款、第一百一十七条】

(11) 未按照规定对突出孔洞及其附近加强支护,责令限期改正,逾期未改正的。

【依据:《防治煤与瓦斯突出规定》(国家安全生产监督管理总局令第19号)第二十五条第二款、第一百一十七条】

(12) 突出矿井井下进行电焊、气焊和喷灯焊接时,未按规定停止扰动突出煤层作业,责令限期改正,逾期未改正的。

【依据:《防治煤与瓦斯突出规定》(国家安全生产监督管理总局令第19号)第二十四条第二款、第一百一十七条】

(13) 有瓦斯突出危险,未编制专门设计文件,责令限期改正,逾期未改正的。

【依据:《防治煤与瓦斯突出规定》(国家安全生产监督管理总局令第19号)第十四条第一款、第一百一十四条】

(14) 突出矿井新水平、新采区移交生产前,未经过防突专项验收移交生产,责令限期改正,逾期未改正的。

【依据:《防治煤与瓦斯突出规定》(国家安全生产监督管理总局令第19号)第十四条第二款、第一百一十四条】

(15) 突出煤层采掘工作面未依照规定设专职瓦斯检查工并随时检查瓦斯,责令限期改正,逾期未改正的。

【依据:《防治煤与瓦斯突出规定》(国家安全生产监督管理总局令第19号)第三十条第一款、第一百二十条】

(16) 在突出煤层中,专职爆破工未依照规定固定在同一工作面工作,责令限期改正,逾期未改正的。

【依据:《防治煤与瓦斯突出规定》(国家安全生产监督管理总局令第19号)第三十条第二款、第一百二十条】

(17) 突出矿井发生煤与瓦斯突出的，未依照《防治煤与瓦斯突出规定》第七条规定实施防突出措施的。

【依据:《防治煤与瓦斯突出规定》(国家安全生产监督管理总局令第19号)第七条、第一百一十二条】

(18) 清理突出的煤炭时，未依照规定制定防煤尘等安全技术措施的。

【依据:《防治煤与瓦斯突出规定》(国家安全生产监督管理总局令第19号)第二十五条第一款、第一百一十七条】

6.2.6 责令停产整顿

发现下列违法行为或事故隐患，依法责令停产整顿:

(1) 爆破、吊装以及其他危险作业，未安排专门人员进行现场安全管理，责令限期改正，逾期未改正的。

【依据:《安全生产法》第四十条、第九十八条】

(2) 安全设备安装、使用、检测、改造和报废不符合有关标准规定，情节严重的。

【依据:《安全生产法》第三十三条第一款、第九十六条】

(3) 使用应当淘汰、禁止使用的危及生产安全的工艺、设备，情节严重的。

【依据:《安全生产法》第三十五条、第九十六条】

(4) 安全设施、设备、矿用产品安全使用证或者安全标志不符合规定，情节严重的。

【依据:《安全生产法》第三十四条、第九十六条】

(5) 未对安全设备进行经常性维护、保养和定期检测，情节严重的。

【依据:《安全生产法》第三十三条第二款、第九十六条】

(6) 对重大危险源未登记建档，或者未进行评估、监控，或者未制定应急预案的。

【依据:《安全生产法》第九十八条】

(7) 未将事故隐患排查治理情况如实记录或者未向从业人员通报，责令限期改正，逾期未改正的。

【依据:《安全生产法》第三十八条第一款、第九十四条】

(8) 未按照规定制定生产安全事故应急救援预案或者未定期组织演练，责令限期改正，逾期未改正的。

【依据:《安全生产法》第七十八条、第九十四条】

(9) 未按规定为从业人员提供符合国家或行业标准的劳动防护用品，情节严重的。

【依据:《安全生产法》第四十二条、第九十六条】

(10) 未在有加大危险因素的生产经营场所和有关设施、设备上设置明显的安全警示标志,情节严重的。

【依据:《安全生产法》第三十二条、第九十六条】

(11) 未按照规定设立安全生产管理机构或配备安全生产管理人员,责令限期改正,逾期未改正的。

【依据:《安全生产法》第二十一条第一款、第九十四条】

(12) 生产经营单位的主要负责人未履行规定的安全生产管理职责,责令限期改正,逾期未改正的。

【依据:《安全生产法》第十八条、第九十一条】

(13) 未建立并实施安全生产隐患排查、治理和报告制度,责令限期整改,逾期未改正的。

【依据:《安全生产法》第三十八条第一款、第九十八条】

(14) 主要负责人和安全生产管理人员未按照规定经考核合格,责令限期改正,逾期未改正的。

【依据:《安全生产法》第二十四条第二款、第九十四条】

(15) 未对井下作业人员进行安全生产教育培训或特种作业人员未经培训并取得特种作业人员操作资格证书上岗作业,责令限期改正,逾期未改正的。

【依据:《安全生产法》第二十七条第一款、第九十四条;《国务院关于预防煤矿生产安全事故的特别规定》第十六条第二款】

(16) 生产经营单位未按照规定对从业人员、被派遣劳动者、实习学生进行安全生产教育和培训,或者未按照规定如实告知有关的安全生产事项,责令限期改正,逾期未改正的。

【依据:《安全生产法》第二十五条、第四十一条、第四十九条、第九十四条】

(17) 未如实记录安全生产教育和培训情况,责令限期整改,逾期未改正的。

【依据:《安全生产法》第二十五条第四款、第九十四条】

(18) 不按规定保证安全生产所必需资金投入,责令限期改正,逾期未改正的。

【依据:《安全生产法》第二十条 、第九十条】

(19) 未设有符合紧急疏散需要、标志明显、保持畅通的出口,或者锁闭、封堵生产经营场所,责令限期改正,逾期未改正的。

【依据:《安全生产法》第三十九条第二款、第一百零二条】

(20) 生产经营单位未与承包单位、承租单位签订专门的安全生产管理协议或者未在承包合同、租赁合同中明确各自的安全生产管理职责,或者未对承包单位、承租单位的安全生产统一协调、管理,责令限期改正,逾期未改正的。

【依据:《安全生产法》第四十六条、第一百条第二款】

(21) 超能力、超强度或者超定员组织生产,已责令立即停止生产,仍然进行生产的。

(22) 瓦斯超限作业,已责令立即停止生产,仍然进行生产的。

(23) 煤与瓦斯突出矿井,未依照规定实施防突出措施,已责令立即停止生产,仍然进行生产的。

(24) 高瓦斯矿井未建立瓦斯抽放系统和监控系统,或者瓦斯监控系统不能正常运行,已责令立即停止生产,仍然进行生产的。

(25) 通风系统不完善、不可靠,已责令立即停止生产,仍然进行生产的。

(26) 有严重水患,未采取有效措施,已责令立即停止生产,仍然进行生产的。

(27) 超层越界开采,已责令立即停止生产,仍然进行生产的。

(28) 有冲击地压危险,未采取有效措施,已责令立即停止生产,仍然进行生产的。

(29) 自然发火严重,未采取有效措施,已责令立即停止生产,仍然进行生产的。

(30) 使用明令禁止使用或者淘汰的设备、工艺,已责令立即停止生产,仍然进行生产的。

(31) 煤矿没有双回路供电系统,已责令立即停止生产,仍然进行生产的。

(32) 新建煤矿边建设边生产,煤矿改扩建期间,在改扩建的区域生产,或者在其他区域的生产超出安全设计规定的范围和规模,已责令立即停止生产,仍然进行生产的。

(33) 煤矿实行整体承包生产经营后,未重新取得安全生产许可证,从事生产,或者承包方再次转包,以及煤矿将井下采掘工作面和井巷维修作业进行劳务承包,已责令立即停止生产,仍然进行生产的。

(34) 煤矿改制期间,未明确安全生产责任人和安全管理机构的,或者在完成改制后,未重新取得或者变更采矿许可证、安全生产许可证和营业执照的。

(35) 没有分别配备矿长,总工程师和分管安全、生产、机电的副矿长,以及负责采煤、掘进、机电运输、通风、地质测量工作的专业技术人员,已责令立即停止生产,仍然进行生产的。

(36) 未按规定足额提取和使用安全生产费用,已责令立即停止生产,仍然进行生产的。

(37) 出现瓦斯动力现象,或者相邻矿井开采的同一煤层发生了突出,或者煤层瓦斯压力达到或者超过 0.74 MPa 的非突出矿井,未立即按照突出煤层管理并在规定时限内进行突出危险性鉴定(直接认定为突出矿井的除外),已责令立即停止生产,仍然进行生产的。

(38) 图纸作假、隐瞒采掘工作面,已责令立即停止生产,仍然进行生产的。

【以上依据:《国务院关于预防煤矿生产安全事故的特别规定》第八条第二款、第十条第一款;《煤矿重大生产安全事故隐患判定标准》(国家安全生产监督管理总局令第 85 号)第十八条】

(39) 突出矿井未建立满足防突工作要求的地面永久瓦斯抽采系统,仍然进行生产的。

(40) 煤(岩)与瓦斯突出矿井使用架线式电机车仍然进行生产的。

(41) 突出矿井的井巷揭穿突出煤层前,不具有独立的、可靠的通风系统,仍然进行生产的。

(42) 突出矿井、有突出煤层的采区、突出煤层工作面存有非独立的回风系统。采区回风巷不是专用回风巷,仍然进行生产的。

(43) 在突出煤层中,任何两个采掘工作面之间存有串联通风仍然进行生产的。

(44) 煤(岩)与瓦斯突出煤层采区回风巷及总回风巷未安设高低浓度甲烷传感器,仍然进行生产的。

(45) 突出煤层采掘工作面回风侧设置有调节风量的设施。易自燃煤层的采煤工作面确需设置调节设施的,未经煤矿企业技术负责人批准,仍然进行生产的。

(46) 突出矿井在井下安设有辅助通风机通风,仍然进行生产的。

(47) 突出煤层掘进工作面的通风方式未采用压入式,仍然进行生产的。

【以上依据:《防治煤与瓦斯突出规定》(国家安全生产监督管理总局令第 19 号)第二十三条、第二十四条、第一百一十八条】

(48) 井下探放水未使用专用的探放水钻机的。

【依据:《煤矿防治水规定》(国家安全生产监督管理总局令第 28 号)第九十五条、第一百三十八条】

(49) 矿井未依照规定编制含有相应的防治水内容的井田地质报告、建井设计和建井地质报告;矿井防治水图件不齐全,情节严重的。

【依据:《煤矿防治水规定》(国家安全生产监督管理总局令第 28 号)第十四条、第十五条、第一百三十二条】

(50) 擅自开采防隔水煤柱或者开采水淹区下的废弃防隔水煤柱顶水作业的。

【依据:《煤矿防治水规定》(国家安全生产监督管理总局令第 28 号)第五十四条、第五十五条、第一百三十四条】

(51) 井下需要构筑水闸墙,未依照规定进行设计、施工并进行竣工验收,投入使用的。

【依据:《煤矿防治水规定》(国家安全生产监督管理总局令第 28 号)第七十条、第一百三十五条】

(52) 有突出矿井的煤矿企业、突出矿井未依照规定制定区域和局部综合防突措施或措施不达标仍然组织生产的。

【依据:《防治煤与瓦斯突出规定》(国家安全生产监督管理总局令第 19 号)第五条、第一百二十一条】

(53) 生产经营单位的决策机构、主要负责人、个人经营的投资人(包括实际控制人)未依法保证下列安全生产所必需的资金投入之一,致使生产经营单位不具备安全生产条件的,已责令限期改正,逾期未改正的:

① 提取或者使用安全生产费用。

② 用于配备劳动防护用品的经费。

③ 用于安全生产教育和培训的经费。

④ 国家规定的其他安全生产所必需的资金投入。

【依据:《安全生产违法行为行政处罚办法》(国家安全生产监督管理总局令第 15 号)第四十三条】

6.2.7 没收违法所得、没收非法开采的煤炭产品、采掘设备

发现下列违法行为,依法没收违法所得、没收非法开采的煤炭产品、采掘设备:

(1) 关闭的煤矿擅自恢复生产的。

【依据:《国务院关于预防煤矿生产安全事故的特别规定》第五条第二款、第十三条第五款】

(2) 将生产经营项目、场所、设备发包或出租给不具备安全生产条件或相应资质单位或个人的。

【依据:《安全生产法》第四十六条第一款、第一百条】

(3) 被责令停产整顿的煤矿擅自从事生产的。

【依据:《国务院关于预防煤矿生产安全事故的特别规定》第十一条】

6.2.8 提请关闭

发现下列违法行为,依法提请关闭:

(1) 负责颁发规定证照的部门,发现煤矿无证照或者证照不全从事生产的。

【依据:《国务院关于预防煤矿生产安全事故的特别规定》第五条】

(2) 3 个月内 2 次或者 2 次以上发现煤矿有《煤矿重大生产安全事故隐患判定标准》(国家安全生产监督管理总局令第 85 号)认定的重大事故隐患,仍然进行生产的。

【依据:《国务院关于预防煤矿生产安全事故的特别规定》第十条】

(3) 被责令停产整顿的煤矿擅自从事生产的。

【依据:《国务院关于预防煤矿生产安全事故的特别规定》第十一条】

(4) 1 个月内 3 次或者 3 次以上被发现未依照国家有关规定对井下作业人员进行安全生产教育和培训或者特种作业人员无证上岗的。

【依据:《国务院关于预防煤矿生产安全事故的特别规定》第十七条】

(5) 未按照规定在产生严重职业病危害的作业岗位醒目位置设置警示标识和中文警示说明,情节严重的。

【依据:《职业病防治法》第七十二条】

(6) 煤矿企业违反《河南省煤炭条例》规定，对安全事故隐患不按期整改，已责令停止生产，经整改，仍达不到安全生产的。

【依据：《河南省煤炭条例》第三十九条】

(7) 经评估认为有突出危险的新建矿井，建井期间未对开采煤层及其他可能对采掘活动造成威胁的煤层进行突出危险性鉴定，已责令停止施工或停产整顿、提出限期改正要求，逾期仍未改正的。

【依据：《防治煤与瓦斯突出规定》(国家安全生产监督管理总局令第 19 号)第十条、第一百一十三条】

(8) 矿井有下列情况之一，应当立即进行突出煤层鉴定；鉴定完成前，未按照突出煤层管理，已责令停止施工或停产整顿、提出限期改正要求，逾期仍未改正的：

① 煤层有瓦斯动力现象。

② 相邻矿井开采的同一煤层发生突出。

③ 煤层瓦斯压力达到或者超过 0.74 MPa。

【依据：《防治煤与瓦斯突出规定》(国家安全生产监督管理总局令第 19 号)第十一条、第一百一十三条】

(9) 突出矿井开采的非突出煤层和高瓦斯矿井的开采煤层，在延深达到或超过 50 m 或开拓新采区时，未测定煤层瓦斯压力、瓦斯含量及其他与突出危险性相关的参数的。

【依据：《防治煤与瓦斯突出规定》(国家安全生产监督管理总局令第 19 号)第十八条第一款、第一百一十三条】

(10) 高瓦斯矿井各煤层和突出矿井的非突出煤层在新水平开拓工程的所有煤巷掘进过程中，未依照规定观察突出预兆、执行局部综合防突措施的。

【依据：《防治煤与瓦斯突出规定》(国家安全生产监督管理总局令第 19 号)第十八条第二款、第一百一十三条】

(11) 煤矿企业未按《防治煤与瓦斯突出规定》要求落实区域和局部综合防突措施，或防突措施不达标，仍然组织生产的，责令停产整顿，提出限期改正的要求，逾期仍不改正的。

【依据：《防治煤与瓦斯突出规定》(国家安全生产监督管理总局令第 19 号)第一百二十一条】

(12) 生产经营单位不具备法律、行政法规和国家标准、行业标准规定的安全生产条件,经责令停产停业整顿仍不具备安全生产条件的。

【依据:《安全生产违法行为行政处罚办法》(国家安全生产监督管理总局令第 15 号)第四十八条】

(13) 对发生事故而没有煤矿领导带班下井的煤矿,情节严重的。

【依据:《煤矿领导带班下井及安全监督检查规定》(国家安全生产监督管理总局令第 33 号)第二十条】

6.3 行政处罚的一般规定

6.3.1 行政处罚在法定职权范围内实施。

【依据:《行政处罚法》第十五条】

6.3.2 违法行为依法应当给予行政处罚的,必须查明事实;违法事实不清的,不得给予行政处罚。

【依据:《行政处罚法》第三十条】

6.3.3 违法行为在 2 年内未被发现的,不再给予行政处罚。法律另有规定的除外。

上述规定的期限,从违法行为发生之日起计算;违法行为有连续或者继续状态的,从行为终了之日起计算。

【依据:《行政处罚法》第二十九条】

6.3.4 煤矿安全监管部门实施行政处罚时,应当责令当事人改正或者限期改正违法行为。

【依据:《行政处罚法》第二十三条】

6.3.5 对当事人的同一个违法行为,不得给予两次以上罚款的行政处罚。

【依据:《行政处罚法》第二十四条】

6.3.6 生产经营单位及其有关人员触犯不同的法律规定,有两个以上应当给予行政处罚的安全生产违法行为的,煤矿安全监管部门应当适用不同的法律规定,分别裁量,合并处罚。

【依据:《安全生产违法行为行政处罚办法》(国家安全生产监督管理总局令第 15 号)第五十三条】

6.4 行政处罚的管辖

6.4.1 属地管辖

行政处罚由违法行为发生地的县级以上具有行政处罚权的煤矿安全监

管部门管辖。

具有行政处罚权的煤矿安全监管部门应当按《中共河南省委、河南省人民政府关于深入推进安全生产领域改革发展的实施意见》(豫发〔2017〕31号)和《河南省人民政府办公厅关于进一步加强煤矿安全管理的通知》(豫政办〔2014〕163号)的规定,依照"分级负责、属地管理"原则,在各自的职责范围内对安全生产违法行为行使行政处罚权。

暂扣、吊销有关许可证和暂停、撤销有关执业资格、岗位证书的行政处罚,由发证机关决定。其中,暂扣有关许可证和暂停有关执业资格、岗位证书的期限一般不得超过6个月;法律、行政法规另有规定的,依照其规定。

给予关闭的行政处罚,由县级以上煤矿安全监管部门报请县级以上人民政府按照国务院规定的权限决定。

给予拘留的行政处罚,由县级以上煤矿安全监管部门建议公安机关依照治安管理处罚法的规定决定。

6.4.2　指定管辖

两个以上煤矿安全监管部门因行政处罚管辖权发生争议的,报请共同的上一级煤矿安全监管部门指定管辖。

6.4.3　移送管辖

对报告或者举报的安全生产违法行为,煤矿安全监管部门应当受理;发现不属于自己管辖的,应当按照有关规定移送有管辖权的部门。

受移送的煤矿安全监管部门对管辖权有异议的,应当报请共同的上一级煤矿安全监管部门决定。

6.4.4　其他

上级煤矿安全监管部门可以直接查处下级煤矿安全监管部门管辖的案件,也可以将自己管辖的案件交由下级煤矿安全监管部门管辖。

下级煤矿安全监管部门可以将重大、疑难案件报请上级煤矿安全监管部门管辖。

上级煤矿安全监管部门有权对下级煤矿安全监管部门违法或者不适当的行政处罚予以纠正或者撤销。

【以上依据:《行政处罚法》第二十至二十四条;《河南省人民政府办公厅关于进一步加强煤矿安全管理的通知》(豫政办〔2014〕163号)】

有关法律、法规、规章及规范性文件

(1)《安全生产法》。

(2)《职业病防治法》。

(3)《行政处罚法》。

(4)《国务院关于预防煤矿生产安全事故的特别规定》。

(5)《中共河南省委、河南省人民政府关于深入推进安全生产领域改革发展的实施意见》(豫发〔2017〕31号)。

(6)《河南省煤炭条例》。

(7)《防治煤与瓦斯突出规定》(国家安全生产监督管理总局令第19号)。

(8)《煤矿防治水规定》(国家安全生产监督管理总局令第28号)。

(9)《煤矿领导带班下井及安全监督检查规定》(国家安全生产监督管理总局令第33号)。

(10)《生产经营单位安全培训规定》(国家安全生产监督管理总局令第3号)。

(11)《安全生产违法行为行政处罚办法》(国家安全生产监督管理总局令第15号)。

(12)《特种作业人员安全技术培训考核管理规定》(国家安全生产监督管理总局令第30号)。

(13)《煤矿安全培训规定》(国家安全生产监督管理总局令第52号)。

(14)《国家安全监管局关于印发〈安全生产执法程序规定〉的通知》(安监总政法〔2016〕72号)。

(15)《煤矿重大生产安全事故隐患判定标准》(国家安全生产监督管理总局令第85号)。

(16)《河南省人民政府办公厅关于进一步加强煤矿安全管理的通知》(豫政办〔2014〕163号)。

第七章 行政处罚简易程序

7.1 适用范围

安全生产违法事实确凿并有法定依据，对个人处以五十元以下罚款、对生产经营单位处以一千元以下罚款或者警告的行政处罚的，煤矿安全生产监管执法人员可以当场作出行政处罚决定。

【依据:《行政处罚法》第三十三条】

7.2 处罚程序

7.2.1 煤矿安全监管执法人员不得少于两名，应当向当事人或者有关人员出示有效的执法证件，表明身份。

7.2.2 告知当事人作出行政处罚决定的事实、理由和依据。

7.2.3 听取当事人的陈述和申辩，并制作当事人陈述申辩笔录。

7.2.4 制送行政处罚决定书和送达回证。行政处罚决定书和送达回证应当在宣告后当场交付当事人，由受送达人在《送达回证》上注明收到日期，签名或者盖章。发生拒收情况时，其他人员在场，记明情况，留下送达文书即为送达。(行政处罚决定书和送达回证应依照本《手册》第八编“常用执法文书制作”编制)

7.2.5 当场作出的行政处罚决定，应当及时报告，并在五日内报所属煤矿安全监管部门备案。

煤矿安全监管执法人员对在边远、交通不便地区，当事人向指定银行缴纳罚款确有困难，经当事人提出，可以当场收缴罚款，但应当出具省级人民政府财政部门统一制发的罚款收据，并自收缴罚款之日起两日内，交至所属煤矿安全监管部门；煤矿安全监管部门应当在两日内将罚款缴付指定的银行。

【以上依据:《安全生产执法程序规定》(安监总政法〔2016〕72 号)】

7.2.6 当事人对当场作出的行政处罚决定不服的，可以依法申请行政复议或者提起行政诉讼。

【依据:《行政处罚法》第三十五条】

7.3　行政处罚简易程序流程图(图 7-1)

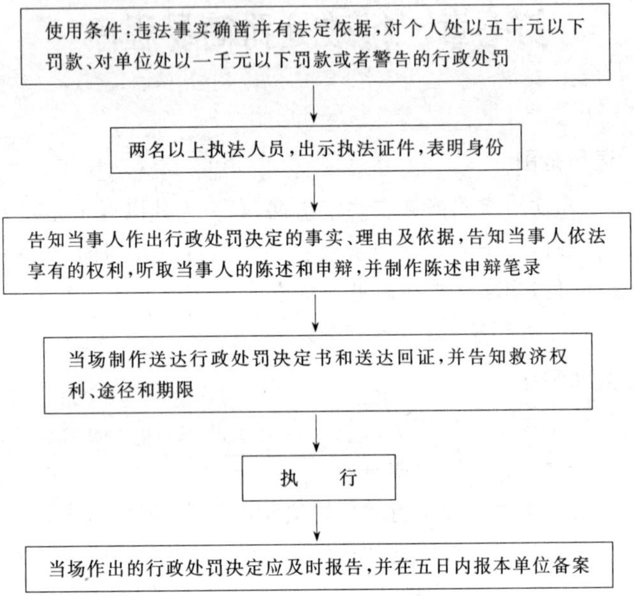

图 7-1　行政处罚简易程序流程图

有关法律、法规、规章及规范性文件

(1)《行政处罚法》。

(2)《中华人民共和国民事诉讼法》(简称《民事诉讼法》)。

(3)《安全生产执法程序规定》(安监总政法〔2016〕72 号)。

第八章 行政处罚一般程序

8.1 立案

8.1.1 除依照简易程序当场作出的行政处罚外，煤矿安全监管执法人员经初步调查，认为煤矿及其有关人员有涉嫌违反安全生产法律法规和规章的行为、依法应给予行政处罚、属于本部门管辖范围的，应当予以立案，填写立案审批表。对确需立即查处的安全生产违法行为，可以先行调查取证，并在五日内补办立案手续。

【依据：《行政处罚法》第三十六条；《安全生产执法程序规定》（安监总政法〔2016〕72 号）第二十六条》】

8.1.2 制作立案审批表。立案审批表应依照本《手册》第八编“常用执法文书制作”编制。

8.2 调查取证

8.2.1 指定承办人

已经立案的案件，由立案审批人指定两名或者两名以上符合规定的煤矿安全监管执法人员为案件承办人（应明确案件主办人和协办人）进行调查。案件承办人应当全面、客观、公正地进行调查，收集有关证据。

【依据：《行政处罚法》第三十七条；《河南省人民政府关于规范行政处罚裁量权的若干意见》（豫政〔2008〕57 号）】

8.2.2 回避

（1）回避的条件

煤矿安全监管部门负责人、办案人员、鉴定人（含检测、检验人员）有下列情形之一的，应当回避：

① 是本案的当事人或者当事人的近亲属的。

② 本人或者其近亲属与本案有利害关系的。

③ 与本案当事人有其他关系，可能影响案件公正处理的。

(2) 决定回避

① 办案人员、鉴定人(含检测、检验人员)的回避,由所在单位负责人决定。行政执法机关负责人的回避,由同级人民政府或者上级行政执法机关决定。

② 参与调查的煤矿安全监管部门负责人的回避,由同级人民政府或者上级煤矿安全监管部门决定。

(3) 回避效力

① 回避决定作出之前,办案人员、鉴定人(含检测、检验人员)不得停止对案件的调查。

② 被决定回避的煤矿安全监管部门负责人、办案人员、鉴定人(含检测、检验人员),在回避决定作出前所进行的与案件有关的活动是否有效,由回避决定单位根据案件情况决定。

③ 回避决定作出后,被决定回避的煤矿安全监管部门负责人、办案人员、鉴定人(含检测、检验人员),不得再参与本案的调查处理。

【依据:《行政处罚法》第三十七条;《河南省行政执法条例》第二十三条】

8.2.3 询问调查

(1) 询问的办案人员不得少于两人,并应当向被询问人表明身份,出示执法证件。

【依据:《行政处罚法》第三十七条】

(2) 问明询问对象的基本情况。包括姓名、性别、年龄、政治面貌、文化程度、工作单位、职务、电话、住址。

(3) 询问地点,可以在煤矿的办公场所,也可以选定其他场所进行。

(4) 告知权利义务。询问开始前,应当告知询问对象对询问有如实回答的义务和申请回避、拒绝回答与本案无关的问题等权利。

(5) 询问违法事实。围绕现场检查发现的安全生产违法违规行为和事故隐患,让询问对象陈述所了解的情况,确认违法违规行为或者事故隐患的事实及违反的法律规定。

对询问对象的提问,要围绕查清安全生产违法违规行为和事故隐患事实进行,重点是违法违规行为和事故隐患发生的时间、地点、情形等。

(6) 听取陈述和申辩。询问时,应充分听取询问对象的陈述和申辩,并认真核查。

(7) 分别询问。询问同案的违法嫌疑人,应当分别进行。

(8) 严禁以威胁、引诱、欺骗等非法手段进行询问。以非法手段收集的证据不得作为行政处罚的依据。

(9) 保密。询问违法嫌疑人时，需要运用证据证实违法嫌疑人违法违规行为的，应当防止泄密。对涉及商业秘密、个人隐私的，应当保密，并在笔录中注明。

(10) 制作询问笔录(见第八编"常用文书制作")。询问过程应当制作询问笔录。询问时，在文字记录的同时，可以根据需要录音、录像。

【依据:《行政处罚法》第三十七条;《安全生产执法程序规定》(安监总政法〔2016〕72 号)第二十六条】

8.2.4 收集证据

(1) 办案人员应当收集、调取与案件有关的原始凭证作为证据。调取原始凭证确有困难的，可以复制，复制件应当注明"经核对与原件无异"的字样，并由出具人、两名以上执法人员的签名和日期。收集的复制件，应注明出处，经该部门(单位)核对无异后加盖其印章。

(2) 办案人员在收集证据时，可以采取抽样取证的方法。

(3) 在证据可能灭失或者以后难以取得的情况下，经本单位负责人批准，可以先行登记保存，并应当在七日内作出处理决定。

【依据:《行政处罚法》第三十七条;《安全生产执法程序规定》(安监总政法〔2016〕72 号)第二十六条】

8.2.5 勘验检查

(1) 办案人员对于违法违规行为案发现场，必要时可以进行勘验检查，及时提取与案件有关的证据材料。

(2) 办案人员对与案件有关的物品、场所进行勘验时，应当通知当事人到场，制作现场检查(勘验)笔录，并由当事人核对无误后签名或者盖章。

(3) 当事人拒绝到场的，可以邀请在场的其他人员作证，并在现场检查(勘验)笔录中注明原因并签名;也可以采用录音、录像等方式记录有关物品、场所的情况后，再进行勘验检查。

【依据:《安全生产违法行为行政处罚办法》(国家安全生产监督管理总局令第 15 号)第二十八条】

8.2.6 处罚建议

案件调查终结后，办案人员应当对调查情况进行综合分析，提交案件调查终结报告，根据情节轻重及具体情况，依据有关法律法规，提出行政处罚或者不予处罚等建议。

【依据:《安全生产执法程序规定》(安监总政法〔2016〕72号)第二十六条】

8.3 案件审理

8.3.1 一般程序

煤矿安全监管部门应当建立案件法制审核制度。对适用一般程序的安全生产行政处罚案件,案件调查终结后,办案人员应填写行政处罚审批表,连同有关证据材料先报本单位内设的法制审核机构(或负责法制审核的人员)进行案件合法性审核,然后依据法制审核意见,按相关规定程序报批。

调查终结,煤矿安全监管部门负责人应当对调查结果进行审查,根据不同情况,分别作出如下决定:

(1) 确有应受行政处罚的违法行为的,根据情节轻重及具体情况,作出行政处罚决定。

(2) 违法行为轻微,依法可以不予行政处罚的,不予行政处罚。

(3) 违法事实不能成立的,不得给予行政处罚。

(4) 违法行为已构成犯罪的,移送司法机关。

对情节复杂或者重大违法行为给予较重的行政处罚,煤矿安全监管部门的负责人应当集体讨论决定。

【依据:《行政处罚法》第三十八条;《河南省人民政府关于规范行政处罚裁量权的若干意见》(豫政〔2008〕57号)】

8.3.2 行政处罚集体讨论的有关规定

(1)《安全生产违法行为行政处罚办法》(国家安全生产监督管理总局令第15号)第二十九条和《安全生产执法程序规定》(安监总政法〔2016〕72号)第二十六条规定:对严重安全生产违法行为给予责令停产停业整顿、责令停产停业、责令停止建设、责令停止施工、吊销有关许可证、撤销有关执业资格或者岗位证书、五万元以上罚款、没收违法所得、没收非法开采的煤炭产品或者采掘设备价值五万元以上的行政处罚的,应当由煤矿安全监管部门的负责人集体讨论决定。

(2)《河南省重大行政处罚备案审查办法》(河南省人民政府令第168号)规定:给予个人处以一万元以上的罚款,对法人或者其他组织处以十万元以上的罚款,没收违法所得、没收非法财物价值数额个人一万元以上、法人或其他组织十万元以上,责令停产停业等重大行政处罚的,应当执行重大行政处罚备案审查制度。

对情节复杂或者重大违法行为给予较重的行政处罚集体讨论，应做好重大复杂案件集体讨论笔录。重大复杂案件集体讨论笔录样式参见本《手册》第八编。

【依据：《河南省行政处罚案卷评查标准》(豫法政办〔2017〕9 号)】

8.4 处罚告知

8.4.1 作出行政处罚前，应当告知当事人作出行政处罚的事实、理由及依据和当事人依法享有陈述、申辩权利等，并向当事人送达行政处罚事先告知书。在作出行政处罚决定前，不依法向当事人告知给予行政处罚的事实、理由和依据，或者拒绝听取当事人的陈述、申辩，行政处罚决定不能成立；当事人放弃陈述或者申辩权利的除外。

行政处罚事先告知书应当直接送达当事人，要求当事人签署对拟行政处罚的意见，并签收。当事人不在场的，应当在七日内依照《民事诉讼法》的有关规定，将行政处罚事先告知书送达当事人或者其他的法定受送达人。

【依据：《行政处罚法》第三十条、第三十一条、第四十条】

8.4.2 处罚告知时，符合听证条件的，应当告知当事人有要求举行听证的权利。当事人要求举行听证的，应当组织听证。

【依据：《安全生产执法程序规定》(安监总政法〔2016〕72 号)第二十六条】

8.5 听取当事人陈述申辩

煤矿安全监管部门听取当事人陈述申辩，除法律法规规定可以采用的方式外，原则上应当形成书面证据证明，没有当事人书面材料的，案件承办人应当制作陈述(申辩)笔录。

依法履行行政处罚告知程序后，案件承办人应当对当事人提出的事实、理由和证据进行复核，成立的应予以采纳。煤矿安全监管部门不得因当事人申辩而加重处罚。

【依据：《行政处罚法》第三十二条；《安全生产执法程序规定》(安监总政法〔2016〕72 号)第二十六条】

8.6 行政处罚决定

8.6.1 在当事人自收到行政处罚事先告知书之日起三日内，未就拟行政处罚提出有陈述、申辩意见或要求举行听证的，应当依法作出处罚决定，制作行政处罚决定书。

8.6.2　行政处罚决定书应当当场交付当事人；当事人不在场的，煤矿安全监管部门应当在七日内，依照《民事诉讼法》的有关规定，将行政处罚决定书送达当事人或者其他的法定受送达人。送达必须有送达回证，由受送达人在送达回证上注明收到日期，签名或者盖章。具体可以采用下列方式：

(1) 直接送交受送达人。受送达人是个人的，本人不在时，交他的同住成年家属签收，并在行政处罚决定书送达回证的备注栏内注明与受送达人的关系；受送达人是法人或者其他组织的，应当由法人的法定代表人、其他组织的主要负责人或者该法人、组织负责收件的人签收；受送达人指定代收人或者委托代理人的，交代收人或者委托代理人签收并注明受当事人委托的情况。

(2) 直接送达确有困难的，可以挂号邮寄送达，也可以委托当地煤矿安全监管部门代为送达，代为送达的煤矿安全监管部门收到文书后，应当及时交受送达人签收。

(3) 当事人或者他的同住成年家属拒绝接收的，送达人可以邀请有关基层组织或者所在单位的代表到场，说明情况，在行政处罚决定书送达回证上记明拒收的事由和日期，由送达人、见证人签名或者盖章，将行政处罚决定书留在当事人的住所或受送达人的住所，并采用拍照、录像等方式记录送达过程，即视为送达。

(4) 受送达人下落不明，或者用以上方式无法送达的，可以公告送达，自公告发布之日起经过六十日，即视为送达。公告送达，应当在案卷中注明原因和经过。

(5) 经受送达人同意，还可采用传真、电子邮件等能够确认其收悉的方式送达。

【依据:《行政处罚法》第四十条;《民事诉讼法》第八十四至九十二条;《安全生产执法程序规定》(安监总政法〔2016〕72 号)第二十六条】

8.6.3　行政处罚时限要求：行政处罚案件应当自立案之日起三十日内作出行政处罚决定；由于客观原因不能完成的，经煤矿安全监管部门负责人同意可以延长，但不得超过九十日；特殊情况需进一步延长的，应当经上一级煤矿安全监管部门批准，可延长至一百八十日。

【依据:《安全生产执法程序规定》(安监总政法〔2016〕72 号)第二十六条】

8.7　行政处罚一般程序流程图

行政处罚一般程序流程见图 8-1。

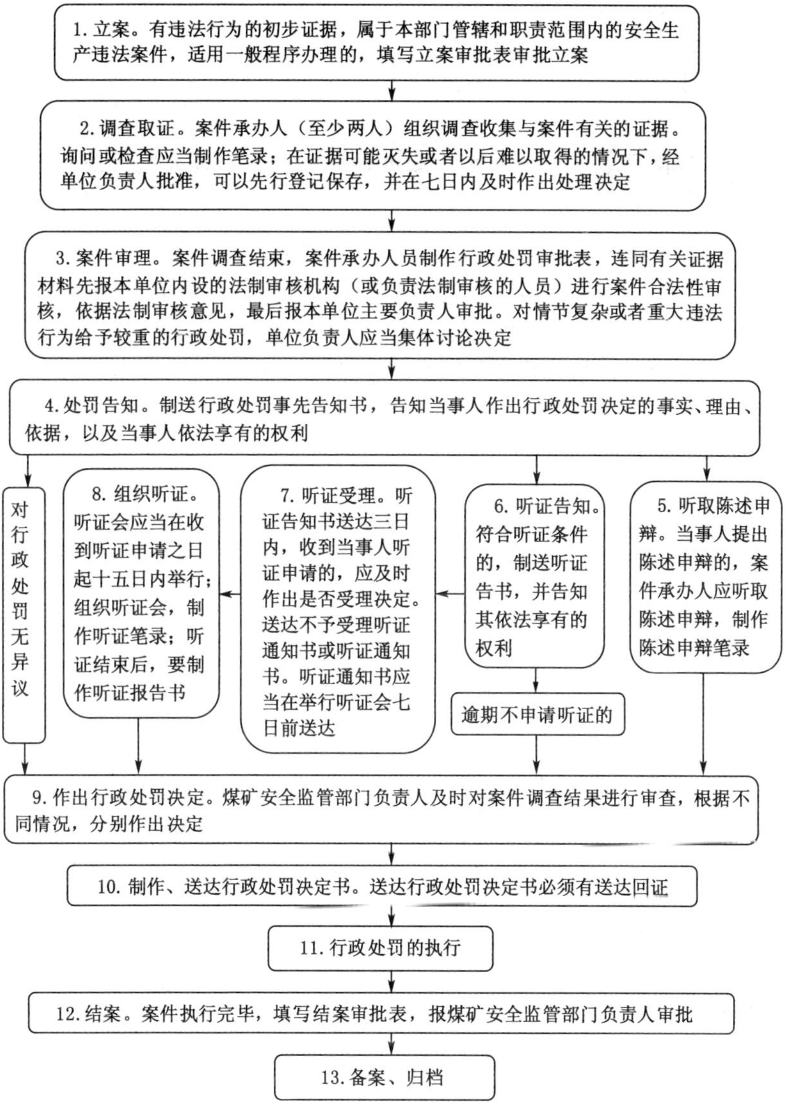

图 8-1　行政处罚一般程序流程

有关法律、法规、规章及规范性文件

(1)《行政处罚法》。

(2)《民事诉讼法》。

(3)《河南省行政执法条例》。

(4)《安全生产违法行为行政处罚办法》(国家安全生产监督管理总局令第15号)。

(5)《河南省重大行政处罚备案审查办法》(河南省人民政府令第168号)。

(6)《安全生产执法程序规定》(安监总政法〔2016〕72号)。

(7)《河南省人民政府关于规范行政处罚裁量权的若干意见》(豫政〔2008〕57号)。

(8)《河南省行政处罚案卷评查标准》(豫法政办〔2017〕9号)。

第九章 行政处罚听证程序

9.1 听证条件有关规定

《行政处罚法》第四十二条规定，行政机关作出责令停产停业、吊销许可证或者执照、较大数额罚款等行政处罚决定之前，应当告知当事人有要求举行听证的权利；当事人要求听证的，行政机关应当组织听证。

《安全生产违法行为行政处罚办法》(国家安全生产监督管理总局令第15号，2015年4月2日国家安全生产监督管理总局令第77号修正)第三十三条规定，安全监管监察部门作出责令停产停业整顿，责令停产停业，吊销有关许可证，撤销有关执业资格、岗位证书或者较大数额罚款的行政处罚决定之前，应当告知当事人有要求举行听证的权利；当事人要求听证的，安全监管监察部门应当组织听证，不得向当事人收取听证费用。

较大数额罚款，为省、自治区、直辖市人大常委会或者人民政府规定的数额；没有规定数额的，其数额对个人罚款为两万元以上，对生产经营单位罚款为五万元以上。

9.2 听证告知

作出行政处罚决定之前，应当告知当事人拟作出行政处罚决定的事实、理由、依据，符合听证条件的，应当告知当事人有要求举行听证的权利，并向当事人送达听证告知书。

【依据:《行政处罚法》第三十一条;《安全生产执法程序规定》(安监总政法〔2016〕72号)】

9.3 听证受理

9.3.1 当事人要求听证的，应当自收到听证告知书之日起三日内以书面方式提出听证申请。逾期未提出申请的，视为放弃听证权利。

9.3.2 收到听证申请后，应当在两日内决定是否受理:

(1) 听证申请人的要求不符合听证条件的，决定不予受理，并制作不予受理听证通知书，告知听证申请人。逾期不通知听证申请人的，视为受理。

(2) 受理听证后，应当在收到书面申请之日起十五日内举行听证会，并在举行听证的七日前将听证通知书送达听证申请人，并将举行听证的时间、地点通知其他听证参加人。

(3) 送达不予受理听证通知书或听证通知书，应当直接送交受送达人并签收。受送达人是个人的，本人不在交与其同住成年家属签收；受送达人指定代收人的，交代收人签收。直接送达确有困难的，可以先电话通知，并挂号邮寄送达。

【依据:《安全生产违法行为行政处罚办法》(国家安全生产监督管理总局令第 15 号)第三十四条、第三十五条;《安全生产执法程序规定》(安监总政法〔2016〕72 号)第二十八条】

9.4 听证准备

9.4.1 确定听证参加人员。听证参加人由听证主持人、听证员、案件承办人、当事人或者其委托代理人、书记员组成。

听证主持人、听证员、书记员应当由组织听证的煤矿安全监管部门负责人指定的非本案调查人员担任。

当事人可以委托一至两名代理人参加听证，并提交委托书。

【依据:《安全生产违法行为行政处罚办法》(国家安全生产监督管理总局令第 15 号)第三十六条】

9.4.2 确定听证会日期。听证会应当在收到听证申请之日起十五日内举行。当事人应当按期参加听证。当事人有正当理由要求延期的，经组织听证的煤矿安全监管部门负责人批准可以延期一次；当事人未按期参加听证，并且未事先说明理由的，视为放弃听证权利。

9.4.3 确定听证方式。除涉及国家秘密、商业秘密、个人隐私的案件外，听证应当公开举行。

两个以上当事人分别对同一案件提出听证要求的，可以合并举行。同一案件中有两个以上当事人，其中部分当事人提出听证申请的，应当在听证结束后一并决定。

9.5 听证会程序

9.5.1 书记员宣布听证会场纪律、当事人的权利和义务。听证主持人宣布案由，核实听证参加人名单，宣布听证开始。

9.5.2　案件调查人员提出当事人的违法事实、出示证据，说明拟作出的行政处罚的内容及法律依据。

9.5.3　当事人或者其委托代理人对案件的事实、证据、适用的法律等进行陈述和申辩，提交新的证据材料。

9.5.4　听证主持人就案件的有关问题向当事人、案件调查人员、证人询问。

9.5.5　案件调查人员、当事人或者其委托代理人相互辩论。

9.5.6　当事人或者其委托代理人作最后陈述。

9.5.7　听证主持人宣布听证结束。

书记员应当将听证情况记入听证笔录。听证笔录应当交听证申请人阅读或者向其宣读。听证申请人认为听证笔录有误的，可以请求补充或者改正。听证申请人核对无误后签名并按指印。拒绝签名和按指印的，由书记员在听证笔录中记明情况。

【依据：《安全生产违法行为行政处罚办法》（国家安全生产监督管理总局令第 15 号）第三十九条】

9.6　听证过程控制

9.6.1　中止听证情形。有下列情形之一的，应当中止听证：

（1）需要重新调查取证的。

（2）需要通知新证人到场作证的。

（3）因不可抗力无法继续进行听证的。

9.6.2　终止听证情形。有下列情形之一的，应当终止听证：

（1）当事人撤回听证要求的。

（2）当事人无正当理由不按时参加听证的。

（3）拟作出的行政处罚决定已经变更，不适用听证程序的。

【依据：《安全生产违法行为行政处罚办法》（国家安全生产监督管理总局令第 15 号）第四十条、第四十一条】

9.7　听证后处理

9.7.1　制作听证报告书。听证结束后，听证主持人应当依据听证情况，写出听证报告书，提出处理意见并附听证笔录报本单位负责人审查。

听证报告书应当包括下列内容：

（1）案由。

(2) 听证人员和听证参加人的基本情况。

(3) 举行听证的时间、地点和方式。

(4) 听证会的基本情况。

(5) 案件事实。

(6) 处理意见建议。

9.7.2 不因听证加重处罚。应当根据听证情况依法作出处理决定;不得因当事人提出听证要求而加重处罚。不得向当事人收取听证费用。

有关法律、法规、规章及规范性文件

(1)《行政处罚法》。

(2)《安全生产违法行为行政处罚办法》(国家安全生产监督管理总局令第15号)。

(3)《安全生产执法程序规定》(安监总政法〔2016〕72号)。

第十章 行政处罚的裁量及执行

10.1 自由裁量权

行政处罚自由裁量权，是指安全监管执法机关在对安全生产违法行为实施行政处罚时，根据立法目的和行政处罚的原则，在法律、行政法规和部门规章规定的行政处罚的种类和幅度内，综合考量违法的事实、性质、手段、后果、情节和改正措施等因素，正确、适当地确定行政处罚的种类、幅度或者作出不予行政处罚决定的选择适用权限。

【依据：《安全生产行政处罚自由裁量适用规则（试行）》（国家安全生产监督管理总局令第 31 号）第三条】

10.2 行政处罚自由裁量的考量原则

10.2.1 行使行政处罚自由裁量权，应当遵循合法、公平、公正、公开的原则，过罚相当的原则和处罚与教育相结合的原则。

【依据：《安全生产行政处罚自由裁量适用规则（试行）》（国家安全生产监督管理总局令第 31 号）第六条】

10.2.2 行使行政处罚自由裁量权，应全面分析，综合裁量，合理确定应否给予行政处罚或者应当给予行政处罚的种类、幅度。给予行政处罚的种类、幅度应当与违法行为的事实、性质、情节、认知态度以及社会危害程度相当。

对同一类违法主体实施的性质相同、情节相近或者相似、危害后果基本相当的违法行为，在行使行政处罚自由裁量权时，适用的法律依据、处罚种类应当基本一致，处罚幅度应当基本相当。

【依据：《安全生产行政处罚自由裁量适用规则（试行）》（国家安全生产监督管理总局令第 31 号）第七条】

10.2.3 同一个违法行为违反不同法律、行政法规或者部门规章规定的，在适用具体法律条文时应当遵循下列原则：

(1) 优先适用法律效力高的规定。

(2) 法律效力相同,属于特别规定的优先适用。

(3) 法律效力相同,生效时间在后的优先适用。

【依据:《安全生产行政处罚自由裁量适用规则(试行)》(国家安全生产监督管理总局令第 31 号)第八条】

10.2.4 煤矿企业及其有关人员违反不同的法律规定,或者违反同一条款的不同违法情形,有两个以上应当给予行政处罚的违法行为的,应当适用不同的法律规定或者同一法律条款规定的不同违法情形,分别裁量,合并处罚。

【依据:《安全生产行政处罚自由裁量适用规则(试行)》(国家安全生产监督管理总局令第 31 号)第十条】

10.3 行政处罚自由裁量的适用规则

10.3.1 规定应当先予责令改正或者责令限期改正的,应当先予书面责令当事人在规定期限内予以改正;当事人逾期不改正的,再依法决定行政处罚。

10.3.2 规定的多种处罚应当并处的,不得选择适用;规定可以并处的,可以选择适用。

规定的处罚种类可以单处也可以并处的,可以选择适用,但应分清主罚项和次罚项。

规定应当先予没收物品、没收违法所得,再作其他处罚的,不得直接选择适用其他处罚。

10.3.3 已经规定处罚种类的,实施自由裁量权时,不得改变行政处罚种类;对当事人实施罚款的,其罚款额不得高于法律、行政法规或者部门规章规定数额的上限,也不得低于其规定数额的下限。

【以上依据:《安全生产行政处罚自由裁量适用规则(试行)》(国家安全生产监督管理总局令第 31 号)第十一至十三条】

10.3.4 当事人有下列情形之一的,应当依法从轻处罚:

(1) 已满 14 周岁不满 18 周岁的公民实施安全生产违法行为的。

(2) 主动消除或者减轻安全生产违法行为危害后果的。

(3) 受他人胁迫实施安全生产违法行为的。

(4) 配合查处安全生产违法行为,有立功表现的。

(5) 主动投案,如实交待自己的违法行为的。

(6) 具有法律、行政法规规定的其他从轻处罚情形的。

有从轻处罚情节的,应当在法定处罚幅度的中档以下确定行政处罚标准,但不得低于法定处罚幅度的下限。

10.3.5　当事人有下列情形之一的,应当依法从重处罚:

(1) 危及公共安全或者其他生产经营单位及其人员安全,经责令限期改正,逾期未改正的。

(2) 一年内因同一种安全生产违法行为受到两次以上行政处罚的。

(3) 拒不整改或者整改不力,其违法行为处于持续状态的。

(4) 拒绝、阻碍或者以暴力威胁行政执法人员的。

(5) 在处置突发事件期间实施安全生产违法行为的。

(6) 隐匿、销毁违法行为证据的。

(7) 故意实施违法行为的。

有从重处罚情节的,应当在法定处罚幅度内选择较高或者最高幅度确定处罚标准,但不得高于法定处罚幅度上限。

10.3.6　当事人有下列情形之一的,不予处罚:

(1) 证据不足,安全生产违法事实不能成立的。

(2) 安全生产违法行为轻微并及时纠正,没有造成危害后果的。

(3) 安全生产违法行为在两年内未被发现的,法律另有规定的除外。

【以上依据:《安全生产行政处罚自由裁量适用规则(试行)》(国家安全生产监督管理总局令第 31 号)第十四至十六条;《河南省人民政府关于规范行政处罚裁量权的若干意见》(豫政〔2008〕57 号)】

10.4　行政处罚自由裁量的审核与监督

10.4.1　除当场行政处罚外,行政处罚自由裁量结果实行审核制度。

案件调查终结后,案件承办人员应当对拟作出行政处罚的种类、幅度提出建议,并说明行使自由裁量权的事实、理由和依据;案件审核人员应当对处罚依据、额度等提出审核意见,并将审核意见报本单位负责人审查决定;已经成立行政处罚案件审核委员会的,审核意见报案件审核委员会审查决定。

对安全生产违法行为给予从轻或者从重处罚的自由裁量结果,应当由煤矿安全监管部门负责人集体讨论决定。

【依据:《安全生产行政处罚自由裁量适用规则(试行)》(国家安全生产监督管理总局令第 31 号)第十八条】

10.4.2 行政处罚案件实行备案审查制度。各级安全监管执法机关负责法制工作的机构负责本机关行政处罚案件的备案审查工作，对各类安全生产行政处罚案件的实体内容，执法程序，自由裁量的合法性、适当性以及相关证据进行事后审查，并定期对行政执法案卷进行复查和监督。

【依据:《安全生产行政处罚自由裁量适用规则(试行)》(国家安全生产监督管理总局令第31号)第十九条】

10.5 行政处罚执行

10.5.1 行政处罚决定依法作出后，当事人应当在行政处罚决定的期限内，予以履行。处以罚款的，当事人应当自收到行政处罚决定书之日起十五日内，到指定的银行缴纳罚款。

(1) 当事人按时全部履行处罚决定的，煤矿安全监管部门应该保留相应的凭证；行政处罚部分履行的，应有相应的审批文书。

(2) 当事人确有经济困难，需要延期或者分期缴纳罚款的，经当事人申请和煤矿安全监管部门批准，可以暂缓或者分期缴纳。同意延期或者分期缴纳罚款的应制送延期(分期)缴纳罚款批准书。

(3) 当事人逾期不履行的，作出行政处罚决定的煤矿安全监管部门可以采取下列措施：① 当事人逾期不履行行政处罚决定，应依法进行催告，制送缴纳罚款催告书；② 到期不缴纳罚款的，每日按罚款数额的百分之三加处罚款，但不得超过罚款数额；③ 根据法律规定，将查封、扣押的财物拍卖或者将冻结的存款划拨抵缴罚款；④ 申请人民法院强制执行。

【依据:《行政处罚法》第四十四条、第四十六条、第五十一条、第五十二条；《安全生产执法程序规定》(安监总政法〔2016〕72号)第二十六条】

(4) 对当事人逾期未缴纳罚款加处罚款的，应制送加处罚款决定书，对当事人逾期未缴纳罚款申请人民法院强制执行的，在申请人民法院强制执行前，应当制送行政强制执行事先催告书催告当事人履行义务。行政强制执行事先催告书式样及制作模板参见本《手册》第八编。

【依据:《中华人民共和国行政强制法》(简称《行政强制法》)第三十五条】

10.5.2 当事人对行政处罚决定不服申请行政复议或者提起行政诉讼的，行政处罚不停止执行，法律另有规定的除外。

【依据:《行政处罚法》第四十五条】

10.6 行政处罚备案

10.6.1 《安全生产违法行为行政处罚办法》(国家安全生产监督管理总局令第15号)对行政处罚备案的规定如下:

(1) 煤矿安全监管执法人员依照简易程序当场作出行政处罚决定后应当及时报告,并在五日内报本单位备案。

(2) 县级煤矿安全监管部门处以五万元以上罚款,没收违法所得,没收非法生产的煤炭产品或者采掘设备价值五万元以上,责令停产停业,停止建设,停止施工,停产停业整顿,吊销有关资格、岗位证书或者许可证的行政处罚的,应当自作出行政处罚决定之日起十日内报设区的市级煤矿安全监管部门备案。

(3) 设区的市级安全生产监督管理部门处以十万元以上罚款,没收违法所得,没收非法生产的煤炭产品或者采掘设备价值十万元以上,责令停产停业,停止建设,停止施工,停产停业整顿,吊销有关资格、岗位证书或者许可证的行政处罚的,应当自作出行政处罚决定之日起十日内报省级煤矿安全监管部门备案。

(4) 省级煤矿安全监管部门处以五十万元以上罚款,没收违法所得,没收非法生产的煤炭产品或者采掘设备价值五十万元以上,责令停产停业,停止建设,停止施工,停产停业整顿,吊销有关资格、岗位证书或者许可证的行政处罚的,应当自作出行政处罚决定之日起十日内报国家安全生产监督管理总局。

(4) 对上级煤矿安全监管部门交办案件给予行政处罚的,由决定行政处罚的煤矿安全监管部门自作出行政处罚决定之日起十日内报上级煤矿安全监管部门备案。

【依据:《安全生产违法行为行政处罚办法》(国家安全生产监督管理总局令第15号)第二十二条、第六十三至六十五条】

10.6.2 《河南省重大行政处罚备案审查办法》(河南省人民政府令第168号)对重大行政处罚备案审查的规定如下:

(1) 重大行政处罚是指:① 对公民处以一万元以上的罚款,对法人或者其他组织处以十万元以上的罚款;② 没收违法所得数额或者没收非法财物价值相当于第一项规定的数额;③ 责令停产停业;④ 吊销企业许可证或者企业营业执照。

(2) 县级以上人民政府法制机构是重大行政处罚备案审查部门,具体承担重大行政处罚的备案审查和监督检查工作。

(3) 行政处罚决定机关是重大行政处罚报送备案的责任主体,其法制机构具体负责重大行政处罚备案报送工作。

(4) 行政处罚决定机关作出重大行政处罚决定之前,应当经其法制机构进行法制审核;未经法制审核或者审核未通过的,不得作出决定。

(5) 对报送备案的重大行政处罚,当事人申请行政复议或者提起行政诉讼的,行政处罚决定机关应当及时告知备案审查部门,备案审查终止。

(6) 行政处罚决定机关自作出重大行政处罚决定之日起十五日内,向备案审查部门报送重大行政处罚备案报告、行政处罚决定书复印件和重大行政处罚备案表等材料。

重大行政处罚的备案文书格式采用省政府法制办统一规定格式。

【依据:《河南省重大行政处罚备案审查办法》(河南省人民政府令第168号)第三至七条】

有关法律、法规、规章及规范性文件

(1)《行政处罚法》。

(2)《行政强制法》。

(3)《安全生产违法行为行政处罚办法》。

(4)《安全生产监管监察职责和行政执法责任追究的规定》。

(5)《安全生产行政处罚自由裁量适用规则》。

(6)《河南省人民政府关于规范行政处罚裁量权的若干意见》(豫政〔2008〕57号)。

(7)《河南省重大行政处罚备案审查办法》(河南省人民政府令第168号)。

第五编　行 政 强 制

第十一章　行政强制措施

行政强制措施,本《手册》是指煤矿安全监管部门在行政管理过程中,为制止违法行为、防止证据损毁、避免危害发生、控制危险扩大等情形,依法对公民、法人或者其他组织的财物实施暂时性控制的行为。

11.1　行政强制措施一般规定

11.1.1　行政强制措施由法律、法规规定的煤矿安全监管部门在法定职权范围内实施。行政强制措施权不得委托。

行政强制措施应当由煤矿安全监管部门具备资格的行政执法人员实施,其他人员不得实施。

11.1.2　煤矿安全监管部门实施行政强制措施应当遵守下列规定:

(1) 实施前必须向煤矿安全监管部门负责人报告并经批准。

(2) 由两名以上行政执法人员实施。

(3) 出示执法身份证件。

(4) 通知当事人到场。

(5) 当场告知当事人采取行政强制措施的理由、依据以及当事人依法享有的权利、救济途径。

(6) 听取当事人的陈述和申辩。

(7) 制作现场笔录。

(8) 现场笔录由当事人和行政执法人员签名或者盖章,当事人拒绝的,在笔录中予以注明。

(9) 当事人不到场的，邀请见证人到场，由见证人和行政执法人员在现场笔录上签名或者盖章。

(10) 法律、法规规定的其他程序。

11.1.3 情况紧急，需要当场实施行政强制措施的，行政执法人员应当在二十四小时内向煤矿安全监管部门负责人报告，并补办批准手续。煤矿安全监管部门负责人认为不应当采取行政强制措施的，应当立即解除。

【依据:《行政强制法》第十七至十九条】

11.2 煤矿常见行政强制措施的种类

(1) 查封场所、设施或者财物。

(2) 扣押财物。

(3) 停电。

(4) 停供民用爆炸物品。

11.3 查封、扣押

11.3.1 查封、扣押条件

(1) 对有根据认为不符合保障安全生产的国家标准或者行业标准的设施、设备、器材等予以查封或者扣押。对违法生产的作业场所予以查封，并依法作出处理决定。

(2) 违法行为情节显著轻微或者没有明显社会危害的，可以不采取强制措施。

(3) 查封、扣押限于涉案的场所、设施、设备、器材，不得查封、扣押与违法行为无关的场所、设施、设备、器材。

当事人的涉案场所、设施、设备、器材已被其他国家机关依法查封的，不得重复查封。

【依据:《行政强制法》第十六条、第二十三条】

11.3.2 查封、扣押实施程序

(1) 煤矿安全监管执法人员查封、扣押前必须向煤矿安全监管部门负责人报告并经批准。

(2) 情况紧急，需要当场实施行政强制措施的，行政执法人员应当在二十四小时内向煤矿安全监管部门负责人报告，并补办批准手续。煤矿安全监管部门负责人认为不应当采取行政强制措施的，应当立即解除。

(3) 制作、送达查封(扣押)决定书和查封(扣押)物品清单。查封(扣押)决定书、查封(扣押)物品清单、送达回证应依照本《手册》第八编编制。

(4) 实施查封、扣押。查封、扣押时,煤矿安全监管执法人员应当表明执法身份,出示执法证件,且不得少于两人;煤矿安全监管执法人员查封涉案场所、设施、设备、器材时,应当通知当事人到场,当事人不到场的,邀请见证人到场,会同在场当事人或者见证人查点清楚。必要时,可以对查封、扣押的涉案场所、设施、设备、器材拍照、录像。

【依据:《行政强制法》第十八条、第十九条、第二十四条】

11.3.3　扣押期限

(1) 查封、扣押期限不得超过三十日,案情重大、复杂的,经煤矿安全监管部门负责人批准可以延长三十日;法律、法规另有规定的除外。

延长查封、扣押的决定应当及时书面告知当事人,并说明理由。

(2) 对扣押物品需要进行鉴定、检测、检验的,鉴定、检测、检验期间不计入扣押期间,但应当将鉴定、检测、检验的时间、内容告知当事人。

【依据:《行政强制法》第二十五条】

11.3.4　解除查封、扣押

(1) 有下列情形之一的,煤矿安全监管部门应当及时作出解除查封、扣押决定:① 当事人没有违法行为;② 查封、扣押的设施、设备、器材,查封的场所与违法行为无关;③ 煤矿安全监管部门对违法行为已经作出处理决定,不再需要查封、扣押的;④ 查封、扣押期限已经届满。

(2) 解除查封(扣押)应当制作并送达解除查封(扣押)决定书。

【依据:《行政强制法》第二十八条】

11.3.5　查封、扣押的处理

采取查封、扣押措施后,应当及时查清事实,在规定的期限内作出处理决定。对违法事实清楚,依法应当没收的非法财物予以没收;法律、行政法规规定应当销毁的,依法销毁;应当解除查封、扣押的,作出解除查封、扣押的决定。

【依据:《行政强制法》第二十七条】

11.4　停电和停供民用爆炸物品

11.4.1　适用条件:依法对存在重大事故隐患的煤矿作出停止生产,停止施工，停止使用相关设施、设备的决定，煤矿应当依法执行，及时消除事故隐患。煤矿拒不执行，有发生生产安全事故现实危险的，在保证安全的前提下，经煤矿安全监管部门主要负责人批准，可以采取通知供电单位停止供电、民用爆炸物品发放单位停止供应民用爆炸物品的措施。

【依据:《安全生产法》第六十七条】

11.4.2　行政强制审批:煤矿安全监管执法人员填写行政强制审批表，报煤矿安全监管部门主要负责人批准。

11.4.3　制作并下达执法文书:制作、送达停电(停供民用爆炸物品)通知书和停电(停供民用爆炸物品)决定书，通知供电、民用爆炸物品发放单位及煤矿企业。

11.4.4　依法通知采取停止供电措施。采取停止供电措施，除有危及生产安全的紧急情形外，应当提前二十四小时通知煤矿。

11.4.5　解除停止供电、停止供应民用爆炸物品措施:煤矿依法履行行政决定、采取相应措施消除事故隐患的，应当及时解除停止供电、停止供应民用爆炸物品措施。解除停止供电、停止供应民用爆炸物品措施，应当制作解除停电(停供民用爆炸物品)通知书，直接送达供电、供民用爆炸物品单位负责人，并签收。

【依据:《安全生产法》第六十七条;《安全生产执法程序规定》(安监总政法〔2016〕72号)第四十条、第四十一条】

11.5　行政强制流程图

行政强制流程见图11-1(下页)。

有关法律、法规及规章文件

(1)《安全生产法》。

(2)《行政强制法》。

(3)《安全生产执法程序规定》(安监总政法〔2016〕72号)。

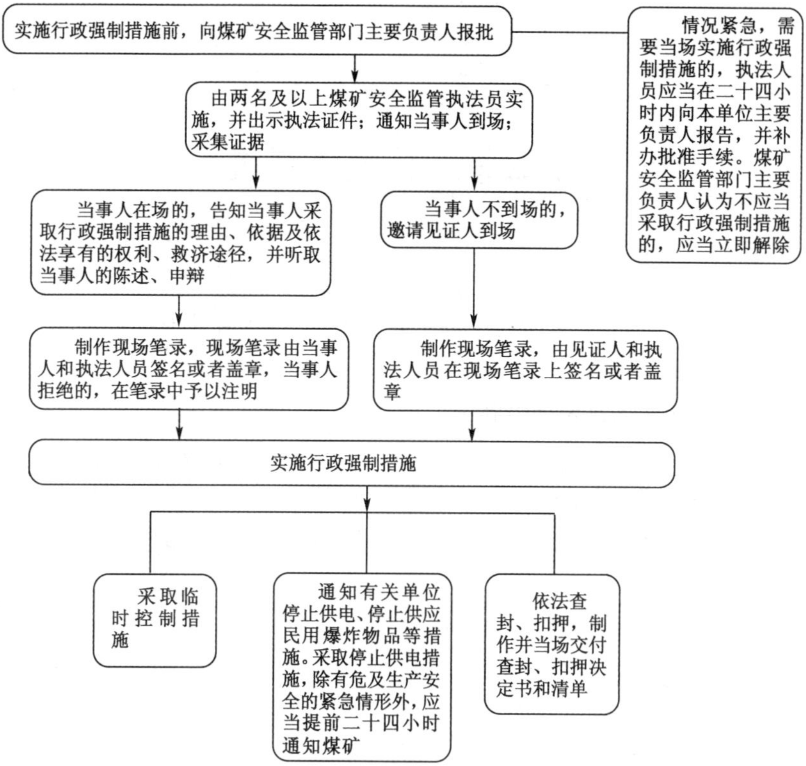
实施行政强制措施前，向煤矿安全监管部门主要负责人报批
情况紧急，需要当场实施行政强制措施的，执法人员应当在二十四小时内向本单位主要负责人报告，并补办批准手续。煤矿安全监管部门主要负责人认为不应当采取行政强制措施的，应当立即解除
由两名及以上煤矿安全监管执法员实施，并出示执法证件；通知当事人到场；采集证据
当事人在场的，告知当事人采取行政强制措施的理由、依据及依法享有的权利、救济途径，并听取当事人的陈述、申辩
当事人不到场的，邀请见证人到场
制作现场笔录，现场笔录由当事人和执法人员签名或者盖章，当事人拒绝的，在笔录中予以注明
制作现场笔录，由见证人和执法人员在现场笔录上签名或者盖章
实施行政强制措施
采取临时控制措施
通知有关单位停止供电、停止供应民用爆炸物品等措施。采取停止供电措施，除有危及生产安全的紧急情形外，应当提前二十四小时通知煤矿
依法查封、扣押，制作并当场交付查封、扣押决定书和清单

图 11-1　行政强制流程

第十二章 行政强制执行

行政强制执行,本《手册》是指煤矿安全监管部门或者煤矿安全监管部门申请人民法院,对不履行行政决定的公民、法人或者其他组织,依法强制履行义务的行为。

12.1 申请人民法院强制执行

12.1.1 行政处罚决定作出后,当事人在法定期限内不申请行政复议或者提起行政诉讼,又不履行行政处罚决定的,可以自期限届满之日起三个月内申请人民法院强制执行。因情况紧急,为保障公共安全,可以申请人民法院立即执行。

【依据:《行政强制法》第五十三条】

12.1.2 申请人民法院强制执行前,应当催告当事人履行义务。催告书送达十日后当事人仍未履行的,可以向所在地有管辖权的人民法院申请强制执行;执行对象是不动产的,向不动产所在地有管辖权的人民法院申请强制执行。

【依据:《行政强制法》第五十四条】

12.1.3 向人民法院申请强制执行,应当提供下列材料:

(1) 强制执行申请书。

(2) 行政处罚决定书及作出决定的事实、理由和依据。

(3) 当事人的意见及催告情况。

(4) 申请强制执行标的情况。

(5) 法律、行政法规规定的其他材料。

强制执行申请书应当由煤矿安全监管部门负责人签名,加盖煤矿安全监管部门印章,并注明日期。

【依据:《行政强制法》第五十五条】

12.1.4 对人民法院不予受理的裁定有异议的,可以在十五日内向上一级人民法院申请复议。

【依据:《行政强制法》第五十六条】

12.1.5　对人民法院不予执行的裁定有异议的,可以自收到裁定之日起十五日内向上一级人民法院申请复议。

【依据:《行政强制法》第五十八条】

12.1.6　申请人民法院强制执行,不缴纳申请费。强制执行的费用由被执行人承担。

【依据:《行政强制法》第六十条】

12.1.7　申请强制执行应当制作强制执行申请书、送达强制执行申请书。应当首先采取直接送达方式,交给申请强制执行的人民法院;无法直接送达的,委托其他煤矿安全监管部门代为送达,或者邮寄送达。

12.2　对到期不缴纳罚款的加处罚款

12.2.1　处罚决定作出后,当事人逾期不履行的,可以每日按罚款数额的百分之三加处罚款,但不得超过罚款数额。

12.2.2　对逾期不履行行政处罚决定的当事人每日按罚款数额的百分之三加处罚款,应当按照以下程序进行:

(1) 催告当事人履行处罚决定。

(2) 充分听取当事人的意见,对当事人提出的事实、理由和证据,应当进行记录和复核。

(3) 经催告逾期仍不履行且无正当理由的,可以直接作出每日按罚款数额的百分之三加处罚款的决定。

12.3　将查封、扣押的设施、设备、器材和危险物品拍卖所得价款抵缴罚款

行政处罚决定作出后,当事人逾期不履行的,可以将查封、扣押的设施、设备、器材和危险物品拍卖所得价款抵缴罚款。

依法拍卖财物,由人民法院委托拍卖机构依照《中华人民共和国拍卖法》的规定办理。

【依据:《行政强制法》第六十条】

有关法律、法规及规章文件:

(1)《行政强制法》。

(2)《安全生产执法程序规定》(安监总政法〔2016〕72号)。

第六编　执法结果处置

第十三章　复　　查

13.1　复查范围的界定

复查,本《手册》是指煤矿安全监管执法人员对煤矿企业落实限期整改指令情况进行的检查。复查的目的,是通过检查限期整改的监管指令执行情况,督促煤矿企业落实隐患整改主体责任。

13.2　复查的情形及有关规定

13.2.1　复查情形及规定

《安全生产监管监察职责和行政执法责任追究的规定》(国家安全生产监督管理总局令第 24 号)第十条规定:被责令限期改正、限期达到要求、暂时停产停业、停止建设、停止施工或者停止使用的生产经营单位提出复查申请或者整改、治理限期届满的,安全监管监察部门应当自收到申请或者限期届满之日起 10 日内进行复查,并填写复查意见书,由被复查单位和安全监管监察部门复查人员签名后存档。

13.2.2　复查移交及管理

《河南省人民政府办公厅关于进一步加强煤矿安全管理的通知》(豫政办〔2014〕163 号)规定,各级煤矿安全监管部门要依法依规履行"监督煤矿企业事故隐患整改并组织复查"职责,其中市、县级煤矿安全监管部门负责国家煤矿安全监察机构、省级煤矿安全监管部门在监管监察中查出的煤矿企业事故隐患整改复查工作。

将复查工作移交给市、县级煤矿安全监管部门的煤矿安全监察机构或上级煤矿安全监管部门，依照有关规定应当及时将相应的执法文书抄送接受执行复查工作的煤矿安全监管部门并备案。市、县煤矿安全监管部门应当自收到煤矿申请或者限期届满之日起十日内进行复查，制作复查意见书，由被复查煤矿企业主要负责人和复查人员签名后存档，并将复查意见书及时抄送移交复查的单位。

【依据:《安全生产监管监察职责和行政执法责任追究的规定》(国家安全生产监督管理总局令第 24 号)第十条】

13.2.3　申请延期复查

煤矿因不可抗力无法在规定限期内整改完成的，在进行整改的同时，必须于限期届满十日前提出书面延期申请。煤矿安全监管部门应当在收到申请之日起五日内给予书面答复是否准予延期。

书面延期申请应当包含以下内容:申请延期的原因;已完成的整改工作情况;申请延期期限及采取的安全措施。

【依据:《安全生产违法行为行政处罚办法》(国家安全生产监督管理总局令第 15 号)第十七条;《煤矿重大事故隐患治理督办制度建设指南》(安监总厅煤行〔2015〕116 号)第十二条】

13.3　复查的实施

13.3.1　列入监督检查计划:整改限期届满或者煤矿提出复查申请的，应当将复查列入月度监督检查计划。

13.3.2　复查程序:应当遵循现场检查程序，制作现场检查(勘验)笔录等，具体程序参照本《手册》“现场检查”章节。

13.3.3　复查内容:主要检查煤矿整改落实情况。

13.3.4　制作并送达复查意见书。采取直接送达方式。

13.4　复查发现问题的处理

13.4.1　经复查逾期未整改或者整改不合格的，应当依法给予行政处罚。

13.4.2　在复查过程中若发现新的安全生产违法行为和事故隐患，应当依法作出相应的行政处理、处罚。

【依据:《安全生产监管监察职责和行政执法责任追究的规定》(国家安全生产监督管理总局令第 24 号)第十条】

有关法律、法规、规章及规范性文件

(1)《安全生产法》。

(2)《国务院关于预防煤矿生产安全事故的特别规定》(中华人民共和国国务院令第 446 号)。

(3)《安全生产违法行为行政处罚办法》(国家安全生产监督管理总局令第 15 号)。

(4)《安全生产监管监察职责和行政执法责任追究的规定》(国家安全生产监督管理总局令第 24 号)。

(5)《安全生产事故隐患排查治理暂行规定》(国家安全生产监督管理总局令第 16 号)。

(6) 河南省人民政府办公厅关于进一步加强煤矿安全管理的通知(豫政办〔2014〕163 号)。

第十四章　案件移送

14.1　案件移送概念

安全生产行政案件移送，本《手册》是指煤矿安全监管部门依照有关法律法规和部门职责“三定方案”等相关规定，将监管执法过程中发现的违法案件按程序移交给有管辖权的行政机关依法处理的制度。

14.2　一般案件移送的情形

（1）涉嫌超层越界开采的，应当移送国土资源部门。

（2）涉嫌非法违法用工的，应当移送人力资源社会保障部门。

（3）涉嫌未批先建的建设项目，应当移送投资主管部门。

（4）涉嫌非法存储、使用民用爆破物品的，应当移送公安机关。

【依据：《安全生产法》第六十六条】

14.3　一般案件的移送

（1）对移送案件，应当由案件承办人制作案件移送审批表，报经煤矿安全监管部门主要负责人审查批准。

（2）移送案件，应当制作案件移送书。案件移送审批表和案件移送书制作参照本《手册》第八编。案件移送书应当首先采取直接送达方式，无法直接送达的，可以邮寄送达。

14.4　涉嫌犯罪案件移送的有关规定

（1）查办案件中，发现符合刑事追诉标准、涉嫌构成犯罪，依法需要追究刑事责任的，应当及时向同级公安机关移送，并做好有关证据和材料的移送。

（2）对应当向公安机关移送的案件，不得以行政处罚代替移送。

（3）向公安机关移送案件前已经作出的行政处罚决定，不停止执行。

【依据：《行政执法机关移送涉嫌犯罪案件的规定》第十一条】

14.5 涉嫌犯罪案件移送的情形

发现煤矿企业等单位从业人员有下列情形之一,涉嫌构成犯罪,应当移送公安机关:

(1) 在生产、作业中不服从管理、违反安全生产规章制度或者操作规程,造成严重后果,涉嫌构成犯罪的。

(2) 强令他人违章冒险作业,造成严重后果,涉嫌构成犯罪的。

(3) 生产安全设施或者安全生产条件不符合国家规定,造成严重后果,直接负责的主管人员和其他直接责任人员涉嫌构成犯罪的。

(4) 非法伪造、变造、买卖煤矿安全生产许可证、特种作业人员操作证等证件,涉嫌构成犯罪的。

(5) 在建设项目建设、设计、施工、工程监理过程中违反国家规定,降低工程质量标准,造成严重后果,直接责任人员涉嫌构成犯罪的。

(6) 对煤矿设备、设施、场所等进行检测、检验、评价时,伪造检测检验结果,出具虚假证明,提供虚假报告,涉嫌构成犯罪的。

(7) 擅自开采保安煤柱,或者采用危及相邻煤矿生产安全的决水、爆破、贯通巷道等危险方法进行采矿作业,涉嫌构成犯罪的。

(8) 存在其他严重违法行为,涉嫌构成犯罪的。

【依据:《安全生产法》第八十九条、第一百零四条;《中华人民共和国刑法》(简称《刑法》)第一百三十四条、第一百三十五条、第一百三十七条、第二百二十九条、第二百八十条;《安全生产许可证条例》第十九条、第二十一条;《生产安全事故报告和调查处理条例》第四十条】

14.6 涉嫌犯罪案件移送程序

14.6.1 移送的启动:发现违法事实涉及的金额、违法事实的情形、违法事实造成的后果等,符合刑事追诉标准、涉嫌构成犯罪,依法需要追究刑事责任的,应当及时向公安机关移送。

【依据:《行政执法机关移送涉嫌犯罪案件的规定》第三条;《中共中央办公厅 国务院办公厅转发国务院法制办等部门〈关于加强行政执法与刑事司法衔接工作的意见〉的通知》(中办发〔2011〕8 号)】

14.6.2 妥善保存证据:查处违法行为过程中发现涉嫌犯罪的,应当妥善保存所收集的与涉嫌犯罪行为有关的证据。

【依据:《行政执法机关移送涉嫌犯罪案件的规定》第四条】

14.6.3　提出书面报告：对应当向公安机关移送的案件，应当指定两名或者两名以上煤矿安全监管执法人员，核实情况后提出移送案件书面报告，报本单位主要负责人审批。

【依据：《行政执法机关移送涉嫌犯罪案件的规定》第五条】

14.6.4　负责人审批：煤矿安全监管部门主要负责人应当自接到报告之日起三日内作出决定。决定批准的，应当在二十四小时内移送；决定不批准的，应当将不予批准的理由记录在案。

【依据：《行政执法机关移送涉嫌犯罪案件的规定》第五条】

14.6.5　制作案件移送书。

14.6.6　移交材料：向公安机关移送案件时，应当移交以下与案件相关的材料：

(1) 涉嫌犯罪案件移送书。

(2) 涉嫌犯罪案件情况的调查报告。

(3) 涉案物品清单。

(4) 有关检验报告或者鉴定结论。

(5) 其他有关涉嫌犯罪的材料。

对已经作出行政处罚决定的，应当同时抄送行政处罚决定书(复制件)。

【依据：《行政执法机关移送涉嫌犯罪案件的规定》第六条；《关于在行政执法中及时移送涉嫌犯罪案件的意见》(高检会〔2006〕2号)】

有关法律、法规、规章及规范性文件

(1)《刑法》。

(2)《行政处罚法》。

(3)《安全生产法》。

(4)《生产安全事故报告和调查处理条例》。

(5)《民用爆炸物品安全管理条例》。

(6)《安全生产违法行为行政处罚办法》(国家安全生产监督管理总局令第14号)。

(7)《行政执法机关移送涉嫌犯罪案件的规定》。

(8)《中共中央办公厅 国务院办公厅转发国务院法制办等部门〈关于加强行政执法与刑事司法衔接工作的意见〉的通知》(中办发〔2011〕8号)。

(9)《关于在行政执法中及时移送涉嫌犯罪案件的意见》(高检会〔2006〕2号)。

第十五章 结案与归档

15.1 结案条件

有下列情形之一的,应当予以结案:

(1) 作出不予行政处罚决定的。

(2) 作出行政处罚、行政强制等处理决定,且已执行的。

(3) 移送公安机关或其他部门处理的。

(4) 法律、法规等规定的其他情形。

案件结案后,结案案卷由案卷承办机构整理装订,按照要求移交档案部门或专兼职档案人员归档保管。

15.2 结案程序

案件办结后,案件承办人应及时制作结案审批表,经煤矿安全监管部门负责人批准后结案。

【依据:《安全生产执法程序规定》(安监总政法〔2016〕72 号)第二十六条】

15.3 立卷归档一般要求

(1) 各级煤矿安全监管部门应当建立健全文件材料归档制度,对文件材料的归档范围、时间、质量要求、程序等作出具体规定,确保归档文件材料齐全、完整、准确、系统。

(2) 煤矿安全监管部门在行政处罚、行政强制等行政执法活动中形成或收集的行政执法案卷,整理、立卷、归档应符合《河南省行政执法案卷立卷规范》、《河南省行政处罚案卷评查标准》(豫法政办〔2017〕9 号)和《关于印发安全生产监管档案管理规定的通知》(安监总办〔2007〕126 号)等的规定要求。

(3) 行政执法案卷一般应当一案一卷。材料页码超过 200 页的,也可以一案数卷。涉及国家机密、商业秘密、个人隐私的案件,可分为正卷和副卷;依法不能公开的案件材料装入副卷。适用简易程序或者文书材料较少的执法活动,可以按照类别、事由、时间等分类,分别合并立卷。

(4) 归档文书顺序及编码:行政执法案卷归档应当将行政执法决定书和送达回证排列在前,其他行政执法文书、证据等材料按照行政执法程序和形成时间,兼顾行政执法文书、证据等材料之间的有机联系进行排列。

行政执法案卷目录应当按照卷内行政执法文书、证据等材料排列顺序,标明序号和页码,逐份登记,编排于案卷封面之后。每份行政执法文书、证据等材料只能编排同一个顺序号。

(5) 行政执法案卷宜采用软卷皮装订。行政执法案卷的卷内材料应当按照排列顺序,采用阿拉伯数字逐页编页码。凡有文字的页面都应当编页码。页码的位置正面在右上角,反面在左上角。一本案卷编一个流水页码。案卷封面、卷内文件目录、卷底不编页码。

【依据:《中华人民共和国档案法》(简称《档案法》)第十三条;《关于印发安全生产监管档案管理规定的通知》(安监总办〔2007〕126 号);《河南省行政执法案卷立卷规范》(豫法政办〔2017〕9 号)】

15.4　归档范围

应当根据行政执法活动实际,将所形成的下列执法文书和材料归档。

(1) 行政处罚案卷归档范围如下:

① 简易程序行政处罚案卷包括案卷首页、卷内目录、检查方案、现场检查(勘验)笔录、行政处罚决定书、当场处罚备案表、执行凭证、结案文书等。

② 一般程序行政处罚案卷应当包括案卷首页、卷内目录、检查方案、现场检查(勘验)笔录、现场处理措施决定书、抽样取证通知书、抽样取证物品清单、先行登记保存证据处理决定书、先行登记保存证据通知书、先行登记保存证据清单、立案审批表、询问笔录、行政处罚审批表、陈述申辩记录、行政处罚事先告知书、行政处罚决定书、送达回证、结案文书,以及集体讨论有关材料、执行情况相关凭证、行政执法人员所持有效执法证件复印件等。

③ 应用听证程序、移送案件或者申请延长办案时间的案件,除归档一般程序的必备文书材料外,还应当归档听证通知书、不予受理听证通知书、听证笔录、案件移送审批表、案件移送书、申请延长办案时间审批有关记录等。

④ 涉及行政强制的案件,除归档一般程序的必备文书材料外,还应当归档采取行政强制措施(执行)及相关内部事项审批表、查封(扣押)或解除

查封(扣押)决定书及物品清单、行政强制执行事先催告书、强制执行申请书等。

与具体案情直接有关的记录、视频、实物等关联依据性材料,也属于归档范围。

(2) 无立案、无行政处罚的行政检查案卷归档范围包括检查方案、现场检查(勘验)笔录、现场处理措施决定书、复查意见书等。

(3) 当事人申请行政复议和提起行政诉讼的案卷,可以在案件办结后附入原卷归档。

(4) 其他需要归档的执法文书和资料。

有关法律、法规、规章及规范性文件

(1)《档案法》。

(2)《国家安全生产监督管理总局机关文件材料归档办法》(安监总厅〔2006〕163 号)。

(3)《河南省行政执法案卷立卷规范》(豫法政办〔2017〕9 号)。

(4)《河南省行政处罚案卷评查标准》(豫法政办〔2017〕9 号)。

(5)《关于印发安全生产监管档案管理规定的通知》(安监总办〔2007〕126 号)。

(6)《关于加强安全监管监察档案工作的意见》(国家安全监管总局办公厅 安监总厅〔2014〕56 号)。

(7)《安全生产执法程序规定》(安监总政法〔2016〕72 号)。

第十六章　监管执法信息公开

16.1　一般规定

16.1.1　监管执法信息公开，本《手册》是指依照法律、法规、规章和其他规范性文件的规定，向社会公众或者特定对象公开职责权限、执法依据、裁量基准、执法流程等有关信息，以及一定周期内对煤矿企业实施安全监管、不涉及具体个案的执法统计信息。

【依据：中共中央办公厅、国务院办公厅印发的《关于全面推进政务公开工作的意见》】

16.1.2　应当遵循依法、公正、公开、便民的原则，以“公开为原则，不公开为例外”，及时、准确地公开信息，但危及国家安全、公共安全、经济安全和社会稳定的信息除外。

【依据：《中华人民共和国政府信息公开条例》（中华人民共和国国务院令第 492 号，简称《政府信息公开条例》）第五条；《安全生产监管监察部门信息公开办法》（国家安全生产监督管理总局令第 56 号）第九条】

16.1.3　按照“谁制作谁公开、谁保存谁公开”的原则，公开涉及需要公众广泛知晓以及法律和规定需要公开的监管执法信息，采用主动公开、依申请公开两种方式。

【依据：《政府信息公开条例》第十七条】

16.1.4　拟公开的监管执法信息应当进行保密审查，不得将涉及国家秘密的信息公开。

【依据：《中华人民共和国保守国家秘密法实施条例》第五条；《国务院办公厅关于施行〈中华人民共和国政府信息公开条例〉若干问题的意见》（国办发〔2008〕36 号）；《安全生产监管监察部门信息公开办法》（国家安全生产监督管理总局令第 56 号）第六条】

16.1.5　发现影响或者可能影响社会稳定、扰乱安全生产秩序的虚假或者不完整信息的，应当按照实事求是和审慎处理的原则，在职责范围内发布准确的信息予以澄清,及时回应社会关切,正确引导社会舆论。

【依据:《政府信息公开条例》第六条;《安全生产监管监察部门信息公开办法》(国家安全生产监督管理总局令第56号)第九条】

16.2 监管执法信息分类

16.2.1 主动公开信息:根据法律规定和本部门行政职权,应当向社会公开以下监管执法信息:

(1) 职责权限。主要是煤矿安全监管部门权力清单列明的事项,包括行政检查、行政处罚、行政强制等职权。

(2) 执法依据。主要是监管执法所依据的法律、法规、规章和有关规范性文件。

(3) 裁量基准。主要是《安全生产行政处罚自由裁量适用规则(试行)》(国家安全生产监督管理总局令第31号)规定的裁量基本原则,从轻、从重或不予处罚等情形。

(4) 执法流程。主要是《行政处罚法》《安全生产违法行为行政处罚办法》(国家安全生产监督管理总局令第15号)等法律法规规定的简易程序、一般程序等内容。

(5) 执法信息。主要是按照监督检查计划,在一定周期内实施监管执法的统计信息,包括执法的矿次、处理处罚总体情况等。

(6) 救济途径。主要是《行政处罚法》《中华人民共和国行政复议法》(简称《行政复议法》)《中华人民共和国行政诉讼法》(简称《行政诉讼法》)《中华人民共和国国家赔偿法》(简称《国家赔偿法》)等规定的听证、复议、诉讼、赔偿等内容。

【依据:《政府信息公开条例》第九条;中共中央办公厅、国务院办公厅印发的《关于全面推进政务公开工作的意见》;《国务院办公厅关于加强安全生产监管执法的通知》(国办发〔2015〕20号);《安全生产监管监察部门信息公开办法》(国家安全生产监督管理总局令第56号)第十条】

16.2.2 依申请公开信息:依照公民、法人或者其他组织的申请,应当依法予以公开的信息。

【依据:《政府信息公开条例》第十三条;《安全生产监管监察部门信息公开办法》(国家安全生产监督管理总局令第56号)第十一条】

16.2.3 不予公开的信息:

(1) 涉及国家秘密以及危及国家安全、公共安全、经济安全和社会稳定的。

（2）属于商业秘密或者公开后可能导致商业秘密被泄露的。

（3）属于个人隐私或者公开后可能导致对个人隐私权造成侵害的。

（4）在日常工作中制作或者获取的内部管理信息。

（5）尚未形成，需要进行汇总、加工、重新制作，或者需要向其他行政机关、公民、法人或者其他组织搜集的信息。

（6）处于讨论、研究或者审查中的过程性信息。

（7）依照法律、法规和国务院规定不予公开的其他信息。

【依据：《安全生产监管监察部门信息公开办法》（国家安全生产监督管理总局令第56号）第十二条】

16.3　主动公开信息的程序和要求

16.3.1　主动公开监管执法信息应当按照下列程序进行：

（1）信息汇总：由承办人员对产生或者变更的信息进行汇总，形成可以公开且易于公众理解的监管执法信息。

（2）保密审查：依据有关法律法规对拟公开的监管执法信息进行保密审查，界定是否属于主动公开的范围。

（3）审批发布：由煤矿安全监管部门负责人审批后，依法进行发布。

16.3.2　主动公开的监管执法信息，应当通过政府网站、新闻发布会或者报刊、广播、电视等便于公众知晓的方式公开。

【依据：《政府信息公开条例》第十五条；《安全生产监管监察部门信息公开办法》（国家安全生产监督管理总局令第56号）第十三条】

16.3.3　对于主动公开的信息，应当自该信息形成或者变更之日起二十个工作日内予以公开。

【依据：《政府信息公开条例》第十八条】

16.4　处理依申请公开信息的程序和要求

16.4.1　申请告知：收到公民、法人或者其他组织提出的获取信息的申请后，应当告知其填写信息公开申请表。

16.4.2　受理审查：收到信息公开申请表后，应当进行审查。符合要求的，予以受理，并在收到信息公开申请表之日起三个工作日内向申请人出具申请登记回执；不予受理的，应当书面告知申请人理由。

16.4.3　予以答复：对已经受理的申请，应当自收到信息公开申请表之日起十五个工作日内予以答复;不能在十五个工作日内作出答复的,经本单位负责人同意,可以适当延长答复期限,并书面告知申请人,延长答复的期限最长不得超过十五个工作日。

答复应当根据下列情况分别进行:

(1) 属于本部门信息公开范围的,应当书面告知申请人获取该信息的方式、途径,或者直接向申请人提供该信息。

(2) 属于不予公开范围的,应当书面告知申请人不予公开的理由、依据。

(3) 依法不属于本部门职能范围或者信息不存在的,应当书面告知申请人。对能够确定该信息的公开机关的,应当告知申请人该行政机关的名称和联系方式。

(4) 申请内容不明确的,应当书面告知申请人作出更改、补充。

【依据:《安全生产监管监察部门信息公开办法》(国家安全生产监督管理总局令第 56 号)第十六至十九条】

16.4.4　处理依申请公开信息,应当按照“一事一申请”的原则,按下列方式处理:

(1) 对于同一申请人就同一事项反复提出申请的,可以不作重复答复,但需以书面形式告知申请人。

(2) 对于同一申请人同时提出多项申请的,可以合并答复。

(3) 对于多个申请人同时就同一事项提出多份申请的,可以合并答复,但应分别告知申请人。

(4) 如一段时间内出现大量申请公开信息的情况,难以按照规定期限答复,要及时向申请人说明并尽快答复。

【依据:《国务院办公厅关于施行〈中华人民共和国政府信息公开条例〉若干问题的意见》(国办发〔2008〕36 号);《安全生产监管监察部门信息公开办法》(国家安全生产监督管理总局令第 56 号)第十六条】

16.4.5　对于依申请提供信息,除可以按照国家规定的标准向申请人收取检索、复制、邮寄等成本费用外,不得收取其他费用。申请公开执法信息的公民确有经济困难的,经本人申请、有关负责人审核同意,可以减免相关费用。

申请公开执法信息的公民存在阅读困难或者视听障碍的,应当为其提供必要的帮助。

【依据:《政府信息公开条例》第二十七条、第二十八条】

有关法律、法规、规章及规范性文件

(1)《政府信息公开条例》。

(2)《保守国家秘密法实施条例》。

(3) 中共中央办公厅、国务院办公厅印发的《关于全面推进政务公开工作的意见》。

(4)《国务院办公厅关于施行〈中华人民共和国政府信息公开条例〉若干问题的意见》(国办发〔2008〕36 号)。

(5)《国务院办公厅关于加强安全生产监管执法的通知》(国办发〔2015〕20 号)。

(6)《安全生产监管监察部门信息公开办法》(国家安全生产监督管理总局令第 56 号)。

第七编 行政复议、应诉和国家赔偿

第十七章 行 政 复 议

17.1 一般规定

17.1.1 公民、法人或者其他组织认为煤矿安全监管部门的具体行政行为侵犯其合法权益,向煤矿安全监管部门行政复议机关申请行政复议,行政复议机关应当依法受理行政复议申请,作出行政复议决定。

17.1.2 依法履行行政复议职责的煤矿安全监管部门是煤矿安全生产行政复议机关。煤矿安全生产行政复议机关负责法制工作的部门是本机关的行政复议部门(以下简称行政复议部门)。

17.1.3 办理行政复议案件应当按照下列程序,统一受理,分工负责:

(1) 行政复议部门收到行政复议申请后,应当在规定期限内对行政复议申请进行初步审查,作出受理或者不予受理的决定。对决定受理的,将案卷材料转送相关业务处室承办。

(2) 相关业务处室收到案卷材料后,应当在三十日内了解核实有关情况,提出处理意见。

(3) 行政复议部门根据处理意见,在二十日内拟定行政复议决定书,提交单位负责人集体讨论或者主管负责人审定。

(4) 单位负责人集体讨论通过或者主管负责人同意后,行政复议部门制作行政复议决定书,并送达申请人、被申请人和第三人。

【依据:《行政复议法》第十七条;《安全生产行政复议规定》(国家安全生产监督管理总局令第 14 号)第九条、第三十五条】

17.2 行政复议范围与管辖

17.2.1 公民、法人或者其他组织对煤矿安全监管部门作出的下列具体行政行为不服,可以申请行政复议:

(1) 行政处罚决定。

(2) 行政强制措施。

(3) 行政许可的变更、中止、撤销、撤回等决定。

(4) 认为符合法定条件,申请办理许可证、资格证等行政许可手续,而煤矿安全监管部门没有依法办理的。

(5) 认为煤矿安全监管部门违法收费或者违法要求履行义务的。

(6) 认为煤矿安全监管部门其他具体行政行为侵犯其合法权益的。

【依据:《安全生产行政复议规定》(国家安全生产监督管理总局令第 14 号)第五条】

17.2.2 煤矿安全监管部门作出的下列监管执法行为,不属于行政复议范围:

(1) 生产安全事故调查报告。

(2) 不具有强制力的行政指导行为和信访答复行为。

(3) 生产安全事故隐患认定。

(4) 公告信息发布。

(5) 法律、行政法规规定的非具体行政行为。

【依据:《安全生产行政复议规定》(国家安全生产监督管理总局令第 14 号)第七条】

17.2.3 对县级以上地方人民政府煤矿安全监管部门作出的具体行政行为不服的,可以向上一级煤矿安全监管部门申请行政复议,也可以向同级人民政府申请行政复议。已向同级人民政府提出行政复议申请,且同级人民政府已经受理的,上一级煤矿安全监管部门不再受理。

【依据:《安全生产行政复议规定》(国家安全生产监督管理总局令第 14 号)第八条】

17.3 行政复议的申请与受理

17.3.1 煤矿安全监管部门作出的具体行政行为对公民、法人或者其他组织的权利、义务可能产生不利影响的,应当告知其申请行政复议的权利、行政复议机关和行政复议申请期限。

【依据:《中华人民共和国行政复议法实施条例》(中华人民共和国国务院令第 499 号,简称《行政复议法实施条例》)第十七条;《安全生产行政复议规定》(国家安全生产监督管理总局令第 14 号)第十四条】

17.3.2　行政复议可以书面申请,也可以当场口头申请。书面申请可以采取当面递交、邮寄或者传真等方式提出,并应当在行政复议申请书中载明下列事项:

(1) 申请人的基本情况,包括公民的姓名、性别、年龄、身份证号码、工作单位、住所、邮政编码,法人或者其他组织的名称、住所、邮政编码和法定代表人或者主要负责人的姓名、职务。

(2) 被申请人的名称。

(3) 行政复议请求、申请行政复议的主要事实和理由。

(4) 申请人的签名或者盖章。

(5) 申请行政复议的日期。

当场口头申请的,行政复议部门应当按照上述规定的事项,当场制作行政复议申请笔录交申请人核对或者向申请人宣读,并由申请人签名确认。

行政复议申请笔录制作参见本《手册》第八编。

【依据:《行政复议法实施条例》第十八条、第十九条】

17.3.3　受理行政复议申请应当按照以下程序进行:

(1) 初步审查。行政复议部门应当自收到行政复议申请之日起三日内对复议申请是否符合下列条件进行初步审查:

① 有明确的申请人和被申请人。

② 申请人与具体行政行为有利害关系。

③ 有具体的行政复议请求和事实依据。

④ 在法定申请期限内提出。

⑤ 属于行政复议范围。

⑥ 属于收到行政复议申请的行政复议机关的职责范围。

⑦ 其他行政复议机关尚未受理同一行政复议申请,人民法院尚未受理同一主体就同一事实提起的行政诉讼。

【依据:《行政复议法实施条例》第二十八条;《安全生产行政复议规定》(国家安全生产监督管理总局令第 14 号)第十六条】

(2) 情况告知。行政复议申请错列被申请人的,行政复议部门应当告知申请人变更被申请人。

行政复议申请材料不齐全或者表述不清楚的，行政复议部门应当自收到该行政复议申请之日起五日内一次性书面通知申请人补正。补正通知应当载明需要补正的事项和合理的补正期限。无正当理由逾期不补正的，视为申请人放弃行政复议申请。补正申请材料所用时间不计入行政复议审理期限。

【依据：《行政复议法实施条例》第二十二条、第二十九条；《安全生产行政复议规定》（国家安全生产监督管理总局令第 14 号）第十八条】

(3) 处理决定。经初步审查后，行政复议部门应当自收到行政复议申请之日起五日内按下列规定作出处理：

① 符合安全生产行政复议规定的，予以受理，并制发行政复议受理决定书。

② 不符合安全生产行政复议规定的，决定不予受理，并制发行政复议申请不予受理决定书。

③ 不属于本机关职责范围的，应当告知申请人向有权受理的行政复议机关提出。

【依据：《安全生产行政复议规定》（国家安全生产监督管理总局令第 14 号）第十九条】

17.4　行政复议证据及材料要求

17.4.1　行政复议部门应当自行政复议申请受理之日起七日内，将行政复议申请书副本或者行政复议申请笔录复印件发送被申请人。

17.4.2　被申请人应当自收到申请书副本或者行政复议申请笔录复印件之日起十日内，按照行政复议部门要求的份数提出书面答复，并提交当初作出具体行政行为的证据、依据和其他有关材料。

被申请人书面答复应当载明下列事项：

(1) 作出具体行政行为的基本过程和情况。

(2) 作出具体行政行为的事实依据和有关证据材料。

(3) 作出具体行政行为所依据的法律、行政法规、规章和规范性文件的文号、具体条款和内容。

(4) 对申请人复议请求的意见和理由。

(5) 答复的年月日。

17.4.3　有下列情形之一的，被申请人经行政复议部门允许可以补充相关证据：

(1) 在作出具体行政行为时已经收集证据,但因不可抗力等正当理由不能提供的。

(2) 申请人或者第三人在行政复议过程中,提出了其在煤矿安全监管部门实施具体行政行为过程中没有提出的申辩理由或者证据的。

17.4.4　下列情形之一的,申请人应当提供证明材料:

(1) 认为被申请人不履行法定职责的,提供曾经要求被申请人履行法定职责而被申请人未履行的证明材料,但被申请人依法应当主动履行的除外。

(2) 申请行政复议时一并提出行政赔偿请求的,提供受具体行政行为侵害而造成损害的证明材料。

(3) 申请人自己主张的事实。

(4) 法律、行政法规规定由申请人提供证据材料的其他情形。

17.4.5　申请人、被申请人、第三人应当对其提交的证据材料分类编号,对证据材料的来源、证明对象和内容作简要说明,并在证据材料上签名或者盖章,注明提交日期。

证据材料是复印件的,应当经行政经复议部门核对无误,并注明原件存放的单位和处所。

【依据:《安全生产行政复议规定》(国家安全生产监督管理总局令第14号)第二十二至二十五条】

17.5　行政复议审理和决定

17.5.1　行政复议部门审理行政复议案件,应当由两名以上行政复议人员参加。

17.5.2　行政复议原则上采取书面审理的方式,但对重大、复杂的案件,申请人提出要求或者行政复议部门认为必要时,可以采取听证的方式审理。

听证应当保障当事人平等的陈述、质证和辩论的权利。

【依据:《行政许可法》第二十二条;《行政复议法实施条例》第三十二条;《安全生产行政复议规定》(国家安全生产监督管理总局令第14号)第二十一条、第二十六条】

17.5.3　行政复议部门采取听证的方式审理复议案件,应当制作听证笔录并载明下列事项:

(1) 案由,听证的时间、地点。

(2) 申请人、被申请人、第三人及其代理人的基本情况。

(3) 听证主持人、听证员、记录人的姓名、职务等。

(4) 申请人、被申请人、第三人争议的焦点问题，有关事实、证据和依据。

(5) 其他应当记载的事项。

申请人、被申请人、第三人应当核对听证笔录并签名或者盖章。

17.5.4　行政复议部门认为必要时，可以实地调查核实证据。调查核实时，行政复议人员不得少于两人，并应当向当事人或者有关人员出示证件。需要现场勘验的，现场勘验所用时间不计入行政复议审理期限。

【依据:《行政复议法实施条例》第三十三条、第三十四条;《安全生产行政复议规定》(国家安全生产监督管理总局令第 14 号)第二十七条、第二十八条】

实地调查核实时，应当制作行政复议调查笔录。

17.5.5　行政复议期间涉及专门事项需要鉴定的，当事人可以自行委托鉴定机构进行鉴定，也可以申请行政复议部门委托鉴定机构进行鉴定。鉴定费用由当事人承担。鉴定所用时间不计入行政复议审理期限。

17.5.6　申请人在行政复议决定作出前自愿撤回行政复议申请的，经行政复议部门同意，可以撤回。

申请人撤回行政复议申请的，不得以同一事实和理由再次提出行政复议申请。但是，申请人能够证明撤回行政复议申请违背其真实意思表示的除外。

【依据:《行政复议法实施条例》第三十七条、第三十八条;《安全生产行政复议规定》(国家安全生产监督管理总局令第 14 号)第二十九条、第三十条】

17.5.7　行政复议申请由两个以上申请人共同提出，在行政复议决定作出前，部分申请人撤回行政复议申请的，行政复议部门应当就其他申请人未撤回的行政复议申请作出行政复议决定。

17.5.8　被申请人在复议期间改变原具体行政行为的，应当书面告知行政复议部门。

被申请人改变原具体行政行为，申请人撤回复议申请的，行政复议终止。申请人不撤回复议申请的，行政复议部门经审查认为原具体行政行为违法的，应当作出确认其违法的复议决定;认为原具体行政行为合法的，应当作出维持的复议决定。

17.5.9　公民、法人或者其他组织对煤矿安全监管部门行使法律、行政法规规定的自由裁量权作出的具体行政行为不服申请行政复议，申请人与被申请人在行政复议决定作出前自愿达成和解的，应当向行政复议部门提交书面和解协议；和解内容不损害社会公共利益和他人合法权益的，行政复议部门应当准许。

【依据:《安全生产行政复议规定》(国家安全生产监督管理总局令第 14 号)第三十一至三十三条】

17.5.10　有下列情形之一的，行政复议部门可以按照自愿、合法的原则进行调解：

(1) 公民、法人或者其他组织对煤矿安全监管部门行使法律、行政法规规定的自由裁量权作出的具体行政行为不服申请行政复议的。

(2) 当事人之间的行政赔偿或者行政补偿的纠纷。

当事人经调解达成协议的，煤矿安全监管部门行政复议机关应当制作行政复议调解书。调解书应当载明行政复议请求、事实、理由和调解结果，并加盖印章。行政复议调解书经双方当事人签名，即具有法律效力。

调解未达成协议或者调解书生效前一方反悔的，行政复议部门应当及时作出行政复议决定。

【依据:《行政复议法实施条例》第五十条;《安全生产行政复议规定》(国家安全生产监督管理总局令第 14 号)第三十四条】

17.5.11　行政复议部门应当对被申请人作出的具体行政行为进行审查，提出意见，经煤矿安全监管部门行政复议机关集体讨论通过或者负责人同意后，依法作出行政复议决定。

依法作出行政复议决定，应当制作、送达行政复议决定书。

送达《行政复议决定书》时，应当制作并当场交付送达回证。

【依据:《行政复议法》第二十八条;《安全生产行政复议规定》(国家安全生产监督管理总局令第 14 号)第三十五条】

17.5.12　被申请人被责令重新作出具体行政行为的，应当在法律、行政法规、规章规定的期限内重新作出；法律、行政法规、规章未规定期限的，重新作出具体行政行为的期限为六十日。

被申请人不得以同一事实和理由作出与原具体行政行为相同或者基本相同的具体行政行为。但因违反法定程序被责令重新作出具体行政行为的除外。

【依据:《行政复议法实施条例》第四十九条;《安全生产行政复议规定》(国家安全生产监督管理总局令第 14 号)第三十六条】

17.5.13　申请人在申请行政复议时一并提出行政赔偿请求,煤矿安全监管部门行政复议机关对符合《国家赔偿法》有关规定应当给予赔偿的,在决定撤销、变更具体行政行为或者确认具体行政行为违法时,应当同时决定被申请人依法给予赔偿。

申请人在申请行政复议时没有提出行政赔偿请求的,煤矿安全监管部门行政复议机关在依法决定撤销或者变更原具体行政行为确定的罚款以及对设备、设施、器材的扣押、查封等强制措施时,应当同时责令被申请人返还罚款,解除对设备、设施、器材的扣押、查封等强制措施。

【依据:《行政复议法》第二十九条;《安全生产行政复议规定》(国家安全生产监督管理总局令第 14 号)第三十七条】

17.5.14　行政复议部门在申请人的行政复议请求范围内,不得作出对申请人更为不利的行政复议决定。

【依据:《行政复议法实施条例》第五十一条;《安全生产行政复议规定》(国家安全生产监督管理总局令第 14 号)第三十八条】

有关法律、法规、规章及规范性文件

(1)《行政许可法》。

(2)《行政复议法》。

(3)《行政复议法实施条例》。

(4)《安全生产行政复议规定》(国家安全生产监督管理总局令第 14 号)。

第十八章 行政应诉

18.1 应诉机关

18.1.1 煤矿安全监管部门作出行政行为,当事人不服提起诉讼的,由该煤矿安全监管部门应诉。

18.1.2 煤矿安全监管部门负责人(包括正职、副职负责人)应当出庭应诉因本单位作出的行政行为引发的行政诉讼案件。不能出庭应诉的,应当委托煤矿安全监管部门相应的工作人员出庭。

【依据:《行政诉讼法》第二条、第三条;《最高人民法院关于适用〈中华人民共和国行政诉讼法〉若干问题的解释》(法释〔2015〕9号)第五条】

18.1.3 煤矿安全监管部门委托的组织所作的行政行为,委托的煤矿安全监管部门是被告。

18.1.4 经上级煤矿安全监管部门批准作出具体行政行为,当事人不服提起诉讼的,由在对外发生法律效力的文书上署名的煤矿安全监管部门应诉。

18.1.5 当事人对行政复议决定不服提起诉讼的,按照下列情形分别确定应诉机关:

(1) 行政复议维持原具体行政行为的,由作出原具体行政行为的煤矿安全监管部门和复议机关共同应诉。

(2) 行政复议改变原具体行政行为的,由复议机关应诉。

【依据:《行政诉讼法》第二十六条】

18.1.6 煤矿安全监管部门应当建立应诉工作机制。由本单位负责法制工作的部门负责出庭应诉。其他部门对涉及本部门的行政应诉案件,应当及时提供相关证据等材料,与负责法制工作的部门共同研究案情、支持应诉。

应诉煤矿安全监管部门法制机构(以下简称法制机构)履行下列职责:

(1) 审查案件有关情况,提出由应诉机关负责人或者委托代理人出庭应诉的建议。

（2）组织撰写答辩状等材料。

（3）组织人员出庭应诉。

（4）指导、协调应诉人员全面收集涉案相关证据和法律依据，并在法定期限内向人民法院提交。

（5）负责应诉案件材料的立卷归档，按照有关规定报备。

（6）根据需要起草应诉工作报告，对行政应诉过程中的情况和问题进行总结分析。

（7）法律、法规和规章规定的其他工作。

18.2　应诉准备

18.2.1　煤矿安全监管部门接到人民法院应诉通知书后，法定代表人应当填写身份证明书，准备出庭应诉，并可以另行委托一至两名诉讼代理人共同出庭应诉。法定代表人因故不能出庭应诉的，应当出具授权委托书，委托一至两名诉讼代理人（律师或机关工作人员）出庭应诉。

授权委托书应当载明下列事项：

（1）委托单位的名称。

（2）法定代表人的姓名、职务。

（3）代理人的姓名、工作单位、职务。

（4）代理人的代理事项和代理权限。

（5）委托单位盖章。

（6）法定代表人签名或者盖章。

（7）其他需要载明的事项。

【依据：《行政诉讼法》第三十一条；《最高人民法院关于适用〈中华人民共和国行政诉讼法〉若干问题的解释》（法释〔2015〕9号）第五条】

18.2.2　煤矿安全监管部门收到原告起诉状副本后，有下列情形之一的，应当及时以书面形式向人民法院提出，并说明理由和依据，提供相应证据：

（1）被诉事项不属于行政诉讼受案范围的。

（2）对人民法院管辖有异议的。

（3）法律、法规规定应当先申请行政复议，对复议不服再向人民法院提起诉讼，而原告未经行政复议直接提起行政诉讼的。

（4）原告不适格的。

(5) 原告起诉已经超过法定期限的。

(6) 其他不符合起诉条件的。

【依据:《行政诉讼法》第四十九条】

18.2.3 煤矿安全监管部门出庭应诉应当做好以下准备:

(1) 审阅案卷材料,全面审查被诉具体行政行为的事实、证据、程序及适用依据,并作记录。

(2) 熟悉被诉具体行政行为涉及的法律规定。

(3) 研究应诉方案,制作答辩状、答辩(代理)词,准备相关证据、依据材料。

18.2.4 法制机构组织撰写的答辩状、答辩(代理)词,以及准备提交人民法院的案件相关证据、依据材料等,应当报经本单位主管领导或者法定代表人审批。

18.2.5 煤矿安全监管部门应当在收到起诉状副本之日起十五日内向人民法院提交下列材料:

(1) 答辩状。

(2) 被诉行政行为涉及案件的基本材料,包括案件来源、基本事实、认定的证据及调查经过。

(3) 行政相对人的陈述和申辩。

(4) 第三人的陈述和申辩。

(5) 证人证言。

(6) 书证、物证、鉴定意见、检测结论、勘验、检查笔录及其他证据。

(7) 作出被诉行政行为的法律依据。

(8) 法定代表人身份证明书。

(9) 授权委托书。

(10) 其他需要提交的材料。

【依据:《行政诉讼法》第六十七条】

18.2.6 诉讼案件涉及国家秘密、监管执法工作秘密的,应当于开庭审理前书面向人民法院提出不公开审理的建议。

【依据:《行政诉讼法》第五十四条】

18.3 出庭应诉

18.3.1 出庭应诉的要求:应当依法出庭应诉。出庭应诉时,出庭应诉人员应当尊重法庭,尊重原告,自觉遵守法庭纪律和法庭秩序;应当着装规范、仪表整洁、举止端庄、语言文明。

18.3.2　出庭应诉权利：

(1) 申请回避。

(2) 辩论。

(3) 经法庭允许向原告方或者原告方提供的证人发问。

(4) 经法庭允许传召证人出庭。

(5) 按规定审阅、复制庭审材料。

【依据：《行政诉讼法》第十条、第三十二条、第五十五条】

18.3.3　申请回避：出庭应诉人员认为审判人员、书记员、翻译人员、鉴定人、勘验人与本案有利害关系或者有其他关系可能影响案件公正审理的，应当说明理由，在案件开始审理时提出回避申请；回避事由在案件开始审理后知道的，应当在法庭辩论终结前提出。

对人民法院驳回回避申请决定不服，可以在接到决定时向作出决定的人民法院申请复议一次。

【依据：《行政诉讼法》第五十五条】

18.3.4　法庭调查：出庭应诉人员应当客观、全面阐述具体行政行为的事实、证据和依据，配合法庭调查。

(1) 按照法庭安排的顺序宣读答辩状。

(2) 如实、简明回答法庭询问，并适时宣读、出示作出具体行政行为的证据和法律依据。

(3) 对原告证人所做的陈述或者所提交的书面证言，需要当庭发问的，经法庭允许可以发问。需要当庭对质的，可以申请法庭准许当庭对质。发现有伪证时，应当及时向法庭提出。

(4) 对鉴定结论、勘验笔录有异议或者需要当庭发问的，经法庭允许可以发表异议或者发问，也可以申请法庭重新进行鉴定或者勘验。

(5) 被诉具体行政行为涉及专门性问题的，可以向人民法院申请专业人员出庭说明。

18.3.5　法庭辩论：出庭应诉人员应当围绕争议焦点进行辩论。辩论的内容应当与案件事实、证据等有关联，不得采用引诱、威胁、侮辱等语言或者方式。

(1) 原告发表意见后，宣读答辩(代理)词。

(2) 围绕争议焦点互相辩论。

(3) 涉及行政赔偿的，经法庭同意，在法庭辩论阶段，可以就赔偿请求提出调解要求。

法庭辩论终结，有未尽事宜需要向法庭说明的，出庭应诉人员可以发表最后意见。

18.3.6 查阅法庭记录：出庭应诉人员应当查阅法庭记录，发现有遗漏或者与实际陈述不一致的，应当申请补正。查阅完毕后，出庭应诉人员应当签名或者盖章。

【依据：《行政诉讼法》第三十二条】

18.3.7 撤销、变更被诉行政行为：诉讼期间发现被诉具体行政行为确有错误或者不当的，出庭应诉人员应当向本单位法定代表人建议撤销或者变更，并将撤销或者变更情况书面告知人民法院和原告。

18.3.8 停止执行行政行为：诉讼期间，煤矿安全监管部门不停止行政行为的执行。但有下列情形之一的，停止行政行为的执行：

(1) 煤矿安全监管部门认为需要停止执行的。

(2) 原告申请停止执行，人民法院裁定停止执行的。

(3) 法律、法规规定停止执行的。

【依据：《行政诉讼法》第五十六条】

18.4 上诉和执行

18.4.1 提出上诉意见：人民法院对行政行为作出撤销、变更、确认违法等判决或者裁定的，出庭应诉人员视情提出是否上诉的意见，报本单位负责人决定是否上诉。

18.4.2 煤矿安全监管部门决定上诉：出庭应诉人员应当在判决书送达之日起十五日内或者裁定书送达之日起十日内制作上诉状，经法制机构审核后报本单位负责人审批，向上一级人民法院提起上诉。并应当按照其他当事人或者诉讼代表人的人数提交上诉状副本。上诉状应当针对原判决或者裁定的不当内容全面阐述上诉理由，并提交相应的证据或者依据。

【依据：《行政诉讼法》第八十五条】

18.4.3 原告或者第三人提出上诉：在收到人民法院送达的上诉状副本之日后，出庭应诉人员应当制作答辩状，经法制机构审核后报本单位负责人审批，自收到上诉状副本之日起十五日内提交人民法院。

18.4.4 上诉后委托代理人：人民法院受理上诉案件后，原一审诉讼应诉煤矿安全监管部门的负责人继续委托或者变更诉讼代理人的，应当重新办理委托手续。

18.4.5　二审诉讼期间，煤矿安全监管部门不得改变原具体行政行为。

18.4.6　必要时提出申诉、抗诉。煤矿安全监管部门应当模范遵守法律，自觉履行人民法院生效的判决、裁定。

认为已经发生法律效力的判决、裁定确有错误的，可以向上一级人民法院申诉，也可以向同级人民检察院请求抗诉。

提出申诉、抗诉不停止执行判决、裁定。

【依据:《行政诉讼法》第九十条】

有关法律、法规、规章及规范性文件

(1)《行政诉讼法》。

(2)《最高人民法院关于适用〈中华人民共和国行政诉讼法〉若干问题的解释》(法释〔2015〕9 号)。

第十九章　国家赔偿

19.1　赔偿义务机关和赔偿范围

19.1.1　赔偿义务机关

(1) 煤矿安全监管部门及其监管执法人员行使职权侵犯公民、法人和其他组织的合法权益造成损害的，该煤矿安全监管部门为赔偿义务机关。

(2) 受煤矿安全监管部门委托的组织或者个人在行使受委托的行政权力时侵犯公民、法人和其他组织的合法权益造成损害的，委托的煤矿安全监管部门为赔偿义务机关。

(3) 经复议机关复议的，最初造成侵权行为的煤矿安全监管部门为赔偿义务机关，但复议机关的复议决定加重损害的，复议机关对加重的部分履行赔偿义务。

【依据:《国家赔偿法》第七条、第八条】

19.1.2　侵犯人身权行政赔偿范围

(1) 以殴打、虐待等行为或者唆使、放纵他人以殴打、虐待等行为造成公民身体伤害或者死亡的。

(2) 造成公民身体伤害或者死亡的其他违法行为。

19.1.3　侵犯财产权行政赔偿范围

(1) 违法实施罚款、责令停产整顿、停止生产、没收财物等行政处罚的。

(2) 违法对财产采取查封、扣押等行政强制措施的。

(3) 造成财产损害的其他违法行为。

【依据:《国家赔偿法》第三条、第四条】

19.1.4　行政赔偿免责情形

(1) 煤矿安全监管执法人员与行使职权无关的个人行为。

(2) 因公民、法人和其他组织自己的行为致使损害发生的。

(3) 法律规定的其他情形。

【依据:《国家赔偿法》第五条】

19.2 申请受理

19.2.1 赔偿请求人要求赔偿，应当先向赔偿义务机关提出，也可以在申请行政复议或者提起行政诉讼时一并提出。

【依据:《国家赔偿法》第九条】

19.2.2 赔偿请求人要求赔偿，应当递交申请书。赔偿请求人书写申请书确有困难的，可以委托他人代书；也可以口头申请，赔偿义务机关应当制作国家赔偿口头申请笔录。

(1) 赔偿申请书应当载明下列事项：

① 受害人的姓名、性别、年龄、工作单位和住所，法人或者其他组织的名称、住所和法定代表人或者主要负责人的姓名、职务。

② 具体的要求、事实根据和理由。

③ 申请的年、月、日。

【依据:《国家赔偿法》第十二条】

(2) 国家赔偿口头申请笔录应当载明下列事项：

① 制作笔录的时间、地点。“时间”具体到日，“地点”指制作该笔录的具体地点。

② 记录人及单位。写明制作笔录的煤矿安全监管执法人员姓名及所属单位。

③ 赔偿请求人的基本情况。

④ 具体要求、事实根据和理由。根据赔偿请求人的口述如实填写。

⑤ 笔录制作完成后，记录人应当向赔偿请求人宣读，经确认无误后，由赔偿请求人在“签名”空白处签名或者捺指印。

19.2.3 出具收讫凭证。赔偿请求人当面递交赔偿申请书的，煤矿安全监管部门应当当场出具国家赔偿申请收讫凭证，载明下列事项：

(1) 收讫日期。

(2) 申请材料清单，包括所有申请材料，逐项编号并填写材料名称、份数和每份页数，每份页数按“××页/份”的方式填写。

(3) 收件人在签名栏签名。

(4) 加盖本行政机关专用印章。

【依据:《国家赔偿法》第十二条】

19.2.4 告知补正。赔偿义务机关收到申请材料后应当予以审查。申请材料不齐全的，应当当场或者在五日内一次性告知赔偿请求人需要补正的全部内容。

(1) 告知补正应当制作国家赔偿申请补正告知书,载明明确具体的补正要求和合理的补正期限。

(2) 赔偿请求人补正材料确有困难的,煤矿安全监管部门可以依法适当给予帮助。

(3) 补正时间不计入案件审理时限。

【依据:《国家赔偿法》第十二条】

19.2.5　告知错列赔偿义务机关。收到赔偿申请的煤矿安全监管部门不是赔偿义务机关的,应当告知赔偿请求人向符合法律规定的赔偿义务机关提出赔偿申请。

19.3　审查决定

19.3.1　案件审查

煤矿安全监管部门收到赔偿申请材料后,应当从以下几个方面进行审查:

(1) 本机关是否为赔偿义务机关。

(2) 赔偿请求人是否符合法律规定。

(3) 赔偿请求事项是否属于国家赔偿范围。

(4) 是否具有不承担赔偿责任的法定情形。

(5) 损害程度和损害情节。

(6) 请求国家赔偿是否符合下列规定的时效:

① 赔偿请求人请求国家赔偿的时效为两年,自其知道或者应当知道煤矿安全监管部门及其监管执法人员行使职权时的行为侵犯其人身权、财产权之日起计算。

② 赔偿请求人在赔偿请求时效的最后六个月内,因不可抗力或者其他障碍不能行使请求权的,时效中止。从中止时效的原因消除之日起,赔偿请求时效期间继续计算。

(7) 是否应当追偿或者追究有关人员责任。

【依据:《国家赔偿法》第三十九条】

19.3.2　审查程序

煤矿安全监管部门法制机构应当对案件全面审查后提出意见,报本单位分管领导或者主要负责人审批。分管领导或者主要负责人审批后作出是否赔偿决定。

办理国家赔偿案件，应当制作国家赔偿案件审批表。

19.3.3　审查要求

（1）全面审查。办理国家赔偿案件，应当全面审查申请材料以及赔偿请求事项涉及的相关材料。

（2）调查核实。办理国家赔偿案件，可以调取涉及有关案件的案卷材料。必要时，可以向赔偿请求事项涉及的部门和人员调查、核实有关情况，收集有关证据。

（3）与赔偿请求人协商。决定赔偿的，应当充分听取赔偿请求人的意见，按照自愿、合法原则可以就赔偿方式、赔偿项目和赔偿数额与赔偿请求人进行协商。

【依据:《国家赔偿法》第十三条】

19.3.4　决定

煤矿安全监管部门应当自收到国家赔偿申请之日起两个月内，作出是否赔偿的决定。

（1）作出赔偿决定:对本单位是赔偿义务机关，赔偿请求人符合法律规定，提出赔偿请求符合法定时效，赔偿请求事项属于国家赔偿范围，且不具有不承担赔偿责任法定情形的，应当依法作出赔偿决定。

（2）作出不予赔偿决定:有下列情形之一的，应当作出不予赔偿的决定:① 不属于国家赔偿范围或者属于《国家赔偿法》规定的不承担赔偿责任的情形的;② 本机关不是赔偿义务机关的;③ 赔偿请求人不符合法律规定的;④ 提出赔偿请求超过法定时效的。

【依据:《国家赔偿法》第五条、第十三条】

19.4　赔偿

19.4.1　赔偿方式

国家赔偿以支付赔偿金为主要方式。能够返还财产或者恢复原状的，予以返还财产或者恢复原状。

【依据:《国家赔偿法》第三十二条】

19.4.2　侵犯公民人身权的赔偿

（1）侵犯公民生命健康权的，赔偿金按照下列规定计算:

① 造成身体伤害的，应当支付医疗费、护理费，以及赔偿因误工减少的收入。减少的收入每日的赔偿金按照国家上年度职工日平均工资计算，最高额为国家上年度职工年平均工资的五倍。

② 造成部分或者全部丧失劳动能力的,应当支付医疗费、护理费、残疾生活辅助工具费、康复费等因残疾而增加的必要支出和继续治疗所必需的费用,以及残疾赔偿金。残疾赔偿金根据丧失劳动能力的程度,按照国家规定的伤残等级确定,最高不超过国家上年度职工年平均工资的二十倍。造成全部丧失劳动能力的,对其扶养的无劳动能力的人,还应当支付生活费。

③ 造成死亡的,应当支付死亡赔偿金、丧葬费,总额为国家上年度职工年平均工资的二十倍。对死者生前扶养的无劳动能力的人,还应当支付生活费。

上述第二项、第三项规定的生活费的发放标准,参照当地最低生活保障标准执行。被扶养的人是未成年人的,生活费给付至十八周岁止;其他无劳动能力的人,生活费给付至死亡时止。

(2) 致人精神损害的,应当在侵权行为影响的范围内,为受害人消除影响,恢复名誉,赔礼道歉;造成严重后果的,应当参照最高人民法院《关于确定民事侵权精神损害赔偿责任若干问题的解释》等相关规定,支付相应的精神损害抚慰金。

【依据:《国家赔偿法》第三十三至三十五条;《最高人民法院关于确定民事侵权精神损害赔偿责任若干问题的解释》(法释〔2001〕7号)第十条】

19.4.3 侵犯公民、法人和其他组织财产权的赔偿。

(1) 处罚款、追缴、没收财产的,返还财产。

(2) 查封、扣押财产的,解除对财产的查封、扣押,造成财产损坏或者灭失的,依照本条第(3)项、第(4)项的规定赔偿。

(3) 应当返还的财产损坏的,能够恢复原状的恢复原状,不能恢复原状的,按照损害程度给付相应的赔偿金。

(4) 应当返还的财产灭失的,给付相应的赔偿金。

(5) 财产已经拍卖或者变卖的,给付拍卖或者变卖所得的价款;变卖的价款明显低于财产价值的,应当支付相应的赔偿金。

(6) 责令停产停业的,赔偿停产停业期间必要的经常性费用开支。

(7) 返还执行的罚款或者罚金、追缴或者没收的金钱,解除冻结的存款或者汇款的,应当支付银行同期存款利息。

(8) 对财产权造成其他损害的,按照直接损失给予赔偿。

【依据:《国家赔偿法》第三十六条】

19.4.4 法律文书制作和送达

（1）文书制作：煤矿安全监管部门作出赔偿决定或者不予赔偿决定的，应当制作赔偿决定书。

（2）文书送达：应当自作出决定之日起十日内，将赔偿决定书送达赔偿请求人。

【依据：《国家赔偿法》第十三条】

19.4.5　支付申请

赔偿义务机关应当自受理赔偿请求人支付申请之日起七日内，依照预算管理权限向有关财政部门提出书面支付申请，并提交下列材料：

（1）赔偿请求人请求支付国家赔偿费用的申请。

（2）生效的判决书、复议决定书、赔偿决定书或者调解书。

（3）赔偿请求人的身份证明。

【依据：《国家赔偿法》第二十七条；《国家赔偿费用管理条例》（中华人民共和国国务院令第589号）第八条】

19.4.6　申请行政复议和提起行政诉讼一并提出赔偿请求的处理

（1）申请行政复议一并提出赔偿请求的，依照本《手册》行政复议程序规定办理。

（2）提起行政诉讼一并提出赔偿请求的，依照本《手册》行政诉讼程序规定办理。

有关法律、法规、规章及规范性文件

（1）《国家赔偿法》。

（2）《行政诉讼法》。

（3）《行政复议法》。

（4）《国家赔偿费用管理条例》。

（5）《关于适用〈中华人民共和国国家赔偿法〉若干问题的解释（一）》（法释〔2011〕4号）。

（6）《最高人民法院关于人民法院赔偿委员会审理国家赔偿案件程序的规定》（法释〔2011〕6号）。

（7）《关于确定民事侵权精神损害赔偿责任若干问题的解释》（法释〔2001〕7号）。

第八编　常用执法文书制作

第二十章　执法文书制作的基本要求

20.1　煤矿安全监管行政执法文书的内容应当符合国家和省有关法律法规规定,应做到事实清楚、格式统一、内容完整、用语规范、适用法律法规准确。正确使用专业术语和法定计量单位进行表述,除编号、数量和时间等采用阿拉伯数字外,其他数据应当使用汉字进行书写。

20.2　煤矿安全监管执法应当正确选择和使用行政执法文书。行政执法文书应当由具有煤矿安全监管执法资格的行政执法人员负责制作。

20.3　行政执法文书制作应采用国际标准 A4 型纸张,电子版制作;特殊情况不能使用电子版制作的,应用黑色、蓝黑墨水钢笔或黑色水笔制作。制作的文书应做到字迹清楚、文字规范、页面整洁、标点符号正确。

行政执法文书标题字体统一为小标宋体,使用小二号字加粗。文书编号使用仿宋四号字。文书正文在预先设置栏目或空白处填写,一般用仿宋小四号字,特殊情况可选择合适的字号。

20.4　行政执法文书应按照样式格式进行统一编号。

采用“(A)煤(B)+(C)〔年份〕D 号”的编号方式。

编写说明:

(1) A 指省(市、县)的规范简称。

(2) B 指煤矿安全监管部门内设处(科)室的规范简称。

(3) C 指行政执法文书名称的规范简称。其中:

① “当场行政处罚决定书”简称为“当罚”。

② “行政处罚决定书》简称为“罚”。
③ “送达回证”简称为“送”。
④ “举报(投诉)案件登记表”简称为“登”。
⑤ “立案审批表”简称为“立”。
⑥ “现场处理措施决定书”简称为“现决”。
⑦ “责令(限期)改正通知书”简称为“责(限)改”。
⑧ “复查意见书”简称为“复”。
⑨ “抽样取证审批表”简称为“抽审”。
⑩ “抽样取证通知书”简称为“抽通”。
⑪ “抽样取证物品处理通知书”简称为“抽处”。
⑫ “先行登记保存证据审批表”简称为“先保审”。
⑬ “先行登记保存证据通知书”简称为“先保通”。
⑭ “先行登记保存证据物品处理通知书”简称为“先保处”。
⑮ “行政强制措施(执行)及相关事项内部审批表”简称为“强审”。
⑯ “查封(扣押)决定书”简称为“查(扣)”。
⑰ “延长查封(扣押)期限决定书”简称为“查(扣)延期”。
⑱ “查封(扣押)财物处理决定书”简称为“查(扣)处”。
⑲ “鉴定委托书”简称为“鉴”。
⑳ “停电(停供民用爆炸物品)通知书”简称为“停”。
㉑ “解除停电(停供民用爆炸物品)通知书”简称为“解停”。
㉒ “行政处罚审批表”简称为“罚审”。
㉓ “行政处罚事先告知书”简称为“罚告”。
㉔ “行政处罚听证告知书”简称为“罚听告”。
㉕ “不予受理听证告知书”简称为“听不受”。
㉖ “行政处罚听证通知书”简称为“罚听通”。
㉗ “行政处罚决定审批表”简称为“罚决审”。
㉘ “案件移送审批表”简称为“移审”。
㉙ “案件移送书”简称为“移”。
㉚ “延期(分期)缴纳罚款审批表”简称为“延缴审”。
㉛ “延期(分期)缴纳罚款批准书”简称为“延缴批”。
㉜ “缴纳罚款催告书”简称为“催”。
㉝ “加处罚款决定书”简称为“加罚”。

㉞“行政强制执行事先催告书”简称为“强执催”。

㉟“强制执行申请书”简称为“强执申”。

㊱“案件结案审批表”简称为“结审”。

(4) D指行政执法文书序号。由各级煤矿安全监管部门内设处(科)室自行编制,从1号开始,应当保证序号的唯一性。

(5) 应当使用四位阿拉伯数字填写完整的执法年份。

20.5 行政执法案卷(封面)、抽样取证物品清单、先行登记保存证据物品清单、查封(扣押)物品清单等文书以对应的案件顺序编号,采用“执法年份-序号”的编号方式,应当保证序号的唯一性。

案卷文书目录、现场检查方案、现场检查(勘验)笔录、文书续页、询问笔录、重大复杂案件集体讨论笔录、陈述(申辩)笔录、听证笔录、听证申请书、案件调查终结报告等文书不使用编号。

20.6 预先设置栏目的行政执法文书,应当逐项填写。无须填写的,执法文书空白部分应记明“以下空白”或用斜线划掉。填写摘要的,应当简明扼要、准确完整;需选择的项目,要在选择处勾选。制作电子文书时,需选择的项目,选中的项目予以保留,未选中的项目可以删除;需勾选的项目,选中的项目予以保留,未选中的项目可以删除。当事人的名称应当使用全称。要求签名的文书,签名应使用黑色、蓝黑墨水钢笔或黑色签字笔,必须清晰、完整、易认。

行政执法文书正文内容的编号采用阿拉伯数字,编号后加点,如“1.”。首行空两格,第二行以后的内容顶格书写。有一级、二级标题的,一级标题采用汉字,编号后加顿号,如“一、”;二级标题采用阿拉伯数字,编号后加点。

20.7 行政执法文书中援引法律法规条文的,应当填写法律法规、规章、标准的全称或者规范化简称,具体到条、款、项、目。引用的法律条、款、项、目应当按照原法律条文格式书写。

20.8 现场检查(勘验)笔录、询问笔录、陈述(申辩)笔录、听证笔录的内容因填写错误或当事人提出异议后确需修改的,应用单横杠线划去错误部分,划去部分或改写部分应有当事人按压指印覆盖确认。其他各种执法文书的内容不得改动。

20.9 行政执法文书中注明加盖印章的地方必须加盖行政执法机关公章或监管执法专用章,加盖印章应当清晰、端正,骑年盖月。日期格式应当用阿拉伯数字将年、月、日标全。

20.10　对于同一当事人同一次监管执法发现的多个违法违规行为，可以合并立案、调查、处罚、结案，但要分别说明违法违规事项违反的法律法规条款、行政处罚所依据的法律法规条款和每一项违法违规事实所作出的具体行政处罚内容。

20.11　行政执法案卷宜采用软卷皮装订。入卷的行政执法文书、证据及其他相关材料应当保留原件；原件确实无法入卷的，可以保存复印件，但应当与原件进行核对，标明“经核对与原件无误”，注明来源、日期，并由核对人签名或者盖章。凡能附卷保存的证物均应当入卷。不能附卷保存的证物应当在案卷内注明名称、内容、数量、来源、特征、提取时间、存放地点等。不易保存的证物，应当拍照附卷。

20.12　行政执法信息系统形成的电子行政执法材料，包括行政执法文书的电子文本、电子证据、视听资料，以及执法过程中同步数字化产生的纸质行政执法文书材料的电子版本等，应当即时归档或与纸质行政执法文书材料同步归档。

20.13　行政执法案卷一般应当一案一卷。材料页码超过200页的，也可以一案数卷。涉及国家机密、商业秘密、个人隐私的案件，可分为正卷和副卷，依法不能公开的案件材料装入副卷。适用简易程序或者文书材料较少的执法活动，可以按照类别、事由、时间等分类，分别合并立卷。

有关法律、法规、规章及规范性文件

（1）《行政处罚法》。

（2）《行政强制法》。

（3）《档案法》。

（4）《中华人民共和国档案法实施办法》。

（5）《机关文件材料归档范围和文书档案保管期限规定》（国家档案局令第8号）。

（6）《河南省法治政府建设领导小组办公室关于印发〈河南省行政执法案卷立卷规范〉〈河南省行政许可案卷评查标准〉和〈河南省行政处罚案卷评查标准〉的通知》（豫法政办〔2017〕9号）。

第二十一章　执法文书制作模板及要求

21.1　行政执法案卷(封面)

21.1.1　文书制作模板

<table>
<tr><td colspan="4">××煤矿安全监管部门
行政执法案卷(封面)
20××年×号</td></tr>
<tr><td>当事人</td><td colspan="3">××煤矿</td></tr>
<tr><td>案由</td><td colspan="3">××煤矿特种作业人员未持证上岗作业等案</td></tr>
<tr><td>处理结果</td><td colspan="3">1. 责令(限期)改正通知书中,针对现场检查(勘验)笔录中第×、×项事故隐患和违法违规行为责令改正;针对现场检查(勘验)笔录中第×、×项违法违规行为责令限×日内改正,经复查已改正。
2. 行政处罚决定书中,针对第×项违法违规行为对该矿罚款×万元整;对第×项违法违规行为对该矿罚款×万×仟元整;对第×项违法违规行为给予该矿警告并处罚款×万元整,合计处罚××万元整。××煤矿未能按期缴纳罚款,经催告该矿仍不履行行政处罚决定。20××年×月×日,我单位向××区人民法院提交了强制执行申请书,经法院采取强制执行,于20××年×月×日将罚款划转至指定罚款账户。
3. ××煤矿对责令(限期)改正和行政处罚未申请行政复议,未提起行政诉讼,未进行陈述、申辩,未要求听证。
4. 经领导审批结案。</td></tr>
<tr><td>立案日期</td><td>20××年×月×日</td><td>结案日期</td><td>20××年×月×日</td></tr>
<tr><td>承办机构</td><td>××处(科、室)</td><td>承办人</td><td>×××　　×××</td></tr>
<tr><td>归档日期</td><td>20××年×月×日</td><td>归档号</td><td>×××</td></tr>
<tr><td colspan="2">本卷共　××件××页</td><td>保存期限</td><td>永久</td></tr>
</table>

21.1.2　文书简要说明

该文书是煤矿安全监管行政执法案件办理结束后，将有关案件材料装订成卷时所做的有关案卷内材料总的提示性封面。

21.1.3　文书制作要求

(1) 案卷号：应与立案审批表中的立案号相对应。

(2) 当事人：当事人为单位的应当根据营业执照或采矿证填写全称。

(3) 案由：填写格式为“当事人名称＋违法违规行为定性＋案”，应与结案审批表的名称相一致。

(4) 处理结果：分项填写现场处理措施决定书、责令(限期)改正通知书所作出的处理内容及落实结果，分项填写行政处罚决定书中的当事人违法事实和处罚内容及落实结果。

(5) 执法案卷封面应准确填写立案和结案日期，并与相应的立案审批表、结案审批表的批准日期相一致。

(6) 执法案卷封面应写明本卷文书的件数和页数。

(7) 承办机构：应填写具体承办案件的处(科)室名称。

(8) 承办人：应填写该案件具体承办人的姓名。

(9) 归档日期：填写具体存档的日期。一般情况下，应当在结案审批后20个工作日内。

(10) 归档号：按照本单位统一的顺序排列编号。

(11) 保存期限：按照国家档案局和所在煤矿安全监管部门的档案管理规定写明的案卷保存年限。

21.2　卷内文书目录

21.2.1　文书制作模板

卷内文书目录

序号	文书名称	文书编号	文书日期	文书页号	备注
1	行政处罚决定书	(A)煤(B)罚 〔20××〕×号	20××年×月×日	1～2	
2	文书送达回证	(A)煤(B)送 〔20××〕×号	20××年×月×日	3	
……	……	……	……	……	

21.2.2　文书简要说明

该文书用于执法案件办理结束后，对案件归档的全部材料建立索引。

21.2.3　文书制作要求

（1）整个案卷中行政执法案卷（封面）放在案卷第一个位置，案卷文书目录放在第二个位置，此两份文书不编页码。行政处罚决定书和文书送达回证排列在第三、第四位置，其他行政执法文书、证据等材料按照行政执法程序和形成时间，兼顾行政执法文书、证据等材料之间的有机联系进行排列。

（2）案卷文书目录应当按照卷内行政执法文书、证据等材料排列顺序，标明序号和页码，逐份登记。卷内文件均要体现在目录上，做到目录与卷内文件相符合。每份行政执法文书、证据等材料只能编排同一个顺序号。序号和页码从案卷文书目录后第一份文书开始编起。

（3）文书名称应准确填写卷内执法文书的全称。

（4）文书编号应准确填写卷内执法文书的编号，无编号的空白。

（5）文书日期：相关审批表等需审批的文书，填写审批表的批准日期；下达（或印发）的文书，填写下达（或印发）的日期；其他文书填写文书的制作（或形成）日期。

（6）文书页号应准确填写卷内每个文书在案卷中的起止页码，凡有文字的页面都应用阿拉伯数字逐页编页码，每页正面的标在右上角，反面的标在左上角。

（7）有需要说明的事项填写在“备注”栏，如“复印件”。

21.3 当场行政处罚决定书

21.3.1 文书制作模板

№:××××

(××煤矿安全监管部门)当场行政处罚决定书(存根联)

(A)煤(B)当罚〔20××〕第×号

××煤矿 于20××年×月×日×时,在(违法地点)因未按规定上报事故隐患排查治理统计分析表 的行为,违反了 《安全生产事故隐患排查治理暂行规定》第十四条 的规定。执法人员当场告知其违法事实、依据和权利,听取了你(单位)的陈述申辩。现依据《安全生产事故隐患排查治理暂行规定》第二十六条第二款的规定,本机关当场决定对其处以警告和罚款玖佰零拾零元的处罚。缴款方式:(1) 当场收缴。(2) 要求其在收到本决定书之日起 15 日内将罚款缴至××银行,账号×××××× 。

当事人签名:×××身份证或其他有效证件名称:身份证证号: ××××××

联系地址:××市××县××路×号 邮编:××××××电话:××××××

执法人员(签名):××× ××× 20××年×月×日

……………………………(加盖行政机关骑缝章)……………………………

№:××××

(××煤矿安全监管部门)当场行政处罚决定书

(A)煤(B)当罚〔20××〕第×号

当事人名称或姓名:________ 性别:____身份证号:____________

法定代表人或负责人姓名:×××职务:________地址:×市×县×乡

你(单位)于20××年×月×日×时,在(违法地点)因未按规定上报事故隐患排查治理统计分析表的行为,违反了《安全生产事故隐患排查治理暂行规定》第十四条的规定,事实确凿。本机关执法人员当场向你(单位)告知了违法事实、依据和依法享有的权利,并听取了你(单位)的陈述申辩。现依据《安全生产事故隐患排查治理暂行规定》第二十六条第二款,本机关决定对你(单位)处以下行政处罚:

1. 警告;2. 罚款人民币×仟玖佰零拾零元整(大写)。¥:900.00 元

缴纳罚款方式:(1) 当场收缴。(2) 自收到本决定书之日起 15 日内将罚款交至××银行。账号:××××××户名:×××专户。到期不缴纳罚款的,每日按罚款数额的 3%加处罚款。

如你(单位)不服本行政处罚决定,可以自收到本决定书之日起六十日内向××人民政府或者××煤矿安全监管部门申请行政复议,也可以自收到本决定书之日起六个月内依法直接向人民法院提起行政诉讼。

执法人员(签名):××× 执法证号:××××××

××× 执法证号:××××××

××煤矿安全监管部门公章

20×× 年×月×日

21.3.2　文书简要说明

当场行政处罚决定书是对案情简单、违法事实清楚、证据确凿的违法案件，对当事人按照简易程序依法当场作出处理决定的法律文书。适用于对生产经营单位处以警告或者一千元以下罚款，对个人处以警告或者五十元以下罚款的情形。

21.3.3　文书制作要求

(1) 该文书应提前制作空白文书，并加盖作出行政处罚的煤矿安全监管部门的公章，统一对文书进行编号，使用时当场填写相关内容。

(2) 正确填写被当事人的基本情况。当事人为多个时，应分别下达当场行政处罚决定书。

(3) 正确填写当事人违法时间、违法地点、违法行为事实，违法行为事实为多项时，应分别对每项违法违规行为进行描述。违法违规事实要与现场检查(勘验)笔录、询问笔录中所记载内容相一致。

(4) 违反规定应写明当事人违法行为所违反法律法规名称的全称和具体的条、款、项、目。

(5) 当场告知当事人享有陈述、申辩的权利，根据事实填写是否听取了当事人陈述、申辩。

(6) 写明处罚所依据法律法规名称的全称和具体条、款、项、目。同一违法行为，"违法部分"和"依据部分"一般不得跨越不同的法律、法规、规章分别引用。

(7) 填写全部行政处罚的内容，要分项写明处罚种类(一种或数种并处)，分项写明决定给予的具体行政处罚。处罚决定的种类为罚款的，应写明分项罚款数额及合并罚款数额。合并罚款数额的填写应当使用中文大写填写，如"罚款人民币壹仟元整"。

(8) 履行的方式和期限。有两种方式，一种是当场收缴罚款。当场收缴罚款的条件依照《行政处罚法》第四十七条和第四十八条的规定进行。当场收缴罚款的，必须向当事人出具财政部门统一制发的罚款收据。执法人员收缴的罚款，应当自收缴罚款之日起两日内交到其所属的处罚机关。另一种方式是当事人将罚款直接交到相关银行。应当在决定书中告知当事人缴纳罚款的银行、账号。

(9) 写明受理行政复议和提起行政诉讼的机关的全称。

(10) 不少于两名执法人员签名并写明执法证号。

(11) 当事人或委托代理人当场签名,写明身份证或其他有效证件名称、证号。

(12) 写明受理行政复议和提起行政诉讼的机关的全称。

(13) 填写作出行政处罚的日期。

21.4　行政处罚决定书

21.4.1　文书制作模板

河南省煤矿安全监管行政执法文书

行 政 处 罚 决 定 书

(A)煤(B)罚〔20××〕×号

当事人:(个人)姓名:____________身份证号:____________________

(单位)名称:××煤矿　　法定代表人(负责人):　×××

住所(地址):××市××县××镇

本机关于20××年×月×日对你(单位)井下作业人员未持证上岗作业案调查。经调查,你(单位)井下爆破工×××特种作业操作证已过期未复训上岗作业;瓦斯检查工×××无特种作业操作证。上述行为违反了《中华人民共和国安全生产法》第二十七条第一款的规定,已构成违法。主要证据有现场检查(勘验)笔录、询问笔录、现场照片等。根据你(单位)违法行为的事实、性质、情节、社会危害程度和相关证据,参照《××法(条例、办法)行政处罚裁量标准》,你(单位)的违法行为为严重。

依据《中华人民共和国安全生产法》第九十四条第(七)项的规定,本机关决定对你(单位)作出以下行政处罚:

1. 罚款人民币×万元;2. ×××。

你(单位)应当自收到本决定书之日起15日内将罚款缴至××银行,账号××××××。到期不缴纳罚款的,每日按罚款数额的3%加处罚款。

如对本处罚决定不服,可在接到本处罚决定书之日起60日内向××人民政府或××煤矿安全监管部门申请行政复议,或者在6个月内依法直接向人民法院提起行政诉讼,但不停止执行本处罚决定。逾期不申请行政复议、不提起行政诉讼又不履行本决定的,本机关将依法申请人民法院强制执行。

××煤矿安全监管部门公章

20××年×月×日

本文书一式两份:一份交被处罚单位(个人),一份由煤矿安全监管部门存档。

21.4.2　文书简要说明

行政处罚决定书是对事实清楚、证据确凿的安全生产违法案件，根据情节轻重依法作出行政处罚决定的文书。该文书在煤矿安全监管部门按照一般程序作出行政处罚决定时使用。

21.4.3　文书制作要求

(1) 正确填写行政处罚决定书的文书编号。

(2) 正确填写当事人的基本情况。当事人为单位的写明单位全称、法定代表人、地址等内容。当事人为个人的写明个人姓名、身份证号、住所等内容。当事人为多个时，应分别下达行政处罚决定书。

(3) 写明案由和违法违规事实。违法违规事实应与现场检查(勘验)笔录、询问笔录等所记载内容相一致，并按照案件调查最终查明的违法事实填写。涉及多个行为的，应当依次分项列明。

(4) 认定行为违法的依据，应写明每项违法违规事实违反的法律法规名称的全称及具体条、款、项、目。

(5) 简要列举已确认的证据。

(6) 根据违法事实、性质、情节和危害程度，参照相应的行政处罚裁量标准，确定违法行为适用的行政处罚裁量等次。

(7) 处罚依据应写明处罚所依据法律法规名称的全称及具体条、款、项、目。同一违法行为，“违法部分”和“依据部分”一般不得跨越不同的法律、法规、规章分别引用。

(8) 行政处罚。应填写全部行政处罚的内容，要分项写明处罚种类(一种或数种并处)，分项写明决定给予的具体行政处罚。要求符合法律权限、自由裁量适当。处罚决定的种类为罚款的，应写明分项罚款数额及合并罚款数额。合并罚款数额的填写应当使用中文大写填写，如“罚款人民币壹万元整”。

(9) 履行的方式和期限:应当告知当事人缴纳罚款的银行、账号。

(10) 写明受理行政复议和提起行政诉讼的机关的全称。

(11) 填写作出行政处罚的日期，加盖下达执法文书的煤矿安全监管部门印章。

21.5　文书送达回证

21.5.1　文书制作模板

河南省煤矿安全监管行政执法文书

文 书 送 达 回 证

(A)煤(B)送〔20××〕×号

案由：××煤矿未按规定进行安全生产教育和培训案

受送达单位：××煤矿

<table>
<tr><th>送达文书名称、文号</th><th>收件人签名
或者盖章</th><th>送达
地点</th><th>送达
日期</th><th>送达
方式</th><th>送达人</th></tr>
<tr><td rowspan="2">行政处罚事先告知书
(A)煤(B)罚告
〔20××〕×号</td><td rowspan="2">×××</td><td rowspan="2">××煤矿
办公室</td><td rowspan="2">×年×月×日</td><td rowspan="2">直接
送达</td><td>×××</td></tr>
<tr><td>×××</td></tr>
<tr><td rowspan="2">行政处罚决定书
(A)煤(B)罚
〔20××〕×号</td><td rowspan="2">×××</td><td rowspan="2">××煤矿
办公室</td><td rowspan="2">×年×月×日</td><td rowspan="2">直接
送达</td><td>×××</td></tr>
<tr><td>×××</td></tr>
<tr><td rowspan="2">……</td><td rowspan="2">……</td><td rowspan="2">……</td><td rowspan="2">……</td><td rowspan="2">……</td><td>……</td></tr>
<tr><td>……</td></tr>
<tr><td rowspan="2"></td><td rowspan="2"></td><td rowspan="2"></td><td rowspan="2"></td><td rowspan="2"></td><td></td></tr>
<tr><td></td></tr>
<tr><td colspan="6">备注：</td></tr>
<tr><td colspan="6">××煤矿安全监管部门公章
制作日期：20××年×月×日</td></tr>
</table>

21.5.2　文书简要说明

该文书适用于记录向当事人或其他受送达人送达制作的行政执法文书。在送达回证上记录的主要文书有行政处罚决定书、查封(扣押)决定书、延长查封(扣押)决定书、查封(扣押)财物处理决定书、停电(停供民用爆炸物品)决定书、行政处罚事先告知书、行政处罚听证告知书、行政处罚不予受理听证告知书、行政处罚听证通知书、延期(分期)缴纳罚款批准书、缴纳罚款催告书、加处罚款决定书、行政强制执行事先催告书等。其他向当事人(受送达人)送达的文书可由当事人(受送达人)在文书上签名表示送达。

21.5.3　文书制作要求

(1) 一个案件各类文书的送达,可统一使用一份送达回证。

(2) 正确填写文书送达回证的文书编号。

(3) 正确填写需送达文书的名称(全称)及文号、送达的详细地点、送达方式(直接送达、留置送达、委托送达、邮寄送达、公告送达等)、送达日期。各类文书送达参照民事诉讼法有关送达的规定执行。

(4) 收件人应当签名或盖章。当事人为多个时,应分别送达。

(5) 送达人应当由具有煤矿安全监管执法资格的行政执法人员(不少于两名)送达并签名。

(6) 他人代收的,由代收人在收件人栏内签名或者盖章,并在备注栏内注明与被送达人的关系。

(7) 受送达单位(或个人)拒收时,采用留置送达,在备注栏说明情况,并由见证人签名。

21.6　举报(投诉)案件登记表

21.6.1　文书制作模板

河南省煤矿安全监管行政执法文书

举报(投诉)案件登记表

(A)煤(B)登〔20××〕×号

<table>
<tr><td>案　由</td><td colspan="2">××煤矿非法组织生产案</td><td>案件来源</td><td>电话举报</td></tr>
<tr><td rowspan="2">举报人</td><td>姓名(名称)</td><td>×××</td><td>电　　话</td><td>××××××</td></tr>
<tr><td>住　　址</td><td colspan="3">×市×县×乡×村</td></tr>
<tr><td rowspan="4">被举报人</td><td>单位名称</td><td>××煤矿</td><td>法定代表人</td><td>×××</td></tr>
<tr><td>单位地址</td><td>×市×县×乡</td><td>电　　话</td><td>××××××</td></tr>
<tr><td>个人姓名</td><td></td><td>个人住址</td><td></td></tr>
<tr><td>所在单位</td><td></td><td>电　　话</td><td></td></tr>
<tr><td>记录人</td><td colspan="2">×××</td><td>记录时间</td><td>×年×月×日×时×分</td></tr>
<tr><td>案情记录</td><td colspan="4">煤矿属技术改造矿井,当前技改即将结束。尚未通过验收取得安全生产许可证。20××年×月×日×点班开始,技改的首采工作面违规组织生产活动。
……</td></tr>
</table>

21.6.2 文书简要说明

该文书适用于煤矿安全监管部门收到案件举报(投诉)时,对举报情况进行登记。

21.6.3 文书制作要求

(1) 实名举报应当按表格记明举报人和被举报人基本情况,以及举报内容诉求(时间、地点、案情内容等);匿名举报应当在案情记录栏中做好详细笔录,并注明原因。

(2) 案件来源:包括电话举报、信件信函举报、直接来访举报、互联网举报等方式。

(3) 记录人应当签名并注明日期,按所在单位规定将登记的案件报有关领导处理。

21.6.4 其他要求

行政执法机关应当为举报人保守秘密。

21.7 现场检查方案

21.7.1 文书制作模板

河南省煤矿安全监管行政执法文书

现 场 检 查 方 案

一、被检查单位：××煤矿

二、检查类型或方式：现场检查或其他检查

三、检查时间：20××年×月×日至20××年×月×日

四、煤矿概况：××煤矿位于××市××县××乡境内，隶属于××煤业集团公司。矿井核定生产能力为××万吨/年，高瓦斯矿井，水文地质类型为中等，煤层自燃倾向性为Ⅰ类自燃，开拓方式为斜井开拓(露天煤矿表述为："该矿为露天开采")，采煤工艺为综采放顶煤，通风方式为中央并列式。采掘作业地点有××综采工作面、××掘进工作面……

五、检查地点：抽查地面(具体到地点，如副井主提升机房、主通风机房等)、井下(具体到地点，如××综采工作面等)

六、检查的主要内容和分工见检查人员分工明细表。

七、其他事项：无。

附件：检查人员分工明细表。

编制人：×××

审批人(签名)：×××

日期：20××年×月×日

附件:

检查人员分工明细表

检查事项	检查内容	检查主要资料及方法	检查地点	检查分工	调整情况
安全费用	按照高瓦斯矿井吨煤 50 元的标准提取安全生产费用	抽查安全费用提取明细账、产量报表、销售报表、生产计划、主提升机提升原煤记录等,进行直观和核对检查	调度室、财务室、主井车房、地面运煤称重地点等	×××	
采面顶板管理	用垮落法管理顶板的,采空区悬顶距离不得超过作业规程规定	检查采煤工作面顶板管理规定,到作业现场核查或实测	井下××采煤工作面	×××	
安全管理机构	设置安全管理机构,配备安全管理人员	抽查机构设立、人员任命和工作分工等文件		×××	
安全培训管理	特种作业人员持证上岗	抽查特种作业人员名单台帐,作业现场抽查持证情况	地面车间、井下××采煤工作面	×××	
……	……	……	……	……	

21.7.2　文书简要说明

该文书是煤矿安全监管部门依据监管执法计划制作的，载明检查对象、检查方式、检查时间、检查地点、检查内容和检查人员组成等信息的一种执法文书，是煤矿安全监管部门开展煤矿安全监管执法前制定的具体工作方案，是执法人员现场检查的基本依据。

21.7.3　文书制作要求

（1）由监督检查执法带队负责人组织制定和审定。

（2）写明被检查单位全称、检查类型或方式、计划检查的时间段和地点。检查方式应根据实际情况填写，包括计划检查、非计划检查，随机抽查、联合检查，现场检查、资料检查等。

（3）写明已掌握的煤矿概况（企业性质、隶属关系、瓦斯等级、水文地质类型、煤层自燃倾向性、生产能力、主要生产水平和采区、主要采掘地点等）。

（4）根据月度执法计划确定监管事项和内容，依据本《手册》所列的“煤矿安全监管现场检查表”，抽取检查项目的具体内容，并根据检查内容进行人员分工，制作检查人员分工明细表。

（5）“其他事项”可按实际情况填写。

（6）编制人和审批人签名并注明日期。

21.8　现场检查(勘验)笔录

21.8.1　文书制作模板

河南省煤矿安全监管行政执法文书

现场检查(勘验)笔录

第 1 页 共 2 页

检查(勘验)时间:20××年×月×日×时×分至×月×日×时×分

检查(勘验)地点:××综采工作面、××运输大巷掘进工作面。

被检查(勘验)人单位名称:××煤矿　法定代表人(负责人):×××

被检查(勘验)人姓名:______ 身份证号码:______ 职业:______

工作单位:______ 电话:______ 住址:______ 邮编:______

检查(勘验)人姓名:×××　执法证号:××××××

×××　执法证号:××××××

记录人姓名:×××　执法证(或身份证)号:××××××

见证人姓名:×××　身份证号码:××××××

检查(勘验)记录:20××年×月×日至×月×日,××煤矿安全监管部门××处(科)室×××、×××按照月度监管执法计划对××煤矿开展××检查,督检查前制定了检查方案。依据执法程序当场向被检查单位出示了执法证件,表明身份,向其告知了检查内容和依法享有的权利、义务。检查时,煤矿处于正常生产状态。发现的问题情况如下:

1. 煤矿未及时填绘反映实际情况的图纸,通风系统图中通风构筑物标注不全,中央变电所回风巷道未在图内标注。

2. 安全生产管理机构不健全,生产技术管理部门只配备了×名测量人员。

3. 井下爆破工赵××特种作业操作证过期未复训上岗作业;瓦斯检查工张××无特种作业操作证上岗作业;另有××名特种作业人员已培训未持证,其中××名特种作业人员已上岗作业。

4. ……

5. ……

6. ……

(此栏不够,接文书续页第 2 页)

检查(勘验)人(签名):×××　×××

被检查(勘验)人(签名):×××

20××年×月×日

本文书一式两份:一份交被检查单位,一份由煤矿安全监管部门存档。

21.8.2　文书简要说明

该文书用于煤矿安全监管部门现场检查(勘验)时对现场检查(勘验)情况的记录。

21.8.3　文书制作要求

(1) 写明检查(勘验)的起止时间。

(2) 写明被检查(勘验)人的基本信息,被检查(勘验)人是单位的,名称与工商营业执照名称一致。

(3) 写明实际检查(勘验)地点。

(4) 现场检查(勘验)不得少于两名有执法资格的监管人员参加,所有参与检查(勘验)的执法人员都应签名。

(5) 检查(勘验)记录:要写明检查日期,参加执法的人员,检查(勘验)依据,出示执法证件情况,告知的有关事项,检查(勘验)内容,检查(勘验)时煤矿生产状态(生产、在建、停产、停工),检查(勘验)中发现的事故隐患、违法违规行为等。

(6) 现场检查(勘验)笔录和责令(限期)改正通知书应同步制作。记录的违法违规行为必须是经过监管执法带队负责人组织集体讨论研究确定的内容。

(7) 使用执法文书续页记录,应注明总页数及每页序号,正文结束应紧接正文下一行注明"(以下空白)"。

(8) 现场检查(勘验)笔录制作完毕后,被检查(勘验)人无异议的,检查(勘验)人、被检查(勘验)人应逐页签字确认,被检查(勘验)人在末页注明"笔录上述内容,记录属实"的字样及日期。被检查(勘验)人拒绝签字的,应由两名以上行政执法人员在笔录中注明拒绝的理由。见证人和记录人在笔录末页签名。写明笔录制作签字日期。

(9) 作为勘验笔录使用时,应当有序、客观、全面、准确地记录勘验现场位置、周围环境、现场状况、外形、大小以及其他情况。必要时,应当收集物证和图文音像资料。

① 有序:勘验笔录的记录顺序应当与检查的顺序保持一致,宜按照先远后近、先外后里、先上后下、先一般后个别等顺序进行,避免错记或者漏记。

② 客观:应当客观反映被勘验对象原始状态情形,勘验人员的分析、推理等一般不记入笔录。涉及专业性勘验时,应当使用专业性规范用语。

③ 全面:对关系到勘验目的的情况应当全面勘查并记录,对关键细节要详细记录,其他情况可以视需要进行简单描述。

④ 准确:勘验笔录文字表达应当准确、客观,不得使用模棱两可的词语,一般不使用形容词。

⑤ 现场需要专业技术人员运用科技手段作出现场检测(监测)或者勘验结论的应当附有相应的文字说明;现场制图、拍照、录像、录音的,应当载明其种类、数量、制作时间和制作人。

⑥ 需要采取证据保全或者查封扣押强制措施的,应当按规定制作相应的文书,记录提取物或者扣押物的地点、位置等情况。

21.9　文书续页

21.9.1　文书制作模板

河南省煤矿安全监管行政执法文书

文 书 续 页

第2页　共2页

(上接现场检查(勘验)笔录第1页)

7. 矿井未编制水文地质图纸和台账，未配备防治水专业技术人员。

8. ××综采工作面风流中瓦斯浓度达×%，超过《煤矿安全规程》规定，工作面没有停止作业。

……

(以下空白)

被检查(勘验)人意见：笔录上述内容，记录属实。

被检查(勘验)人(签名)：×××

检查(勘验)人(签名)：××××××　记录人(签名)：×××

见证人或陪同检查(勘验)人员(签名)：×××××××××××××

20××年×月×日

本文书一式两份：一份交被检查单位，一份由煤矿安全监管部门存档。

21.9.2　文书简要说明

该文书适用于续接现场检查方案、现场检查(勘验)笔录、询问笔录、重大复杂案件集体讨论笔录、陈述申辩笔录、听证笔录等执法文书。在首页不够记录时使用,不能单独使用。

21.9.3　文书制作要求

(1) 与相应文书的首页连续编写页号。

(2) 根据相应文书的制作要求进行制作,签署意见、签名并写明日期。

21.10　询问笔录

21.10.1　文书制作模板

河南省煤矿安全监管行政执法文书

询 问 笔 录

第 1 页　共 2 页

询问时间：20××年×月×日×时×分至×日×时×分

询问地点：××煤矿××会议室

询问事由：××煤矿涉嫌特种作业人员无证上岗作业案

询问人：×××　执法证号：×××

×××　执法证号：×××

记录人：×××　执法证号：××××××

被询问人：×××　身份证号：××××××　民族：汉族

工作单位：××煤矿　职务(职业)：副矿长

与本案关系：负责人员培训工作电　话：××××××

住　址：××市××煤矿××号楼　邮　编：××××××

我们是××煤矿安全监管部门的行政执法人员×××、×××，证件号码为×××、×××，这是我们的执法证件(出示行政执法证件)，请你确认。我们依法就你单位涉嫌特种作业人员无证上岗作业案向你进行询问了解，您有配合询问、如实回答问题的义务，也享有拒绝回答与案件无关问题的权利，以及申请回避的权利，但不得做虚假陈述和伪证，否则，将负相应的法律责任，您听清楚了吗？

答：听清楚了。

问：你对我们调查人员申请回避吗？

答：不申请回避。

问：你的姓名？身份证号？在煤矿担任什么职务？具体负责什么工作？

答：我叫×××，身份证号××××××，我在××煤矿担任分管安全的副矿长，协助矿长全面负责煤矿安全管理工作，分管特种作业人员的培训工作。

问：……

答：……

问：……

答：……

问：……

答：……

问：……

答：……　(此栏不够，接文书续页第 2 页)

询问人(签名)：×××　×××　被询问人(签名)：×××　20××年×月×日

河南省煤矿安全监管行政执法文书

文 书 续 页

第 2 页　共 2 页

(上接询问笔录第 1 页)

问:你负责特种作业人员持证上岗监督管理吗?

答:我负责这个工作。

问:你单位有没有特种作业人员无证上岗的情况?

答:有,井下爆破工赵××特种作业操作证还没有复训,瓦斯检查工张××没有特种作业操作证,全矿还有一些特种作业人员已培训还没有发证就上岗的情况。

问:你还有补充吗?

答:没有了。

问:请你看一下记录,是否如你所说的一样,如无异议,请签字确认。

(以下空白)

被询问人意见:笔录上述内容,记录属实。

被询问人(签名或盖章):×××　日　期:20××年×月×日

询问人(签名):×××　×××　日　期:20××年×月×日

记录人(签名):×××　日　期:20××年×月×日

21.10.2　文书简要说明

询问笔录是煤矿安全监管部门为查明案情，依法向案件当事人、见证人等有关知情人员进行调查询问，记录被询问人陈述内容而制作的法律文书。在行政处罚一般程序、举报核查、事故调查等案件的调查时使用。

21.10.3　文书制作要求

(1) 写明调查询问的起止时间、具体地点和询问事由。

(2) 询问时，应当由两名以上具有执法资格的监管人员作为询问人，询问人可以兼任记录人。

(3) 如实填写被询问人的姓名、身份证号、工作单位、职务(职业)、与本案关系、电话、住址等情况。

(4) 写明询问人员的单位、姓名，出示执法证件表明身份情况。对询问事项进行简明扼要描述，告知进行询问的原因、事项，被询问人的权利、义务和应负的法律责任等情况。如案件调查需要有其他人在场，应当记录在场人的姓名及联系方式(电话、住址等)。

(5) 询问人的提问要围绕询问事项进行，重点查明事项发生的时间、地点，被询问人职责，事件发生的过程等，对涉嫌违法违规行为进行印证。提问应当明确，以便于被询问人做出肯定或否定的回答。记录时应当围绕询问事项，对重点内容或关键问题详细、准确记录，一般应记录被询问人的原话；无法记录原话的，要保证所记载的内容系被询问人的原意。

(6) 记录询问人和被询问人之间对话时，对于询问人，应用“问:”起头，表示提出问题；对于被询问人，应用“答:”起头，表示是其所做的叙述。“问”与“答”应分段进行书写。

(7) 询问人提出问题后，应当如实记录被询问人的回答。如被询问人不回答或者拒绝回答，应当写明被询问人的态度，如“不回答”或者“沉默”等。

(8) 询问结束，应当要求被询问人核对笔录，被询问人没有阅读能力的，应向其宣读笔录内容。若发现笔录有漏记、错记，应进行补充或更正，并由被询问人在补充或更正处按压指印确认。

(9) 询问人、被询问人核对笔录后，应当逐项签名，被询问人在末页注明“笔录上述内容，记录属实”的字样及日期，若被询问人拒绝签名，应由两名行政执法人员在笔录中注明拒绝的理由。

(10) 一份笔录只能询问一人，且只能针对当次询问。笔录中主要事实

(包括姓名、地点、时间等)涂改处应当有被询问人做按压指印、加盖印章等技术处理。如有第三人在场,应如实记录在场人的姓名、与本案的关系。其他各项,严格按照文书要求填写,不得空白,以免影响文书的效力。

21.10.4 询问注意事项

询问要采取“七何”询问法,以便为合理裁量奠定基础。

(1) 何人:主要查清违法主体是谁(自然人、法人或者组织)及其基本情况。

(2) 何时:即违法行为发生的时间、持续进行的时间以及查处的时间。

(3) 何地:指违法行为发生的地点、位置。

(4) 何事:指构成何种违法行为。

(5) 何情节:指违法行为涉及的物品、违法所得和销售情况,违法的过程、手段等。

(6) 何故:指违法的原因、动机、目的。

(7) 何果:即造成了怎样的危害后果。

21.11　立案审批表

21.11.1　文书制作模板

河南省煤矿安全监管行政执法文书

立 案 审 批 表

(A)煤(B)立〔20××〕×号

<table>
<tr><td rowspan="5">当事人</td><td>单位名称</td><td>××煤矿</td><td>法定代表人</td><td>×××</td></tr>
<tr><td>地　　址</td><td>×市×县×乡</td><td>电　　话</td><td>××××××</td></tr>
<tr><td>个人姓名</td><td>×××</td><td>性　　别</td><td>×</td></tr>
<tr><td>所在单位</td><td>××煤矿</td><td>电　　话</td><td>××××××</td></tr>
<tr><td>身份证号码</td><td>××××××</td><td>个人住址</td><td>×市×县×路×号</td></tr>
<tr><td>案　由</td><td colspan="2">××煤矿涉嫌特种作业人员无证上岗作业案</td><td>案件来源</td><td>现场检查</td></tr>
<tr><td>案件简要情况</td><td colspan="4">20××年×月×日,我单位对××煤矿现场检查时,发现存在如下影响煤矿安全的事故隐患和违法违规行为:井下爆破工×××特种作业操作证已过期未复训上岗作业;瓦斯检查工×××无特种作业操作证;另有×名特种作业人员已培训未持证,其中×名特种作业人员已上岗作业。以上行为涉嫌违反了《中华人民共和国安全生产法》第二十七条第一款的规定。</td></tr>
<tr><td>承办人意见</td><td colspan="4">建议对该矿涉嫌违法的行为进行立案调查。
承办人(签名):×××　×××　20××年×月×日</td></tr>
<tr><td>承办机构审核意见</td><td colspan="4">拟同意立案。建议该案件主办人是×××,协办人是×××。
负责人(签名):×××　20××年×月×日</td></tr>
<tr><td>行政机关负责人审批意见</td><td colspan="4">同意立案。
负责人(签名):×××　20××年×月×日</td></tr>
</table>

21.11.2　文书简要说明

立案审批表是执法人员对案件进行初步核实后,认为存在违法事实,并属于本单位管辖,拟依法予以处罚,但需对案件做进一步调查,而报请本机关负责人批准立案的内部文书。适用于按照一般行政处罚程序调查处理的案件履行立案审批手续。

违法事实清楚,证据确凿,适用当场作出行政处罚的,不需要此文书。

21.11.3　文书制作要求

(1) 正确填写立案审批表的文书编号。

(2) 写明当事人情况。对单位或个人处罚的写明被处罚单位或个人情况;对单位和个人同时处罚并案处理的,写明两者情况。

(3) 案由:案由格式主要分为两大类:一是违法行为类,由"涉嫌违法违规行为主体名称＋涉嫌违法违规行为内容＋案"组成;二是非法行为类,由"涉嫌违法违规行为主体名称＋涉嫌非法行为内容＋案"组成。

(4) 案件来源:主要是监管执法发现的应当立案案件、群众举报(投诉)案件、上级交办案件、接受移送案件等。

(5) 案件简要情况:应写明案件来源和违法违规事实、涉嫌违反的法律法规规定、立案依据等。违法违规事实,应写明案发时间,案发地点,涉嫌违法违规的主体、行为等。

(6) 承办人意见:要写明"建议立案调查"。承办人一栏必须由该案件具体承办人签名。

(7) 承办机构审查意见:同意的要写明"拟同意立案",并建议该案件主办人和协办人。

(8) 行政机关负责人审批意见:机关负责人审核后同意立案的,应签署"同意立案"意见;不同意立案的,应签署"不予立案"意见,并注明理由。

21.12　现场处理措施决定书

21.12.1　文书制作模板

河南省煤矿安全监管行政执法文书

现场处理措施决定书

(A)煤(B)现决〔20××〕×号

××煤矿：

本机关于20××年×月×日×时在你单位现场检查时，发现你单位有下列违法违规行为和事故隐患：

1. ××掘进工作面存在瓦斯涌出异常威胁职工生命安全。

……　(此栏不够，可另附页)

以上存在的问题无法保证安全生产，依据《中华人民共和国安全生产法》第六十二条第一款第三项的规定，现作出如下现场处理决定：

1. 责令××掘进工作面立即停止作业，并从该掘进工作面危险区内撤出作业人员(此命令从20××年×月×日×时×分现场已作出)。

……　(此栏不够，可另附页)

如果不服本决定，可以依法在60日内向 ×× 人民政府或者××煤矿安全监管部门申请行政复议，或者在6个月内依法向××人民法院提起行政诉讼，但本决定不停止执行。

安全监管执法人员(签名)：×××　证号：××××××

×××　证号：××××××

被检查单位负责人(签名)：×××　日期：20××年×月×日

××煤矿安全监管部门公章

20××年×月×日

本文书一式两份：一份交被检查单位，一份由煤矿安全监管部门存档。

21.12.2　文书简要说明

现场处理措施决定书是执法人员在监督检查中,发现被检查单位存在的安全生产违法违规行为或者现场出现的事故隐患可能导致事故发生的情况下,依法作出现场处理决定而使用的文书,是为预防、制止或者控制生产安全事故的发生,依法采取的对有关生产经营单位及其人员的财产和行为自由加以暂时性限制,使其保持一定状态的手段。

现场处理措施包括责令立即停止作业(施工),责令立即从危险区域内撤出作业人员,责令立即停止使用,责令立即排查事故隐患,责令暂时停产停业或者停止使用相关设施、设备等内容。

21.12.3　文书制作要求

(1) 正确填写现场处理措施决定书的文书编号。

(2) 正确填写被检查单位(个人)的全称,发现违法违规行为和事故隐患的具体时间(检查的时间)、具体地点。

(3) 写明违法违规行为和事故隐患的详细内容。对安全生产违法行为或者事故隐患应当分别填写清楚,并与处理措施对应。

(4) 作出现场处理措施决定,应当依据有关法律法规规定,并在文书中载明所引用的条、款、项、目。

(5) 写明现场处理决定的具体内容,告知其依法享有的权利。

(6) 发现有威胁职工生命安全的紧急情况,要及时果断处置。可以在作业现场先行口头下达撤出作业人员等现场处理措施,事后及时制作现场处理措施决定书,执行时间从在现场作出口头命令时计算。

(7) 不少于两名具有煤矿安全监管执法资格的行政执法人员签名,注明执法证号,并写明日期。

(8) 被检查单位负责人签名并注明日期。

(9) 写明文书制作的日期,加盖下达执法文书的煤矿安全监管部门印章。

21.13　责令(限期)改正通知书

21.13.1　文书制作模板

河南省煤矿安全监管行政执法文书

责令(限期)改正通知书

(A)煤(B)责(限)改〔20××〕×号

××煤矿：

本机关于20××年×月×日现场检查时，发现你(单位)有下列违规违法行为：煤矿未及时填绘反映实际情况的图纸，通风系统图中通风构筑物标注不全等共计××项，详见20××年×月×日现场检查(勘验)笔录。根据(法律依据名称及条、款、项具体内容)的规定，现对你(单位)作出如下改正要求：1. 针对现场检查(勘验)笔录中第1、2项违法违规行为责令改正。2. 针对现场检查(勘验)笔录中第3、4项违法违规行为责令在20××年×月×日前改正。经整改应达到法律法规规章和标准规定的要求。逾期不整改的，依法给予行政处罚。由此造成事故的，依法追究有关人员的责任。

整改期间，你单位应当采取措施，确保安全生产。

如对本处理决定不服，可在接到本通知书之日起60日内向××人民政府或××煤矿安全监管部门申请行政复议，或者在6个月内向××人民法院提起行政诉讼，但不停止执行本决定。

被检查单位负责人(签名)：×××　日　期：20××年×月×日
安全监管执法人员(签名)：×××　执法证号：××××××
×××　执法证号：××××××
行政机关联系人：×××　行政机关电话：××××××
行政机关地址：××市××路××号

××煤矿安全监管部门公章
20××年×月×日

本文书一式两份：一份交被检查单位(或个人)，一份由煤矿安监部门存档。

21.13.2 文书简要说明

责令(限期)改正通知书是执法人员责令被检查单位立即改正、限期改正问题,消除安全生产违法行为及事故隐患的文书。

21.13.3 文书制作要求

(1) 正确填写要下达的责令(限期)改正通知书的文书编号。

(2) 正确填写被检查单位(个人)的全称和检查的具体时间。

(3) 填写的违法违规行为必须与现场检查(勘验)笔录记载内容相一致。

(4) 责令(限期)改正的安全生产违法行为和事故隐患及存在问题应当描述准确、具体,可载明引用的法律、法规、规章或者国家标准、行业标准及规程的具体条款。

(5) 写明责令(限期)改正的要求。时限原则上由执法人员根据违法行为或者事故隐患的整改难易程度等实际情形合理确定。

(6) 写明受理行政复议和行政诉讼的机关名称。

(7) 写明煤矿安全监管部门的联系人、电话、地址。

(8) 不少于两名具有煤矿安全监管执法资格的行政执法人员签名,注明执法证号,并写明日期。

(9) 被检查单位负责人签名并写明日期。

(10) 写明下达责令(限期)改正通知的日期,加盖下达执法文书的煤矿安全监管部门印章。

21.14　复查意见书

21.14.1　文书制作模板

河南省煤矿安全监管行政执法文书

复 查 意 见 书

(A)煤(B)复〔20××〕×号

××煤矿：

本机关于20××年×月×日检查发现你单位存在：现场检查(勘验)笔录中第×项、第×项的违法违规行为，依法下达了责令(限期)改正通知书((A)煤(B)责(限)改〔20××〕×号)。

应你单位申请(现整改期届满)，本机关组织对上述违法行为的整改情况进行了复查，复查意见如下：

1. 煤矿井下爆破工、瓦斯检查工及×名特种作业人员已持证上岗作业。

2. 矿井已编制水文地质图纸和台账，按要求配备了防治水专业技术人员。

……

(以下空白)

安全监管执法人员(签名)：×××　　执法证号：××××××

×××　　执法证号：××××××

被复查单位意见：同意复查意见　单位负责人(签名)：×××

××煤矿安全监管部门公章

20××年×月×日

本文书一式两份：一份交被检查单位，一份由煤矿安监部门存档。代上级监管部门复查的此文书一式三份，另一份交上级监管部门。

21.14.2　文书简要说明

该文书是执法检查的问题整改后当事人提出申请或整改限期届满，执法人员进行现场复查后出具复查意见的文书，也适用于煤矿安全监管部门代上级监管部门复查问题而出具的复查意见。

21.14.3　文书制作要求

(1) 正确填写下达的复查意见书的文书编号。

(2) 正确填写被复查单位的全称、上一次煤矿安全监管执法的具体时间、发现的违法违规行为、作出的处理决定内容及文书的编号。

(3) 根据实际情况，选择保留“应你单位申请”或“现整改期届满”。

(4) 写明对整改复查结果的具体意见。到期未改正的问题应根据相关法律法规采取处理、处罚措施。

(5) 参与复查的煤矿安全监管执法人员应签名，写明执法证号和日期。

(6) 被复查单位负责人应填写是否同意复查意见，签名并写明日期。

(7) 写明作出复查意见的日期，加盖下达执法文书的煤矿安全监管部门印章。

21.15　抽样取证审批表

21.15.1　文书制作模板

河南省煤矿安全监管行政执法文书

抽 样 取 证 审 批 表

(A)煤(B)抽审〔20××〕×号

案　由	××煤矿××掘进工作面涉嫌使用非阻燃风筒案			
被抽样取证人	单位名称	××煤矿	法定代表人	×××
	地　　址	××市××县×乡	电　　话	××××××
	个人姓名		性　　别	
	所在单位		电　　话	
	身份证号码		个人住址	
拟抽样取证地点	××煤矿××掘进工作面		拟抽样取证日期	20××年×月×日
简要案情抽样取证的理由、法律依据和内容	20××年×月×日，我单位在对××煤矿××掘进工作面检查时，发现该矿××掘进工作面涉嫌使用非阻燃风筒，违反《煤矿安全规程》第一百六十四条第(五)项的规定要求，存在重大生产安全隐患。依据《中华人民共和国行政处罚法》第三十七条第二款的规定，拟对××煤矿××掘进工作面使用的风筒进行抽样取证。			
承办人意　见	建议采取抽样取证措施。 承办人(签名)：×××　×××　　20××年×月×日			
承办机构审查意见	拟同意抽样取证。建议该抽样取证主办人是×××，协办人是×××。 负责人(签名)：×××　　20××年×月×日			
行政机关负责人审批意见	同意抽样取证。 负责人(签名)：×××　　20××年×月×日			

21.15.2 文书简要说明

该文书适用于煤矿安全监管部门对被抽样取证单位涉嫌违法违规行为相关物品进行抽样取证事项的审批。

21.15.3 文书制作要求

(1) 正确填写抽样取证审批表的文书编号。

(2) 写明抽样取证的案由,案由同立案审批表保持一致。

(3) 正确填写被抽样取证人的基本信息。

(4) 写明拟抽样取证时间、地点。

(5) 写明被抽样取证单位涉嫌违法违规行为简要事实,抽样取证的理由及法律依据。

(6) 不少于两名抽样取证承办人签署意见(主办人、协办人)。签名并写明日期。

(7) 承办机构负责人、行政机关负责人分别签署意见,签名并注明日期。

21.16　抽样取证通知书

21.16.1　文书制作模板

河南省煤矿安全监管行政执法文书

抽 样 取 证 通 知 书

(A)煤(B)抽通〔20××〕×号

××煤矿：

你单位因××掘进工作面涉嫌使用非阻燃风筒行为，违反了《煤矿安全规程》第一百六十四条第(五)项的规定。根据《中华人民共和国行政处罚法》第三十七条第二款之规定，本机关决定对你(单位)的有关物品证据(详见抽样取证物品清单)采取抽样取证。

执法人员(签名)：×××　　执法证号：××××××

×××　　执法证号：××××××

被抽样取证单位负责人(签名)：×××　　日期：20××年×月×日

抽样时间：20××年×月×日×时　　抽样地点：××掘进工作面

本机关联系人：×××　　联系电话：××××××

本机关地址：××市××路××号　　邮政编码：××××××

××煤矿安全监管部门公章

20×× 年× 月 ×× 日

本文书一式两份：一份交被抽样取证人，一份由煤矿安监部门存档。

21.16.2　文书简要说明

该文书适用于通知当事人对有关物品进行抽样取证。

21.16.3　文书制作要求

(1) 正确填写抽样取证通知书的文书编号。

(2) 正确填写被抽样取证单位的名称全称。

(3) 写明被抽样取证单位涉嫌违法违规行为简要事实,违反的法律法规要具体到条、款、项、目。

(4) 不少于两名具有煤矿安全监管执法资格的行政执法人员签名,并注明抽样时间、地点。

(5) 被抽样取证单位负责人签名并注明日期。

(6) 写明采取抽样取证措施的煤矿安全监管部门地址、邮政编码、联系人及联系电话。

(7) 写明下达抽样取证通知的日期,加盖下达执法文书的煤矿安全监管部门印章。

21.17　抽样物品清单

21.17.1　文书制作模板

河南省煤矿安全监管行政执法文书

抽 样 物 品 清 单

编号:20××-×号

序号	名称	规格型号	生产厂家	出厂日期	单位	数量	价格	备注
1	风筒	ϕ800 mm	×××	×年×月	米	3	×元	

上述抽样取证物品经核实无误。

被抽样取证单位负责人(签名):×××　　日　期:20××年×月×日

××煤矿安全监管部门联系人:×××　　联系电话:××××××

××煤矿安全监管部门公章

20×× 年××月××日

本清单一式两份:一份交被抽样取证人,一份由煤矿安监部门存档。

21.17.2　文书简要说明

该文书适用于抽样取证物品的登记,与抽样取证通知书配套使用。抽样取得的证据,往往还需要进一步鉴定,取得相关的鉴定结论。

21.17.3　文书制作要求

(1) 正确填写抽样取证物品清单的文书编号。

(2) 按表格要求填写物品证据的名称、规格型号、生产厂家、出厂日期、单位、数量、价格等信息。物品证据的上述信息有缺失时,必须填写其唯一性特征。

(3) 被抽样取证单位负责人(或个人)核对无异议后签名,并注明日期。

(4) 写明采取抽样取证措施的执法机关联系人姓名和联系电话。

(5) 写明文书制作的日期,加盖下达执法文书的煤矿安全监管部门印章。

21.18　抽样取证物品处理通知书

21.18.1　文书制作模板

河南省煤矿安全监管行政执法文书

抽样取证物品处理通知书

(A)煤(B)抽处〔20××〕×号

××煤矿：

本机关于20××年×月×日向你(单位)下达了抽样取证通知书((A)煤(B)抽通〔20××〕×号),对你(单位)××掘进工作面风筒进行了抽样取证。现已取得抽样物品的调查(检验、检测、鉴定)结果,依照 (法律依据名称及条、款、项、目具体内容)的规定,对被抽样取证的物品(见抽样取证物品处理清单)作出以下处理。

附:抽样取证物品处理清单

序号	名称	规格型号	生产厂家	出厂日期	单位	数量	价格	检验、检测、鉴定结果	处理意见
1	风筒	ϕ800 mm	×××	×年×月	米	3	×元	检验报告书结论抽样风筒为非阻燃风筒	抽样物品检验过程中已损毁,不予返还。

被抽样取证单位负责人(签名):×××　　日期:20××年×月×日

执法人员(签名):×××　执法证号:×××

×××　执法证号:×××　日期:20××年×月×日

××煤矿安全监管部门公章

20××年××月××日

本文书一式两份:一份送达被抽样取证人,一份由煤矿安全监管部门存档。

21.18.2　文书简要说明

抽样取证物品处理通知书适用于对抽样取证物品作出处理决定。

21.18.3　文书制作要求。

(1) 正确填写抽样取证物品处理通知书的文书编号。

(2) 写明被抽样取证单位的全称,下达抽样取证通知书的日期。

(3) 写明抽样取证物品处理所依据法律法规规定,具体到条、款、项、目。

(4) 写明抽样取证物品的名称、规格型号、生产厂家、出厂日期、单位、价格、数量以及检验、检测、鉴定结果、处理意见等信息,处理抽样取证物品与抽样物品清单相一致。

(5) 抽样取证物品处理意见表述要清晰、准确。

(6) 被抽样取证单位负责人(或个人)核对无异议后签名,并注明日期。

(7) 有不少于两名作出抽样取证物品处理决定的执法人员签名,写明执法证号和日期。

(8) 写明作出抽样取证物品处理通知的日期,加盖下达执法文书的煤矿安全监管部门印章。

21.19　先行登记保存证据审批表

21.19.1　文书制作模板

河南省煤矿安全监管行政执法文书

先行登记保存证据审批表

(A)煤(B)先保审〔20××〕×号

<table>
<tr><td>案　由</td><td colspan="4">××煤矿××掘进工作面涉嫌使用淘汰设备案</td></tr>
<tr><td rowspan="5">当事人
基本情况</td><td>单位名称</td><td>××煤矿</td><td>法定代表人</td><td>×××</td></tr>
<tr><td>地　址</td><td>××市××镇 ××村</td><td>电　话</td><td>××××××</td></tr>
<tr><td>个人姓名</td><td></td><td>性　别</td><td></td></tr>
<tr><td>所在单位</td><td></td><td>电　话</td><td></td></tr>
<tr><td>身份证号码</td><td></td><td>个人住址</td><td></td></tr>
<tr><td>先行登记
保存证据
名称地点</td><td colspan="2">×台××型开关
××煤矿 ××巷道 ××硐室</td><td>先行登记保
存证据期限</td><td>20××年×月×日至20××年×月×日</td></tr>
<tr><td>先行登记
保存证据
的理由、
法律依据
和内容</td><td colspan="4">20××年×月×日我单位在对××煤矿××掘进工作面检查时，发现该煤矿××掘进工作面涉嫌使用×台××型开关为国家安监总局××年公布的第×批淘汰设备。属《国务院关于预防煤矿生产安全事故的特别规定》(中华人民共和国国务院令第446号)第八条第二款第(十)项规定的重大隐患。为防止××煤矿转移涉嫌使用淘汰的×台××型开关，根据《中华人民共和国行政处罚法》第三十七条第二款之规定，拟对××煤矿××掘进工作面×台××型开关(详见先行登记保存证据物品清单)采取先行登记保存措施。</td></tr>
<tr><td>承办人
意　见</td><td colspan="4">建议对××煤矿××掘进工作面×台××型开关采取先行登记保存证据措施。
承办人(签名)：×××　×××　20××年×月×日</td></tr>
<tr><td>承办机构
审查意见</td><td colspan="4">拟同意采取先行登记保存证据措施，建议该案件主办人是×××，协办人是×××。
负责人(签名)：×××　20××年×月×日</td></tr>
<tr><td>行政机关
负 责 人
审批意见</td><td colspan="4">同意采取先行登记保存证据措施。
负责人(签名)：×××　20××年×月×日</td></tr>
</table>

21.19.2　文书简要说明

先行登记保存证据审批表适用于“证据可能灭失或者以后难以取得的情况下”，为采取先行证据保存证据措施而报请煤矿安全监管部门负责人批准的内部文书。

21.19.3　文书制作要求

(1) 正确填写先行登记保存证据审批表的文书编号。

(2) 当事人基本情况：该文书适用于公民个人和单位(包括法人和其他组织)两种情况，填写时根据实际情况选择填写，并将项目填写完整。是单位的，单位名称应当根据该单位工商注册名称填写全称。

(3) 写明拟采取先行登记保存证据措施的物品存放地点。

(4) 保存证据期限：依据《行政处罚法》第三十七条、《安全生产违法行为行政处罚办法》(国家安全生产监督管理总局令第15号)第二十七条规定，采取先行登记保存证据的措施应当在采取措施之日起七日内作出处理决定。

(5) 提请保存证据理由及依据：《行政处罚法》第三十七条明确规定，采取先行登记保存的先决条件是“在证据可能灭失或者以后难以取得的情况下”，不具备该条件，则没有必要采取该措施。承办人应依据案件实际情况，依据法律表述理由。

(6) 保存证据内容：案件承办人应依据案件实际情况写明拟先行登记保存证据物品名称、数量。

(7) 承办人、承办机构负责人、行政机关负责人分别签署意见，签名并写明日期。

21.20　先行登记保存证据通知书

21.20.1　文书制作模板

河南省煤矿安全监管行政执法文书

先行登记保存证据通知书

(A)煤(B)先保通〔20××〕×号

××煤矿：

你单位因××掘进工作面使用×台××型开关行为，违反了《国务院关于预防煤矿生产安全事故的特别规定》(国务院446号令)第八条第二款第十项的规定。根据《中华人民共和国行政处罚法》第三十七条第二款之规定，本机关决定对你单位的有关物品证据(详见先行登记保存证据物品清单)采取先行登记保存证据措施。先行登记保存的证据物品自20××年×月×日至20××年×月×日，以××方式，存放在××地点，由×××负责保管，在此期间，不得销毁或者转移物品证据。

执法人员(签名)：×××　执法证号：××××××

×××　执法证号：××××××

被先行登记保存证据人(签名)：×××　日　期：20××年×月×日

本机关地址：××市××区××路××号　邮政编码：××××××

本机关联系人：×××　联系电话：××××××

××煤矿安全监管部门公章

20××年×月×日

本文书一式两份：一份交被先行登记保存证据人，一份由煤矿安全监管部门存档。

21.20.2 文书简要说明

煤矿安全监管部门执法人员在调查处理违法案件过程中，对证据可能灭失或者以后难以取得的情况下，经本机关负责人批准后，将证据物品的数量、规格、性质等情况先行记录下来，再保存在原地或指定的地方，在一定期限内限制该物品流转。该文书是将采取的上述先行登记保存证据措施情况告知当事人的通知性文书。

21.20.3 文书制作要求

(1) 正确填写先行登记保存证据通知书的文书编号。

(2) 正确填写当事人的全称。

(3) 写明当事人涉嫌违法违规的行为。

(4) 写明采取先行登记保存证据措施的时间，先行登记保存证据物品存放方式、存放地点和保管人的姓名。

(5) 不少于两名作出先行登记保存证据决定的执法人员签名，写明执法证号。

(6) 写明发出先行登记保存证据通知的执法机关地址、邮政编码、联系人及联系电话。

(7) 被先行登记保存证据的单位负责人签名并注明日期。

(8) 写明下达先行登记保存证据通知的日期，加盖下达执法文书的煤矿安全监管部门印章。

21.21　先行登记保存证据物品清单

21.21.1　文书制作模板

河南省煤矿安全监管行政执法文书

先行登记保存证据物品清单

编号:20××-×号

序号	名　称	规格型号	生产厂家	出厂日期	单位	价格	数量	备注
1	矿用隔爆型馈电开关	×××	××公司	20××年×月	台	×万元	×	
……	……	……	……	……	……	……	……	

其他证据:1. 该开关的采购合同复印件。2. 出厂合格证。3. 该型开关的煤矿矿用产品安全标志证书。

上述证据物品清单经核实无误。

被先行登记保存证据人(签名):×××　　日　　期:20××年×月×日

本机关联系人:×××　　联系电话:××××××

××煤矿安全监管部门公章

20×× 年××月××日

本文书一式两份:一份交被先行登记保存证据人,一份由煤矿安全监管部门存档。

21.21.2　文书简要说明

该文书适用于先行登记保存证据物品的登记,与先行登记保存证据通知书配套使用。

21.21.3　文书制作要求

(1) 正确填写先行登记保存证据物品清单的文书编号。

(2) 正确填写物品清单的名称、规格型号、生产厂家、出厂日期、单位、价格、数量等信息。物品证据上述信息有缺失时,必须填写其唯一性特征。

(3) 有其他物品证据证据资料的,应写明证据名称,确保证据原件或者复印件的真实性和完整性。

(4) 被先行登记保存证据单位负责人(或个人)核对无异议后签署"上述证据物品清单经核实无误",签名并注明日期。

(5) 写明采取先行登记保存证据措施的执法机关联系人姓名和联系电话。

(6) 写明文书制作的日期,加盖下达执法文书的煤矿安全监管部门印章。

21.22　先行登记保存证据物品处理通知书

21.22.1　文书制作模板

河南省煤矿安全监管行政执法文书

先行登记保存证据物品处理通知书

(A)煤(B)先保处〔20××〕×号

××煤矿：

本机关于20××年×月×日对你单位下达了《先行登记保存证据通知书》((A)煤(B)先保通〔20××〕×号)，对×台××型开关等物品采取了先行登记保存证据措施。本机关于20××年×月×日至20××年×月×日，对先行登记保存证据物品以××保存方式，存放于××地点。现根据《中华人民共和国行政处罚法》第三十七条第二款之规定，对被先行登记保存证据的物品作出以下处理决定(见先行登记保存证据物品处理清单)。

如对本处理决定不服，可在接到本决定书之日起依法在60日内向××人民政府或××煤矿安全监管部门申请行政复议，或者在6个月内向××人民法院提起行政诉讼，但不停止执行本决定。

附：先行登记保存证据物品处理清单

序号	名　称	规格型号	生产厂家	出厂日期	单位	价格	数量	处理意见
1	矿用隔爆型馈电开关	×××	××公司	20××年×月	台	×万元	×	解除先行登记保存证据措施
……	……	……	……	……	……	……	……	……

上述物品处理清单经核实无误。

被先行登记保存证据人(签名)：×××　　　日期：20××年×月×日

执法人员(签名)：×××执法证号：×××

×××执法证号：×××　　　日期：20××年×月×日

××煤矿安全监管部门公章

20××年×月×日

本文书一式两份：一份交被先行登记保存证据人，一份由煤矿安全监管部门存档。

21.22.2 文书简要说明

该文书适用于采取先行登记保存证据措施后，在七日内对所先行登记保存证据物品作出处理的法律文书。

21.22.3 文书制作要求。

(1) 正确填写先行登记保存证据物品处理通知书的文书编号。

(2) 写明采取先行登记保存证据措施的日期、文书编号、先行登记保存证据(主要物品)名称。

(3) 正确填写对先行登记保存证据物品实施处理的决定内容。处理决定包括以下情形：

① 违法事实成立，依法应当作出行政处罚决定，予以没收、扣留或者封存等。

② 违法事实不成立，依法解除登记保存措施。

(4) 写明受理行政复议申请的行政机关名称。

(5) 不少于两名具有煤矿安全监管执法资格的行政执法人员签名，并填写执法证号和日期。

(6) 被先行登记保存证据单位负责人经核实后签署“上述物品处理清单经核实无误”，签名并注明日期。

(7) 写明作出先行登记保存证据物品处理决定的日期，加盖下达执法文书的煤矿安全监管部门印章。

21.23　行政强制措施(执行)及相关事项内部审批表

21.23.1　文书制作模板

河南省煤矿安全监管行政执法文书

行政强制措施(执行)及相关事项内部审批表

(A)煤(B)强审〔20××〕×号

<table>
<tr><td>案　由</td><td colspan="4">××煤矿涉嫌斜井人车未设置可靠的制动装置案</td></tr>
<tr><td rowspan="5">当事人</td><td>单位名称</td><td>××煤矿</td><td>法定代表人</td><td>×××</td></tr>
<tr><td>地　址</td><td>××市××镇××村</td><td>电　话</td><td>××××××</td></tr>
<tr><td>个人姓名</td><td></td><td>性　别</td><td></td></tr>
<tr><td>所在单位</td><td></td><td>电　话</td><td></td></tr>
<tr><td>身份证号码</td><td></td><td>个人住址</td><td></td></tr>
<tr><td>审批事项</td><td colspan="4">☑查封场所、设施或者财物　□扣押财物　□加处罚款
□停供民用爆破物品　□停电　□解除行政强制措施种类
□延长(行政强制措施种类)期限　□其他行政强制措施
□申请人民法院强制执行</td></tr>
<tr><td>审批内容
法律依据
及期限</td><td colspan="4">20××年×月×日在对××煤矿进行安全生产检查中，发现××煤矿 ××轨道上山斜井人车未设置可靠的制动装置，该行为涉嫌违反《煤矿安全规程》第三百八十四条的规定，根据《中华人民共和国安全生产法》第六十二条第一款第四项的规定，拟对××煤矿××轨道上山斜井人车予以查封。期限自20××年×月×日至20××年×月×日。
承办人(签名)：×××　×××　20××年×月×日</td></tr>
<tr><td>承办机构
审查意见</td><td colspan="4">拟同意对××煤矿××轨道上山斜井人车予以查封。
负责人(签名)：×××　20××年×月×日</td></tr>
<tr><td>法制机构
审核意见</td><td colspan="4">经审核，该案件事实清楚、证据确凿充分、材料齐全，程序合法，同意对××煤矿××轨道上山斜井人车予以查封。
负责人(签名)：×××　20××年×月×日</td></tr>
<tr><td>行政机关
负责人
审批意见</td><td colspan="4">同意查封。
负责人(签名)：×××　20××年×月×日</td></tr>
</table>

21.23.2　文书简要说明

行政强制措施(执行)及相关事项内部审批表适用于煤矿安全生产行政强制措施、行政强制执行实施前或者实施后,以及延长行政强制期限、解除行政强制措施等事项的审批。

21.23.3　文书制作要求

(1) 正确填写行政强制措施(执行)及相关事项内部审批表的文书编号。

(2) 案由:同立案审批表的案由一致。

(3) 当事人基本情况:该文书适用于公民个人和单位两种情况,填写时根据实际情况选择填写,并将项目填写完整。当事人为单位的,单位名称应当根据该单位工商注册名称填写全称。

(4) 审批事项:勾选或写明报请审批的拟实施安全生产行政强制的种类,并在□处打√。

(5) 审批内容、法律依据:根据案件基本情况,写明报请审批的拟实施安全生产行政强制的理由内容、法律依据,以及延长行政强制措施或者解除行政强制措施的理由和法律依据。由不少于两名具有煤矿安全监管执法资格的行政执法人员(承办人)签名,并填写执法证号及日期。

(6) 审查(核)意见:一般由煤矿安全监管部门中的承办机构(内设法制机构)负责人审查(核),机构负责人签署意见,签名并写明日期。

(7) 行政机关负责人签署意见、签名并写明日期。不同意的要写明理由。

21.23.4　应注意事项

(1) 紧急情况下,当场实施行政强制措施的,应当符合《行政强制法》第十九条的要求,行政执法人员应当在二十四小时内向煤矿安全监管部门负责人报告,并补办批准手续。

(2) 实施查封扣押应当符合《行政强制法》第二十三条的要求,不得查封、扣押与违法行为无关的场所、设施或者财物;不得查封、扣押公民个人及其所扶养家属的生活必需品。当事人的场所、设施或者财物已被其他国家机关依法查封的,不得重复查封。

(3) 实施查封扣押的期限应当符合《行政强制法》第二十五条的要求,延长查封、扣押的决定应当及时书面告知当事人,并说明理由。

(4) 对生产经营单位采取停止供电措施应当符合《安全生产法》第六十七条的要求,经本单位主要负责人批准后方可实施。

21.24　查封(扣押)决定书

21.24.1　文书制作模板

河南省煤矿安全监管行政执法文书

查封(扣押)决定书

(A)煤(B)查(扣)〔20××〕×号

××煤矿：

经查，你单位××轨道上山斜井人车未设置可靠的制动装置等行为涉嫌违反《煤矿安全规程》第三百八十四条的规定，根据《中华人民共和国安全生产法》第六十二条第一款第四项之规定，本机关决定：对你单位涉案的××轨道上山斜井人车等物品(设备或设施)予以查封(扣押)(详见查封(扣押)物品清单，编号：20××-×号)。

本机关将于三十日内(不包括检测、检验或者技术鉴定期限)对上述被查封的物品(设备或设施)作出处理决定。此前，你单位不得销毁、转移或使用上述物品，并负有安全保障责任。

如不服本决定，可在接到本决定书之日起60日内向××人民政府或××煤矿安全监管部门申请行政复议，或者在6个月内向××人民法院提起行政诉讼，但不停止执行本决定。

附件：《查封(扣押)物品清单》(编号：20××-×号)

执法人员(签名)：×××　执法证号：××××××

×××　执法证号：××××××

本机关地址：××市××区××路××号　邮政编码：××××××

本机关联系人：×××　联系电话：××××××

××煤矿安全监管部门公章

20××年×月×日

本文书一式两份：一份交当事人，一份由煤矿安全监管部门存档。

21.24.2　文书简要说明

该文书适用于煤矿安全监管部门对煤矿涉案的场所、设施或者财物作出查封(扣押)决定的法律文书,该文书应当经煤矿安全监管部门负责人批准。

21.24.3　文书制作要求

(1) 正确填写查封(扣押)决定书的文书编号。

(2) 正确填写被查封(扣押)单位的全称。

(3) 正确填写被查封(扣押)单位违法违规行为事实和违反的相关法律法规。

(4) 决定扣押的涉案物品写入物品清单附后;决定查封的场所、设施写明详细地点、设施名称等信息。

(5) 写明受理行政复议申请和提起行政诉讼的机关名称。

(6) 不少于两名具有煤矿安全监管执法资格的行政执法人员签名,并填写执法证号。

(7) 写明作出查封(扣押)决定的执法机关地址、联系人、联系电话及邮编。

(8) 写明作出查封(扣押)决定的日期,加盖下达执法文书的煤矿安全监管部门印章。

21.25　查封(扣押)物品清单

21.25.1　文书制作模板

河南省煤矿安全监管行政执法文书

查封(扣押)物品清单

编号:20××-×号

序号	名称	规格型号	生产厂家	出厂日期	单位	价格	数量	备注
1	抱轨式斜井人车	×××	××机械设备公司	20××年×月	台	×万元	1	无损毁

场所地点:××煤矿××轨道上山

上述设施、设备、器材经核实无误。

被查封(扣押)单位负责人(签名):×××　日　　期:20××年×月×日

本机关联系人:×××　联系电话:××××××

××煤矿安全监管部门公章

20××年×月×日

本清单一式两份:一份交当事人,一份由煤矿安全监管部门存档。

21.25.2 文书简要说明

该文书适用于查封(扣押)和延长查封(扣押)煤矿涉案设备、设施、器材等物品的登记。与查封(扣押)决定书和延长查封(扣押)决定书配套使用。

21.25.3 文书制作要求

(1) 正确填写查封(扣押)物品清单的文书编号。

(2) 写明查封(扣押)的设施、设备、器材等物品的名称、规格型号、生产厂家、出厂日期、单位、价格、数量等信息。查封(扣押)物品信息缺失时,必须写明物品唯一性特征。

(3) 写明查封(扣押)物品的场所地点。

(4) 查封(扣押)物品清单填写完毕,经被查封(扣押)单位负责人核对无异议后签署“上述设施、设备、器材经核实无误”,签名并注明日期。

(5) 写明作出查封、扣押决定的联系人姓名和联系电话。

(6) 写明文书制作的日期,加盖下达执法文书的煤矿安全监管部门印章。

21.26　延长查封(扣押)期限决定书

21.26.1　文书制作模板

河南省煤矿安全监管行政执法文书

延长查封(扣押)期限决定书

(A)煤(B)查(扣)延期〔20××〕×号

××煤矿：

本机关于20××年×月×日向你单位下达了查封(扣押)决定书((A)煤(B)查(扣)〔20××〕×号),对你单位的××轨道上山斜井人车等设施(设备、物品)作出了查封的行政强制措施。因情况复杂,依据《中华人民共和国行政强制法》第二十五条的规定,决定将上述行政强制措施的期限延长至20××年×月×日。

如不服本决定,可在接到本决定书之日起60日内向××人民政府或××煤矿安全监管部门申请行政复议,或者在6个月内向××人民法院提起行政诉讼,但不停止执行本决定。

附件:查封(扣押)物品清单(编号:20××-×号)

执法人员(签名):×××　　执法证号:××××××

×××　　执法证号:××××××

本机关地址:××市××区××路××号　邮政编码:××××××

本机关联系人:×××　联系电话:××××××

××煤矿安全监管部门公章

20××年×月×日

本文书一式两份:一份交当事人,一份由煤矿安全监管部门存档。

21.26.2　文书简要说明

该文书是煤矿安全监管部门作出查封(扣押)决定后,因情况复杂,需要依法作出延长查封(扣押)期限时使用的文书。

21.26.3　文书制作要求

(1) 正确填写延长查封(扣押)期限决定书的文书编号。

(2) 写明作出查封(扣押)决定的日期、名称、编号、查封(扣押)的涉案物品和种类,据实填写延期的原因及延期至具体日期,但延长查封(扣押)期限不得超过法定期限。

(3) 写明受理行政复议和提起行政诉讼的机关名称。

(4) 不少于两名具有煤矿安全监管执法资格的行政执法人员签名,并填写执法证号。

(5) 被查封(扣押)单位负责人签名,并注明日期。

(6) 写明作出延长查封(扣押)期限决定的执法机关地址、邮编、联系人及联系电话等内容。

(7) 写明作出延长查封(扣押)期限的日期,加盖下达执法文书的煤矿安全监管部门印章。

21.27　查封(扣押)财物处理决定书

21.27.1　文书制作模板

河南省煤矿安全监管行政执法文书

查封(扣押)财物处理决定书

(A)煤(B)查(扣)处〔20××〕×号

××煤矿：

本机关于20××年××月××日向你单位下达了查封(扣押)决定书((A)煤(B)查(扣)〔20××〕×号),对所附查封(扣押)物品清单(编号:20××-×号)所列物品予以查封,现根据《中华人民共和国行政强制法》第二十八条第一款第(三)项之规定,对所查封(扣押)的物品作出以下处理决定(详见查封(扣押)物品处理清单)。

如对本处理决定不服,可在接到本决定书之日起依法在60日内向××人民政府或××煤矿安全监管部门申请行政复议,或者在6个月内向××人民法院提起行政诉讼,但不停止执行本决定。

附:查封(扣押)物品处理清单

序号	名　称	规格型号	生产厂家	出厂日期	单位	价格	数量	处理意见
1	抱轨式斜井人车	×××	××机械设备公司	20××年×月	台	×万元	1	解除查封(扣押)
……	……	……	……	……	……	……	……	……

以上物品经核实无误。

被查封(扣押)单位负责人(签名):×××日期:20××年×月×日

执法人员(签名):×××执法证号:××××××

×××执法证号:××××××日期:20××年×月×日

××煤矿安全监管部门公章

20××年×月×日

本文书一式两份:一份交当事人,一份由煤矿安全监管部门存档。

21.27.2 文书简要说明

该文书适用于对查封(扣押)的涉案物品或者场所、设施作出处理决定。

21.27.3 文书制作要求

(1) 正确填写查封(扣押)财物处理决定书的文书编号。

(2) 写明被查封(扣押)物品、场所(设施)单位的全称。

(3) 写明作出查封(扣押)决定书的日期、文书编号、决定处理的查封(扣押)涉案物品(设备、设施、器材)名称等。写入查封(扣押)物品清单的附后。

(4) 正确填写对查封(扣押)物品实施的处理决定内容。

(5) 写明受理行政复议和提起行政诉讼的机关名称。

(6) 不少于两名具有执法资格的煤矿安全监管执法人员签名,并填写执法证号。

(7) 查封(扣押)物品处理清单经被查封(扣押)单位负责人核实后签署“以上物品经核实无误”,签名并注明日期。

(8) 写明作出查封(扣押)财物处理决定的日期,加盖下达执法文书的煤矿安全监管部门印章。

21.28　鉴定委托书

21.28.1　文书制作模板

河南省煤矿安全监管行政执法文书

鉴 定 委 托 书

(A)煤(B)鉴〔20××〕×号

××鉴定单位：

因调查煤矿有关安全生产违法案件的需要，我单位现委托贵单位对下列物品进行鉴定。

物品名称	规格型号	数量	备注
风筒	ϕ 800 mm	×米	××
……	……	……	……

鉴定要求：

鉴定结果请出具鉴定报告书，提出该风筒是否达到国家有关矿用产品规定阻燃要求的具体鉴定结论，并由鉴定人员签名或盖章，加盖公章。

请于20××年×月×日前向我单位提交鉴定结果。

联系人：×××　　联系电话：××××××

××煤矿安全监管部门公章

20××年×月×日

本文书一式两份：一份交鉴定机构，一份由煤矿安全监管部门存档。

21.28.2 文书简要说明

鉴定委托书是煤矿安全监管部门在查处违法行为的过程中，对于涉及需要经过技术鉴定才能了解有关属性、特征、指标含量等方面的物品，委托有资质单位对有关物品进行鉴定而制作的文书。鉴定委托书是形成鉴定结论的前提。

21.28.3 文书制作要求

(1) 正确填写鉴定委托书的文书编号。

(2) 写明受委托鉴定单位的全称。

(3) 鉴定委托书应当详细、准确地载明向受委托人提供的鉴定物品，并写明鉴定要求。

(4) 写明作出鉴定委托书的煤矿安全监管部门的联系人、联系电话。

(5) 写明文书制作的日期，加盖下达执法文书的煤矿安全监管部门印章。

21.29　停电(停供民用爆炸物品)通知书

21.29.1　文书制作模板

河南省煤矿安全监管行政执法文书

停电(停供民用爆炸物品)通知书

(A)煤(B)停〔20××〕×号

××供电公司：

本机关在对××煤矿进行安全检查中发现该矿存在重大事故隐患，依法对其作出停产整顿的决定，但该单位拒不执行此决定，未及时消除事故隐患，现有发生生产安全事故的危险。根据《中华人民共和国安全生产法》第六十七条第一款之规定，请贵单位于20××年×月×日对其采取停止生产性用电负荷的措施。

受送达人(签名)：×××　日　期：20××年×月×日

本机关地址：××市××区××路××号　邮政编码：××××××

本机关联系人：×××　联系电话：××××××

××煤矿安全监管部门公章

20××年×月×日

本文书一式两份：一份交供电部门(或供应民爆物品单位)，一份由煤矿安全监管部门存档。

21.29.2　文书简要说明

该文书适用于对拒不执行停产整顿、停止建设、停止使用相关设施、设备等违法违规行为的煤矿，向供电部门或者民用爆炸物品供应单位发出对煤矿采取停电(停供民用爆炸物品)措施的通知。

21.29.3　文书制作要求

(1) 正确填写停电(停供民用爆炸物品)通知书的文书编号。

(2) 正确填写供电部门或供应民爆物品单位的全称。

(3) 写明被停止供电(停供民用爆炸物品)单位全称。

(4) 写明已作出的具体行政处罚决定种类。

(5) 写明采取停电(停供民用爆炸物品)的开始时间。

(6) 停电通知书送达供电部门(停供民用爆炸物品通知书送达供应民爆物品单位)后，受送达人签名，并注明日期。

(7) 写明发出通知的煤矿安全监管部门地址、邮政编码、联系人、联系电话。

(8) 写明文书制作的日期，加盖下达执法文书的煤矿安全监管部门印章。

21.30　停电(停供民用爆炸物品)决定书

21.30.1　文书制作模板

河南省煤矿安全监管行政执法文书

停电(停供民用爆破物品)决定书

(A)煤(B)停决〔20××〕×号

××煤矿：

因你单位存在重大事故隐患，本机关于20××年×月×日依法对你单位作出了停产整顿的决定，但你单位拒不执行该决定，未及时消除事故隐患，现有发生生产安全事故的危险。为保障安全生产，根据《中华人民共和国安全生产法》第六十七条第一款之规定，本机关决定自20××年×月×日×时×分起依法对你单位采取停止生产性负荷用电措施，强制你单位履行决定。

如果不服本决定，可以依法在60日内向××人民政府或××安全监管部门申请行政复议，或者在6个月内依法向××人民法院提起行政诉讼，但本决定不停止执行。

××煤矿安全监管部门公章
20××年×月×日

本文书一式两份：一份交当事人，一份由煤矿安全监管部门存档。

21.30.2　文书简要说明

停电(停供民用爆破物品)决定书是对当事人拒不执行停产整顿、停止建设、停止使用相关设施、设备等决定,向当事人作出停止供电(停供民用爆炸物品)决定的文书。

21.30.3　文书制作要求

(1) 正确填写停电(停供民用爆炸物品)决定书的文书编号。

(2) 写明被停止供电(停供民用爆炸物品)单位全称。

(3) 按责令(限期)改正通知书正确填写作出行政决定的种类。如停产整顿、停止建设等。

(4) 写明作出停电或停供民用爆炸物品决定的日期。

(5) 写明煤矿安全监管部门作出的具体强制决定内容(停电或者停供民用爆炸物品)。

(6) 写明进行行政复议或提起行政诉讼的权利和途径、方法和期限等。

(7) 写明下达停电(停供民用爆炸物品)决定的日期,加盖下达执法文书的煤矿安全监管部门印章。

21.31　解除停电(停供民用爆炸物品)通知书

21.31.1　文书制作模板

河南省煤矿安全监管行政执法文书

解除停电(停供民用爆炸物品)通知书

(A)煤(B)解停〔20××〕×号

××供电公司：

本机关20××年×月×日依法对××煤矿作出了停止生产性负荷供电的措施，该单位已依法履行相关行政决定，采取相应措施消除了事故隐患，发生生产安全事故的现实危险已不存在，根据《中华人民共和国安全生产法》第六十七条第二款之规定，请贵单位解除对其采取的停止生产性负荷供电措施。

受送达人(签名)：×××　日　期：20××年×月×日

本机关地址：××市××区××路××号　邮政编码：××××××

本机关联系人：×××　联系电话：××××××

××煤矿安全监管部门公章

20××年×月×日

本文书一式三份：一份交供电部门(或供应民爆物品单位)，一份交当事人，一份由煤矿安全监管部门存档。

21.31.2　文书简要说明

该文书适用于煤矿安全监管部门依法向供电部门(供应民用爆炸物品单位)送达,对煤矿作出解除停电(停供民用爆炸物品)措施通知的文书。

21.31.3　文书制作要求

(1) 正确填写解除停电(停供民用爆炸物品)通知书的文书编号。

(2) 正确填写供电部门或供应民用爆炸物品单位的全称。

(3) 写明被解除停止供电(停供民用爆炸物品)单位全称。

(4) 写明作出停电(停供民用爆炸物品)决定的类别和日期。

(5) 写明作出解除停电(停供民用爆炸物品)通知书的依据和行政决定类别。

(6) 解除停电(停供民用爆炸物品)通知送达供电部门(供应民用爆炸物品单位)。受送达人签名,并注明日期。

(7) 写明发出通知的煤矿安全监管部门地址、邮政编码、联系人、联系电话。

(8) 写明下达解除停电(停供民用爆炸物品)通知的日期,加盖下达执法文书的煤矿安全监管部门印章。

21.32 案件调查终结报告

21.32.1 文书制作模板

河南省煤矿安全监管行政执法文书

案件调查终结报告

案　由：××煤矿特殊工种涉嫌无证上岗作业案

当事人：××煤矿 法定代表人(负责人)：××× 性别：________

工作单位：________职务或职业：________身份证号：______________

地址(住所)：×××××× 邮编：××××××电话：××××××

调查时间：20××年×月×日至20××年×月×日

案件承办人：　×××　、　×××

违法事实及证据：20××年×月×日，我单位对××煤矿进行现场检查中，发现该单位存在如下影响煤矿安全的事故隐患和违法违规行为：井下爆破工×××特种作业操作证已过期未复训上岗作业；瓦斯检查工×××无特种作业操作证；另有×名特种作业人员已培训未持证，其中×名特种作业人员已上岗作业。依据《安全生产违法行为行政处罚办法》第二十三条的规定申请了立案。经调查询问井下爆破工赵××特种作业操作证已过期未复训上岗作业；瓦斯检查工张××无特种作业操作证；另有×名特种作业人员已培训未持证，其中×名特种作业人员已上岗作业等违法违规行为属实。主要证据有询问笔录、现场检查(勘验)笔录、照片等，以上行为涉嫌违反了《中华人民共和国安全生产法》第二十七条第一款的规定。

违法行为等次：参照《××法(条例、办法)行政处罚裁量标准》，上述违法行为适用的行政处罚裁量等次为严重。

拟处罚的法律依据及行政处罚建议：依据《中华人民共和国安全生产法》第九十四条第(七)项的规定，拟给予当事人×万元的罚款。

20××年×月×日

21.32.2　文书简要说明

该文书适用于案件承办人经过调查询问，归结出案件当事人违规违法情节、事实及证据，依据有关法律法规，向本机关负责人提交拟实施行政处罚或者不予行政处罚的调查报告文书。

21.32.3　文书制作要求

(1) 案由：同立案审批表一致。

(2) 据实填写被调查单位(或个人)的基本情况及调查起止日期。

(3) 案件调查具体承办人不应少于两名人持有效执法证件的人员。

(4) 写明当事人的违法事实及证据，涉嫌违反的法律依据名称及条、款、项、目具体内容。

(5) 根据调查的违法事实、性质、情节和危害程度，参照相应的行政处罚裁量标准，确定违法行为适用的行政处罚裁量等次。

(6) 写明拟处罚的法律依据及行政处罚建议，拟处罚的法律依据要具体到条、款、项、目。

(7) 写明案件调查终结报告的制作日期。

21.33　重大复杂案件集体讨论笔录

21.33.1　文书制作模板

河南省煤矿安全监管行政执法文书

重大复杂案件集体讨论笔录

第×页　共×页

案件名称：×× 煤矿涉嫌未对井下作业人员进行安全生产教育和培训案

时　间：20××年×月×日×时×分至×时×分

地　点：××煤矿安全监管部门××会议室

集体讨论原因：拟对×× 煤矿作出叁拾万元罚款的处罚，罚款数额较大

主持人：×××职务：×××　记录人：××× 职务：×××

参加人及职务：×××（按实际情况填写）

列席人及职务：×××（按实际情况填写）

案件承办人汇报案件情况：20××年×月×日督查中，发现××煤矿有×名井下工人未依照规定进行安全生产教育和培训上岗作业，经立案调查违规行为属实，主要证据有现场检查（勘验）笔录、责令（限期）改正通知书、询问笔录等。上述行为违反了《国务院关于预防煤矿生产安全事故的特别规定》第十六条第一款的规定，依据《国务院关于预防煤矿生产安全事故的特别规定》第十六条第二款的规定，拟对该矿作出人民币叁拾万元的行政处罚。

听证主持人汇报听证情况：没有申请听证

参加讨论人员意见和理由：一、×××意见：……

二、×××意见：……

结论性意见：经集体讨论，决定对当事人作出人民币×万元（大写）的行政处罚。

出席人员（签名）：×××　×××　×××　×××　×××　×××　×××

20××年×月×日

21.33.2 文书简要说明。

该笔录是对煤矿作出责令停产停业整顿、责令停产停业、责令停止建设、责令停止施工;暂扣或者吊销有关许可证,暂停或者撤销有关执业资格、岗位证书;较大数额罚款,没收违法所得、没收非法开采的煤炭或采掘设备价值五万元以上重大行政处罚;提请关闭以及其他重大事项需要煤矿安全监管部门负责人对案件的性质、处理依据和内容进行集体讨论的法律文书。该笔录为下达处罚决定书的依据。

21.33.3 文书制作要求

(1) 详细写明案件名称,案件讨论时间、地点,讨论原因。

(2) 写明所有参加人员,参加人员均要进行签名,不得代签。

(3) 应当如实记录案件承办人、听证主持人汇报情况,参加讨论人员发表的意见。记录应当客观具体,尽量引用原话。当事人有陈述申辩或者举行听证的,一并讨论决定。

(4) 讨论的主要内容包括:拟处罚主体是否合法;执法程序是否适当;违法事实是否清楚;处罚依据是否准确;处罚金额是否适当。

(5) 主持人依据讨论人员发表意见,经煤矿安全监管部门负责人集体讨论通过,要得出明确的结论性意见。根据案件情节轻重,依法作出行政处罚决定。

(6) 写明该笔录的制作日期。

21.34　行政处罚审批表

21.34.1　文书制作模板

河南省煤矿安全监管行政执法文书

行 政 处 罚 审 批 表

(A)煤(B)罚审〔20××〕×号

<table>
<tr><td rowspan="5">当事人
基本情况</td><td>单位名称</td><td>××煤矿</td><td>法定代表人</td><td>×××</td></tr>
<tr><td>地　　址</td><td>×市×县</td><td>电　　话</td><td>××××××</td></tr>
<tr><td>个人姓名</td><td></td><td>性　　别</td><td></td></tr>
<tr><td>所在单位</td><td></td><td>电　　话</td><td></td></tr>
<tr><td>身份证号码</td><td></td><td>个人住址</td><td></td></tr>
<tr><td>案　由</td><td colspan="2">××煤矿涉嫌特种作业人员无证上岗作业案</td><td>立案审批表编号</td><td>(A)煤(B)立〔20××〕×号</td></tr>
<tr><td>当事人违法的主要事实</td><td colspan="4">井下爆破工赵××特种作业操作证已过期未复训上岗作业；瓦斯检查工张××无特种作业操作证；另有×名特种作业人员已培训未持证，其中×名特种作业人员已上岗作业。经调查取证以上违法违规行为属实，违反了《中华人民共和国安全生产法》第二十七条第一款的规定。</td></tr>
<tr><td>承办人员
意　　见</td><td colspan="4">依据《中华人民共和国安全生产法》第九十四条第(七)项之规定，建议给予当事人肆万伍仟元的罚款。
承办人(签名)：×××　×××　　20××年×月×日</td></tr>
<tr><td>承办机构
审查意见</td><td colspan="4">拟同意给予当事人肆万伍仟元的罚款。
负责人(签名)：×××　　20××年×月×日</td></tr>
<tr><td>法制机构
审核意见</td><td colspan="4">经审核，该案件事实清楚、证据确凿充分、材料齐全，程序合法，定性准确，处罚适当，同意给予当事人肆万伍仟元的罚款。
负责人(签名)：×××　　20××年×月×日</td></tr>
<tr><td>行政机关
负责人
审批意见</td><td colspan="4">同意。
负责人(签名)：×××　　20××年×月×日</td></tr>
</table>

21.34.2 文书简要说明

该文书适用于下达行政处罚事先告知书之前案件承办人员将案件处罚意见报承办机构、法制机构负责人和行政机关主要负责人审批。

21.34.3 文书制作要求

(1) 正确填写行政处罚审批表的文书编号。

(2) 写明当事人情况。对单位或个人处罚的写明被处罚单位或个人情况,对单位和个人同时处罚写明两者情况。

(3) 写明案由、立案审批表编号。案由应与立案审批表保持一致。

(3) 写明当事人违法的主要事实。主要写清当事人实施违法行为的事实,指出当事人的违法行为违反了某个具体法律、法规。

(4) 写明承办人处罚意见。主要写清依据某个法律、法规,具体到条、款、项、目进行处罚,建议的处罚意见。签名并注明日期。

(5) 承办机构审查意见:要写明同意或不同意。不同意要写明理由。机构负责人签名并注明日期。

(6) 法制机构审核机构按其审核样本签署意见。机构负责人签名并注明日期。

(7) 行政机关负责人签署意见。同意处罚意见的,签署“同意”,签名并注明日期。不同意处罚意见的,签署“不同意”,并注明理由或写明其他意见。

21.35　行政处罚事先告知书

21.35.1　文书制作模板

河南省煤矿安全监管行政执法文书

行政处罚事先告知书

(A)煤(B)罚告〔20××〕×号

××　煤矿：

本机关于20××年×月×日对你矿未进行安全生产教育和培训进行上岗作业案立案调查，经查，你(单位)20××年×月×日，井下爆破工×××特种作业操作证过期未复训上岗作业；瓦斯检查工×××无特种作业操作证；另有×名特种作业人员已培训未持证，其中×名特种作业人员已上岗作业。上述行为违反了《中华人民共和国安全生产法》第二十七条第一款的规定，已构成违法。主要证据有：现场检查(勘验)笔录、询问笔录、责令(限期)改正通知书((A)煤(B)责(限)改〔20××〕×号)。根据你(单位)违法行为的事实、性质、情节、社会危害程度和相关证据，参照《××法(条例、办法)行政处罚裁量标准》，你(单位)的违法行为为严重。

依据《中华人民共和国安全生产法》第九十四条第(七)项的规定，拟对你单位作出罚款人民币×万元的行政处罚。

根据《中华人民共和国行政处罚法》第三十一条和第三十二条之规定，你单位有权在收到本告知书之日起3日内提出书面陈述、申辩意见，或到××地点进行陈述和申辩。逾期未提出的，视为放弃此权利。

本机关地址：××市××区××路×号　　邮政编码：××××××
本机关联系人：×××　　联系电话：××××××

××煤矿安全监管部门公章
20××年×月×日

本文书一式两份：一份送当事人，一份由煤矿安全监管部门存档。

21.35.2　文书简要说明

该文书是作出行政处罚决定前依法告知当事人拟作出行政处罚决定的事实、理由、依据以及当事人依法享有陈述权和申辩权的通知性文书。

21.35.3　文书制作要求

(1) 正确填写行政处罚事先告知书的文书编号。

(2) 正确填写当事人单位(或个人)全称。当事人为多个时,应当分别告知。

(3) 写明案由和违法违规事实,违法违规事实应与现场检查(勘验)笔录、询问笔录等所记载内容相一致,并按照案件调查最终查明的违法事实填写。涉及多个行为的,应当依次分项列明。

(4) 认定行为违法的依据,应写明每项违法违规事实违反的法律法规名称的全称及具体条、款、项、目。

(5) 简要列举已确认的证据。

(6) 根据违法事实、性质、情节和危害程度,参照相应的行政处罚裁量标准,确定违法行为适用的行政处罚裁量等次。

(7) 处罚依据写明处罚依据的法律法规名称全称及具体条、款、项、目。

(8) "拟作出处罚"填写拟对当事人作出的单处或并处行政处罚的具体内容,要求符合法律权限、自由裁量适当。罚款数额应当采用大写。

(9) 告知当事人陈述、申辩权利。填写听取当事人陈述、申辩义务机关的地址、邮编、联系人和联系电话等信息。

(10) 写明执法文书的制作日期,加盖下达文书的煤矿安全监管部门的印章。

21.36　陈述(申辩)笔录

21.36.1　文书制作模板

河南省煤矿安全监管行政执法文书

陈述(申辩)笔录

第×页 共×页

陈述(申辩)时间:20××年×月×日×时×分至×时×分

陈述(申辩)地点:××煤矿安全监管部门会议室

陈述(申辩)人:×××　身份证号:××××××

工作单位:××煤矿　职　务:×××

住　址:××市××区××街×号　电　话:××××××

承 办 人:×××　执法证号:××××××

×××　执法证号:××××××

记 录 人:×××　执法证号:××××××

陈述(申辩)请求:免于处罚或减轻处罚。

我们是××煤矿安全监管部门监管执法人员,这是我们的证件(出示证件)。现对××煤矿涉嫌特种作业人员无证上岗作业一案听取你单位的陈述、申辩。

陈述、申辩记录:×××:关于我矿井下爆破工×××特种作业操作证已过期未复训上岗作业;瓦斯检查工×××无特种作业操作证;另有×名特种作业人员已培训未持证,其中×名特种作业人员已上岗作业的问题,实际情况是我矿已向培训机构提交了培训或复训申请,向考核机构提交了考核申请,只是培训机构未及时组织培训或复训,考核机构未进行考核并发证,不是我矿自身原因造成的,恳请贵单位在作出行政处罚决定时予以充分考虑,给予免于处罚或减轻处罚。

……

(以下空白)

陈述(申辩)人意见:笔录上述内容,记录属实

陈述(申辩)人(签名):×××日期:20××年×月×日

承办人(签名):×××　×××　日期:20××年×月×日

记录人(签名):×××　日期:20××年×月×日

21.36.2　文书简要说明

陈述(申辩)笔录是根据当事人收到行政处罚告知书后提出要求,听取当事人陈述申辩的记录性文书。

21.36.3　文书制作要求

(1) 写明当事人进行陈述、申辩的起止时间和具体地点。

(2) 据实填写陈述、申辩人的姓名、身份证号、工作单位、职务(职业)、住址、电话等情况。

(3) 案件陈述、申辩需要其他人在场的,应当写明在场人员的姓名及其联系方式(电话、住址等)。

(4) 承办人、记录人:据实填写,承办人应为案件调查人员,案件承办人可以兼任记录人。

(5) 写明案件承办人向陈述、申辩人表明身份(出示执法证件),告知其相应的权利义务和有关政策情况。案件名称应与立案审批表一致。

(6) 如实记录当事人的陈述、申辩内容。尽量记录陈述、申辩人的原话,无法记录原话的,应保证所记录内容确系其原意。

(7) 记录完成后,必须交当事人阅知,没有阅读能力的,应向其宣读。发现记录有误,可以要求补充或修改,陈述、申辩人要在补充、修改处按压指印覆盖确认。陈述、申辩人核对无误后,在末页注明"笔录上述内容,记录属实"字样,签名并注明日期。文书为多页的,陈述、申辩人、记录人应在笔录上逐页签名确认并写明日期。

21.37　行政处罚听证告知书

21.37.1　文书制作模板

河南省煤矿安全监管行政执法文书

行政处罚听证告知书

(A)煤(B)罚听告〔20××〕×号

××　煤矿：

本机关于20××年×月×日对你矿未进行安全生产教育和培训进行上岗作业案立案调查。经查，你单位存在下列行为：20××年×月×日，井下作业人员×××、×××、×××未进行安全生产教育和培训进行上岗作业。上述行为违反了《国务院关于预防煤矿生产安全事故的特别规定》第十六条第一款的规定，已构成违法。以上事实主要证据有：现场检查(勘验)笔录、询问笔录、责令(限期)改正通知书((A)煤(B)责(限)改〔20××〕×号)。根据你(单位)违法行为的事实、性质、情节、社会危害程度和相关证据，参照《××法(条例、办法)行政处罚裁量标准》，你单位的违法行为为严重。

依据《国务院关于预防煤矿生产安全事故的特别规定》第十六条第二款的规定，本机关拟对你单位作出罚款人民币叁拾万元的行政处罚。

依据《中华人民共和国行政处罚法》第四十二条第一款规定，你单位有权要求举行听证。如你单位要求听证，应当自收到本告知书之日起三日内向本机关提出申请。逾期不申请听证的，视为你单位放弃听证权利。

本机关地址：××市××区××路×号　邮政编码：　××××××

本机关联系人：　×××　联系电话：　××××××

××煤矿安全监管部门公章

20××年×月×日

本文书一式两份：一份送当事人，一份由煤矿安全监管部门存档。

21.37.2　文书简要说明。

行政处罚听证告知书是煤矿安全监管部门在作出行政处罚决定前，依法以本机关名义告知当事人享有要求举行听证权利的通知性文书，适用于安全生产行政处罚一般程序。听证条件为煤矿安全监管部门拟作出责令停产停业整顿、责令停产停业、责令停止建设、责令停止施工；暂扣或者吊销有关许可证，暂停或者撤销有关执业资格、岗位证书；较大数额罚款，没收违法所得、没收非法开采的煤炭或采掘设备价值五万元以上重大行政处罚；提请关闭等行政处罚决定之前。

21.37.3　文书制作要求

(1) 正确填写行政处罚听证告知书的文书编号。

(2) 正确填写当事人(单位或个人)全称。当事人为多个时，应当分别告知。

(3) 写明行政处罚听证的案由和违法行为。违法行为应写全面、具体、准确。涉及多个行为的，应当依次分项列明，并按照案件调查最终查明的违法事实填写。主要包括下列内容：

① 行为发生的时间、地点和人物。

② 具体行为实施经过及相关情节。

③ 行为所造成的危害后果。

④ 其他与行为(事实)相关的情况。

(4) 认定行为违法的依据部分应当写明认定行为违反的法律、法规和规章的名称及具体条、款、项、目。

(5) 简要列举已确认的证据。

(6) 根据违法事实、性质、情节和危害程度，参照相应的行政处罚裁量标准，确定违法行为适用的行政处罚裁量等次。

(7) 处罚依据部分应当写明拟作出处罚所具体适用的法律、法规、规章的名称及条、款、项、目。

(8) 填写拟对当事人作出的单处或并处行政处罚的具体内容，要求符合法律权限、自由裁量适当。罚款数额应当采用大写。

(9) 写明执法文书的制作日期，加盖下达文书的煤矿安全监管部门的印章。

(10) 写明听证义务煤矿安全监管部门名称、地址、联系人、联系电话和邮政编码。

21.38　行政处罚听证申请书

21.38.1　文书制作模板

河南省煤矿安全监管行政执法文书

行政处罚听证申请书

申请人姓名：________身份证号码：________住址：________

所在单位：________电话：________邮编：________

申请单位名称：××煤矿　法定代表人姓名：×××

地址：×市×县×乡×村　电话：××××××　邮编：××××××

与本案关系：本案当事人

委托代理人姓名：×××　身份证号码：××××××

住址：×市×县×乡×村　电话：××××××

申请听证目的(主要要求)：免于处罚或减轻处罚

申请听证的事实和理由：××煤矿安全监管部门20××年×月×日向我矿下达行政处罚听证告知书((A)煤(B)罚听告〔20××〕×号)，拟对我矿涉嫌××的行为按《中华人民共和国安全生产法》××条款进行处罚。我矿认为××的行为适用于《中华人民共和国矿山安全法》××条款进行处罚。

听证申请人(签名或盖章)：×××

委托代理人(签名或盖章)：×××

20××年×月×日

行政处罚听证申请人是单位的，应当盖单位印章；是个人的，应当签名。

21.38.2　文书简要说明

行政处罚听证申请书适用于行政处罚当事人对作出行政处罚意见的煤矿安全监管部门提出听证申请的情形。

21.38.3　文书制作要求

(1) 行政处罚当事人按照此文书形式填写申请,并在煤矿安全监管部门送达行政处罚事先告知书后三日内递交。

(2) 申请书要写清申请单位(个人)的基本情况。

(3) 写清听证的目的(主要要求)。

(4) 写清需要进行听证的事实、理由及主要要求。

(5) 听证申请由委托人代理的,应附委托代理协议。

(6) 听证申请人或其委托代理人应签名并写明日期,听证申请人是单位的,应当盖单位印章。

21.39　不予受理听证告知书

21.39.1　文书制作模板

河南省煤矿安全监管行政执法文书

不予受理听证告知书

(A)煤(B)听不受〔20××〕×号

××煤矿：

经审查，你单位提出的听证申请属于以下第(二)项情形：

(一) 申请人不是本案当事人或者其代理人。

(二) 未在规定期限内提出听证申请。

(三) 不属于依法应当听证的范围。

(四) ________________。

根据《中华人民共和国行政处罚法》第四十二条第一款第(一)项之规定，本机关决定不予受理你单位的听证申请。

本机关地址：××市××区××路×号　　邮政编码：××××××

本机关联系人：×××　　联系电话：××××××

××煤矿安全监管部门公章

20××年×月×日

本文书一式两份：一份交听证申请人，一份由煤矿安全监管部门存档。

21.39.2　文书简要说明

该文书适用于决定不予受理听证申请的情况下，向听证申请人发出通知。

21.39.3　文书制作要求

(1) 正确填写不予受理听证通知书的文书编号。

(2) 正确填写听证申请人的单位全称或者个人姓名。

(3) 根据实际情况选择不予听证的情形或填写其他不予受理听证的理由。

(4) 写明煤矿安全监管部门地址、邮政编码、联系人和联系电话。

(5) 写明制作不予受理听证告知书的日期，加盖下达文书的煤矿安全监管部门的印章。

21.40　行政处罚听证通知书

21.40.1　文书制作模板

河南省煤矿安全监管行政执法文书

行政处罚听证通知书

(A)煤(B)罚听通〔20××〕×号

××　煤矿：

根据你单位20××年×月×日申请听证的要求，关于你单位涉嫌进、回风立井安全设施设计未经审批擅自施工一案，本机关决定于20××年×月×日×时×分在××市××路×号××煤矿安全监管部门××会议室举行(公开、不公开)听证会议，请你单位准时参加。

听证主持人姓名：×××　　职务：×××

听证员姓名：×××　　职务：×××

听证员姓名：×××　　职务：×××

记录人姓名：×××　　职务：×××

根据《中华人民共和国行政处罚法》第四十二条之规定，你单位可以申请听证主持人回避，可在举行听证前(×月×日前)向本机关提出申请并说明理由。

有关事项告知如下：

1. 请事先准备相关证据材料，通知证人或委托代理人准时参加。参加听证时当事人或委托代理人应携带身份证原件及复印件。不按时参加听证会且未事先说明理由的，视为放弃听证权利。

2. 委托代理人参加听证的，应当在听证会前向本机关提交授权委托书等有关证明。

3. 申请延期举行的，应当在举行听证会前(×月×日前)向本机关提出，由本机关决定是否延期。

本机关地址：××市××区××路×号　　邮政编码：××××××

联系人：×××　　联系电话：××××××

××煤矿安全监管部门公章

20××年×月×日

本文书一式两份：一份交听证申请人，一份由煤矿安全监管部门存档。

21.40.2　文书简要说明

行政处罚听证通知书是当事人依法提出听证要求后，听证组织机关制作的，通知其参加听证的时间、地点，听证会主持人、听证员、记录人姓名和职务，并告知其享有申请听证人员回避和委托代理人参加听证会权利等事项的通知性文书，用于安全生产行政处罚的听证程序。

21.40.3　文书制作要求

(1) 正确填写行政处罚听证通知书的文书编号。

(2) 正确填写听证申请人的单位全称或者个人姓名。

(3) 写明申请人所申请听证的案件名称，案件名称应当与立案审批表相一致。

(4) 写明举行听证的具体时间、地点，听证时间应符合《行政处罚法》等相关法律法规关于听证通知时限的规定，即在举行听证会七日前通知当事人。

(5) 是否公开：如“公开”举行，则划去“不公开”三字，反之亦然。

(6) 写明听证主持人、听证员、记录人的姓名及职务。听证主持人、听证员、记录人应由本单位法制机构有关人员担任。

(7) 写明组织听证的行政机关地址、邮政编码、联系人和联系电话。

(8) 写明下达听证通知的日期，加盖下达文书的煤矿安全监管部门的印章。

21.41　听证笔录

21.41.1　文书制作模板

河南省煤矿安全监管行政执法文书

听　证　笔　录

第 1 页　共 4 页

案由：××煤矿涉嫌进、回风立井安全设施设计未经审批擅自施工案

听证时间：20××年×月×日×时×分至×时×分　听证方式：不公开

听证地点：××煤矿安全监管部门××会议室

主持听证机关：××煤矿安全监管部门

听证申请人：××煤矿　法定代表人：×××　身份证号：

单位及职务：　地址（或住所）：×市×县×乡　电话：××××

委托代理人：×××　工作单位：××律师事务所　职务：×××

身份证号：××××××　电话：××××　其他参加人：××××××

案件承办人：×××　执法证号：×××　单位及职务：×××

×××　执法证号：×××　单位及职务：×××

听证主持人：×××　单位及职务：×××

听证员：×××　单位及职务：×××

记录人：×××　单位及职务：×××

听证记录：

主持人：今天，就××煤矿申请对××煤矿安全监管部门拟对其启用的进、回风立井安全设施设计未经审查同意责令停产整顿、限期改正一案不公开举行听证会。根据《安全生产违法行为行政处罚办法》第三十九条的规定，请记录人先查明听证各方参加人员到会情况，宣布会场纪律、当事人的权利和义务。

记录人：现在开始查明听证各方参加人员到会情况（经查明，案件调查人到会 2 人，申请人到会 1 人，申请代理人到会 1 人）。现宣读参加听证会的全体人员应遵守的纪律、当事人享有的权利和义务（内容略）。

记录人：案件调查人、申请人及其代理人全部到会。会场纪律、当事人的权利和义务宣读完毕，现在请主持人主持听证。

主持人：本案听证会由××煤矿安全监管部门负责人指定本机关陈××担任听证主持人，指定本机关张××、赵××担任听证员，由本机关齐××担任听证记录人。现在核实听证会参加人员。

主持人：本案调查人，请说明你的姓名、性别、工作单位、职务和行政执法证件号。

听证申请人（签名）：×××记录人（签名）：×××日期：20××年×月×日

河南省煤矿安全监管行政执法文书

文书续页

第 2 页 共 4 页

调查人:王××,男,××煤矿安全监管部门副处长,证件号:××××××。

调查人:史××,男,××煤矿安全监管部门主任科员,证件号:××××××。

主持人:申请人,请说明你的姓名、性别、单位、职务。是否委托代理人参加听证?有其他参加人员吗?

申请人:赵××,男,××煤矿,矿长。已委托代理人姜××,无其他人员参加听证。

主持人:申请人的代理人,请说明你的姓名、性别、工作单位、职业。

代理人:姜××,男,××市××律师事务所,律师。

主持人:现在宣布听证会开始进行。

主持人:案件调查人、申请人、代理人,你们对记录人宣读的权利和义务都听清楚了吗?

调查人:听清楚了。

申请人:听清楚了。

代理人:听清楚了。

主持人:申请人你是否申请听证主持人、听证员、记录人回避?

当事人:不申请。

主持人:案件调查人、申请人,你们是否有证人到会作证?

调查人答:没有。

申请人答:没有。

主持人:请案件调查人就本案调查过程、申请人违法的事实和证据以及对申请人的处罚建议和处罚依据进行陈述和说明。

调查人:我单位郭××、包××于 20××年×月×日,在对××煤矿进行安全检查时,发现该矿进、回风立井安全设施设计未经审查同意,擅自施工并投入使用。这是 20××年×月×日现场检查(勘验)笔录,该矿矿长签署检查情况属实(出示复制件)。因涉嫌违法,经我单位分管副主任批准立案,指派我们两人进行案件调查。我们调取了进风井提升绞车的运行日志(出示复制件),回风井主要通风机的运行记录(出示复制件),进、回风井的测风报表(出示复制件),对相关的 4 名人员进行调查取证,制作了调查取证笔录(出示对机电工区区长张××、绞车司机周××、通风工区区长李××、主要通风机司机王××的调查取证笔录)。根据上述调查情况,经我单位办公会集体研究,认为该矿启用的进、回风立井安全设施设计未经审查同意,擅自施工投入使用,违反了《中华人民共和国安全生产法》第三十条第二款规定,依据《中华人民共和国安全生产法》第九十五条的规定,拟给予××煤矿责令停产整顿,限 30 日改正的行政处罚决定(出示)。

听证申请人(签名):×××记录人(签名):×××日期:20××年×月×日

河南省煤矿安全监管行政执法文书

文书续页

第 3 页　共 4 页

主持人：请听证员向申请人、代理人展示调查人出示的证据。

主持人：申请人、代理人你对调查人提供证据的真实性、关联性、合法性有无异议？如有疑问，请说明理由。

申请人：没有异议。

代理人：没有异议。

主持人：申请人你有需要陈述和说明吗？是否有新的证据提供？对你单位的行政处罚有什么申辩意见？

申请人：请我的委托代理人陈述。

主持人：代理人请你进行陈述。

代理人：调查人的陈述符合实际，我们对提供的证据没有异议。但在行政处罚法律适用上存有异议，我们认为应该适用《中华人民共和国矿山安全法》，不应适用《中华人民共和国安全生产法》。

主持人：调查人需要陈述和说明的吗？是否有新的证据提供？

调查人：没有。

主持人：申请人、委托人你还有需要陈述和说明的吗？是否有新的证据提供？

代理人：没有。

主持人：刚才调查人、申请人及代理人都发表了自己的观点并进行了举证。经过各方的陈述，主持人认为，双方争议的主要焦点是：对违法行为行政处罚的法律适用。现听证调查阶段结束，进入听证辩论阶段。听证辩论应围绕双方争议的焦点问题及如何适用法律发表各自的意见，辩论时要阐明主张的事实、理由及法律依据，以理服人，一方发言时未经允许其他人不得插话。首先请申请人或其委托代理人发言。

代理人：《中华人民共和国矿山安全法》《中华人民共和国安全生产法》两者均为全国人民代表大会常务委员会制定的法律，前者为调整矿山安全的特别规定，后者是调整社会安全生产关系的一般规定。按照《中华人民共和国立法法》第九十二条“同一机关制定的法律、行政法规、地方性法规、自治条例和单行条例、规章，特别规定与一般规定不一致的，适用特别规定”，我的当事人违法行为应按照《中华人民共和国矿山安全法》第四十二条规定进行行政处罚。

主持人：请调查人发言。

调查人：《中华人民共和国立法法》第九十二条确立了两项适用规则。即：一是“同一机关制定的法律、行政法规、地方性法规、自治条例和单行条例、规章，特别规定与一般规定不一致的，适用特别规定”；二是“新的规定与旧的规定不一致的，适用新的规定。”

听证申请人(签名)：×××记录人(签名)：×××日期：20××年×月×日

河南省煤矿安全监管行政执法文书

文书续页

第 4 页　共 4 页

《中华人民共和国矿山安全法》《中华人民共和国安全生产法》实施时间不同，前者属于旧法，后者属于新法。《中华人民共和国安全生产法》关于法律适用范围在第二条已经有明确规定，“除消防安全和道路交通安全、铁路交通安全、水上交通安全、民用航空安全以及核与辐射安全、特种设备安全以外的从事生产经营活动的单位均适用”，因此，煤矿生产经营活动应该受《中华人民共和国安全生产法》的约束，对煤矿安全生产隐患实施行政处罚适用《中华人民共和国安全生产法》并无不当。

主持人：申请人、代理人你们还有什么需要补充的？

申请人：没有。

代理人：没有。

主持人：案件调查人员你们还有什么需要补充的？

案件调查人：没有。

主持人：现在进入最后陈述阶段，先请案件调查人员做最后陈述。

调查人：申请人的违法行为认定清楚，行政处罚依据的法律适用正确。

主持人：请申请人或委托代理人做最后陈述。

代理人：对我当事人的违法认定没有异议，坚持认为行政处罚依据应适用中华人民共和国矿山安全法》。

主持人：听证会到此结束，本主持人将根据听证笔录写出听证报告上报本单位负责人。请听证参加人员核对听证记录。（以下空白）

听证申请人意见：听证笔录内容已阅，记录属实。

听证申请人（签名）：×××　日期：20××年×月×日

其他参加人（签名）：×××　×××日期：20××年×月×日

案件承办人（签名）：×××　×××日期：20××年×月×日

听证主持人（签名）：×××听证员（签名）：×××日期：20××年×月×日

记录人（签名）：　×××　日期：20××年×月×日

21.41.2 文书简要说明。

听证笔录是对听证会组织、过程和内容的记录性文书。适用于组织听证过程中，对听证情况及有关人员的陈述、申辩及质证情况进行记录。

21.41.3 文书制作要求

(1) 案由应当与立案审批表相一致。

(2) 主持听证机关为拟作出行政处罚的煤矿安全监管部门，应填写单位全称。

(3) 听证会地点、时间据实填写，时间应标明听证会起止具体时间。

(4) 听证会主持人、听证员、记录人的姓名和单位职务据实填写，且与听证会通知书相一致。案件承办人要与立案审批表中承办人一致。

(5) 写明听证申请人、委托代理人、其他参加人（证人、鉴定人）等人员的基本情况。听证申请人为个人的，写明其姓名、身份证号、所在单位及职务；当事人为单位的，写明单位全称，法定代表人的姓名、在该单位所担任职务等；当事人委托代理人的，写明委托代理人的姓名、身份证号及其所在单位名称。

(6) 听证记录：如实记录听证会议全过程的内容，主要包括以下内容：

① 主持人宣布听证开始，核对听证会参加人员身份，宣布听证组成人员，告知参加人员相关权利义务，宣布听证纪律。

② 案件承办人员对当事人违法违规事实的陈述，出示的证据以及拟作出行政处罚建议的理由和法律依据。

③ 听证申请人对拟行政处罚事项提出的异议以及理由、证据（违法违规事实，法律适用以及免于、从轻或减轻行政处罚的规定）。

④ 双方质证、辩论的内容。

⑤ 听证主持人向有关人员的询问。

⑥ 案件承办人员、听证申请人或其委托代理人做最后陈述的内容。

(7) 各方签名。听证申请人、记录人应当逐页签名确认注明日期。听证笔录在有关参加人审阅后，听证申请人在末页注明“听证笔录内容已阅，记录属实”的字样，签名并注明日期。

其他所有听证会参加人员均应签名并注明日期，人员包括参加听证会的听证主持人、听证员、记录人、案件承办人、证人、鉴定人等。

(8) 听证申请人发现笔录有误，要求修改完善的，在每一处修改的地方按压指印确认。

21.42　行政处罚决定审批表

21.42.1　文书制作模板

河南省煤矿安全监管行政执法文书

行政处罚决定审批表

(A)煤(B)罚审〔20××〕×号

<table>
<tr><td rowspan="5">当事人
基本情况</td><td>单位名称</td><td>××煤矿</td><td>法定代表人</td><td>×××</td></tr>
<tr><td>地　　址</td><td>×市×县</td><td>电　　话</td><td>××××××</td></tr>
<tr><td>个人姓名</td><td></td><td>性　　别</td><td></td></tr>
<tr><td>所在单位</td><td></td><td>电　　话</td><td></td></tr>
<tr><td>身份证号码</td><td></td><td>个人住址</td><td></td></tr>
<tr><td>案　　由</td><td colspan="2">××煤矿涉嫌井下作业人员未进行安全生产教育和培训案</td><td>立案审批表编　　号</td><td>(A)煤(B)立
〔20××〕×号</td></tr>
<tr><td>当事人违法事实及建议作出处罚意见</td><td colspan="4">20××年×月×日，我单位组织对××煤矿进行安全检查时，发现该煤矿井下作业人员×××等3人未依照有关规定进行安全生产教育和培训上岗作业。违反了《国务院关于预防煤矿生产安全事故的特别规定》第十六条第一款的规定。依据《国务院关于预防煤矿生产安全事故的特别规定》第十六条第二款的规定，拟对××煤矿作出人民币叁拾万元的行政处罚。</td></tr>
<tr><td>陈述申辩听证情况</td><td colspan="4">当事人未进行陈述、申辩。
20××年×月×日，我单位根据当事人申请，组织在××地点对本案进行了听证。听证情况详见听证笔录。</td></tr>
<tr><td>陈述申辩听证意见采纳情况</td><td colspan="4">当事人提出的听证意见依据不成立，不予采纳。建议给予××煤矿作出人民币叁拾万元的行政处罚。
承办人(签名)：×××　×××　　20××年×月×日</td></tr>
<tr><td>承办机构审查意见</td><td colspan="4">拟同意给予当事人人民币叁拾万元的罚款。
负责人(签名)：×××　　20××年×月×日</td></tr>
<tr><td>法制机构审核意见</td><td colspan="4">经审核，该案件事实清楚、证据确凿充分、材料齐全，程序合法，定性准确，处罚适当，同意给予当事人人民币叁拾万元的罚款。
负责人(签名)：×××　　20××年×月×日</td></tr>
<tr><td>行政机关负责人审批意见</td><td colspan="4">同意。
负责人(签名)：×××　　20××年×月×日</td></tr>
</table>

21.42.2　文书简要说明

行政处罚决定审批表是在下达行政处罚事先告知书后，当事人经过陈述、申辩或听证，在下达行政处罚决定书之前由案件承办人员将案件处理意见呈报承办机构、法制机构负责人和行政机关主要负责人审批的法律文书。

21.42.3　文书制作要求

（1）正确填写行政处罚决定审批表的文书编号。

（2）写明当事人情况。对单位或个人处罚的写明被处罚单位或个人情况，对单位和个人同时处罚写明两者情况。

（3）写明案由和立案审批表编号。案由应与立案审批表中案由保持一致。

（4）写明违法违规事实及处罚意见。主要写清当事人实施违法行为的事实，指出当事人的违法行为违反了某个具体法律、法规，以及依据某个法律、法规进行处罚，具体到条、款、项、目。

（5）案件承办人写明陈述、申辩及听证情况。写明陈述、申辩及听证意见采纳情况和理由，签名并注明日期。

（6）承办机构审查意见：要写明拟同意或不同意给予当事人处罚。不同意要写明理由。

（7）法制机构按其审核样本签署意见。

（8）行政机关负责人签署意见。同意处罚意见的，签署“同意”；不同意处罚意见的，应签署“不同意”，并注明理由或写明其他意见。签名并注明日期。

21.43　案件移送审批表

21.43.1　文书制作模板

河南省煤矿安全监管行政执法文书

案件移送审批表

(A)煤(B)移审〔20××〕×号

<table>
<tr><td rowspan="5">当事人</td><td>单位名称</td><td>××煤矿</td><td>法定代表人</td><td>×××</td></tr>
<tr><td>地　　址</td><td>×市×县×乡</td><td>电　　话</td><td>××××××</td></tr>
<tr><td>个人姓名</td><td></td><td>性　　别</td><td></td></tr>
<tr><td>所在单位</td><td></td><td>电　　话</td><td></td></tr>
<tr><td>身份证号码</td><td></td><td>个人住址</td><td></td></tr>
<tr><td>案　　由</td><td colspan="2">××煤矿涉嫌越界开采案</td><td>案件来源</td><td>现场检查</td></tr>
<tr><td>案情摘要
移送理由</td><td colspan="4">20××年×月×日,我单位对××煤矿进行安全检查时,发现该矿××掘进工作面超出了采矿许可证划定的矿区范围。经初步立案调查取证,认定该行为违反《中华人民共和国矿产资源法》第三条第二款之规定。
该案超出了我单位的管辖权限,属国土资源部门管辖。</td></tr>
<tr><td>承办人
意　见</td><td colspan="4">根据《中华人民共和国安全生产法》第六十六条之规定,建议将该案移送××国土资源局依法处理。
承办人(签名):×××　×××　　20××年×月×日</td></tr>
<tr><td>承办机构
审核意见</td><td colspan="4">拟同意将该案移送到××国土资源局依法处理。
负责人(签名):×××　　20××年×月×日</td></tr>
<tr><td>法制机构
审核意见</td><td colspan="4">经审核,该案件超出了我单位的管辖权限,属国土资源部门管辖,同意将该案移送到××国土资源局依法处理。
负责人(签名):×××　　20××年×月×日</td></tr>
<tr><td>行政机关
负责人
审批意见</td><td colspan="4">同意移送。
负责人(签名):×××　　20××年×月×日</td></tr>
</table>

21.43.2　文书简要说明

案件移送审批表是将立案调查后不属于自己管辖的案件，移送有管辖权单位（或部门）处理时报请本机关负责人批准而制作的内部法律文书。

21.43.3　文书制作要求

（1）正确填写案件移送审批表的文书编号。

（2）写明案件移送的案由。应与立案审批表保持一致。

（3）写明案件摘要及移送理由，主要包括立案调查后初步掌握的涉嫌违法违规事实和违反的相关法律法规。

（4）承办人员意见：写明案件移送依据和建议移送单位（或部门）的全称，签名并写明日期。

（5）承办机构签署意见，负责人签名并注明日期。

（6）法制审核机构按其样式填写审核意见，负责人签名并注明日期。

（7）行政机关负责人签署审批意见，签名并签署日期。

21.44 案件移送书

21.44.1 文书制作模板

河南省煤矿安全监管行政执法文书

案件移送书

(A)煤(B)移〔20××〕×号

××国土资源局：

本机关于20××年×月×日对××煤矿涉嫌非法开采一案立案调查，在调查中发现：该矿××掘进工作面超出了采矿许可证划定的矿区范围，此案超出本机关管辖范围。根据《中华人民共和国安全生产法》第六十六条之规定，现将该案件移送你单位依法处理。

附：有关材料 × 份

(1) ……×份××页

(2) ……×份××页

我单位地址：××市××区××路×号　邮政编码：××××××

联系人：×××　电　话：××××××

送件人(签名)：××××××　日　期：20××年×月×日

收件人(签名)：×××　日　期：20××年×月×日

××煤矿安全监管部门公章

20××年×月×日

本文书一式两份：一份交受移送单位，一份由煤矿安全监管部门存档。

21.44.2　文书简要说明。

案件移送书是经煤矿安全监管部门负责人审批同意，将立案调查不属于本机关管辖的案件，移送有管辖权单位（或部门）处理时，向对方发出的证明类文书。

21.44.3　文书制作要求

（1）写明移送书的文书编号。

（2）写明受移送单位的全称。

（3）写明当事人全称以及存在的涉嫌违法违规事实。

（4）根据具体案件填写清楚移送原因，依据的法律、法规具体到条、款、项、目。

（5）本机关已经掌握的相关材料应当随案移送，写明附件材料的名称、份数、页数。

（6）写明本机关的地址、邮政编码、联系人、电话。

（7）送件人、收件人签名并注明日期。

（8）写明执法文书的制作日期，加盖下达文书的煤矿安全监管部门的印章。

21.45 延期(分期)缴纳罚款审批表

21.45.1 文书制作模板

河南省煤矿安全监管行政执法文书

延期(分期)缴纳罚款审批表

(A)煤(B)延缴审〔20××〕×号

案　由	××煤矿未取得安全生产许可证擅自组织生产案		
行政处罚决定书文　号	(A)煤(B)罚字〔20××〕×号		
当事人	×××	地　址	××市××县××镇
违法事实及处罚的内　容	××煤矿未取得安全生产许可证，擅自组织生产，其行为违反了《安全生产许可证条例》第二条第二款规定，依据《安全生产许可证条例》第十九条，20××年×月×日对该公司作出没收违法所得人民币××万元，并处人民币×万元罚款的行政处罚。		
当事人申请延期(分期)缴纳罚款的理由	矿井建设期间初期投资较大，目前尚未正式投产，资金筹措困难，特申请延期缴款。 附：当事人申请书、保证书。(保证书应由当事人签名并加盖公章，注明延(分)期缴款的具体时间及金额)		
承办人员意　见	经查情况属实，考虑企业实际状况，建议同意该矿延期至20××年×月×日前缴纳罚款。 承办人(签名)：××× ×××　　20××年×月×日		
承办机构审查意见	拟同意延期缴纳。 负责人(签名)：×××　　20××年×月×日		
行政机关负责人审批意见	同意延期缴纳。 负责人(签名)：××× 20××年×月×日		

21.45.2　文书简要说明

延期(分期)缴纳罚款审批表是煤矿安全监管部门根据当事人收到行政处罚决定书十五日内提出的延期(分期)缴纳罚款申请,而制作的进行内部审批的法律文书。

21.45.3　文书制作要求

(1) 写明案由。

(2) 写明行政处罚决定书的文号,与下达的决定书相一致。

(3) 违法事实及处罚决定:应当填写当事人违法违规行为,以及违反的法律、法规内容,按照有关法律、法规对认定的违法行为给予的行政处罚。依据的法律、法规具体到条、款、项、目。

(4) 根据当事人的申请,写明延期(分期)缴纳罚款的理由。附当事人申请书、保证书。保证书应由当事人签名并加盖公章,注明延(分)期缴款的具体时间及金额。

(5) 承办人意见:应当写明经核查,同意或者不同意延(分)期缴纳罚款,写明理由,签名并注明日期。

(6) 承办机构审查意见:由承办处(科)室负责人审查后写明审查意见,签名并注明日期。

(7) 行政机关负责人签署审批意见,明确是否同意,签名并注明日期。不同意的要写明理由。

21.46　延期(分期)缴纳罚款批准书

21.46.1　文书制作模板

河南省煤矿安全监管行政执法文书

延期(分期)缴纳罚款批准书

(A)煤(B)延缴批〔20××〕×号

××煤矿：

20××年×月×日，本机关对你单位下达了行政处罚决定书((A)煤(B)罚〔20××〕×号)，作出了对你(单位)罚款 叁拾万元(大写)的决定。现根据你单位的申请，本机关依据《中华人民共和国行政处罚法》第五十二条的规定，同意你单位：

☑延期缴纳罚款。延长至××××年×月×日(大写)止。

分期缴纳罚款。第____期至______年____月____日(大写)前，缴纳罚款__________元(大写)(每期均应当单独开具本文书)。此外，尚有未缴纳的罚款______________元(大写)。

代收机构以本批准书为据，办理收款手续。

到期不缴纳罚款的，依据《中华人民共和国行政处罚法》第五十一条第(一)项的规定，每日按罚款数额的百分之三加处罚款。

××煤矿安全监管部门公章
20××年×月×日

本文书一式两份：一份交申请人，一份由煤矿安全监管部门存档。

21.46.2　文书简要说明

延期(分期)缴纳罚款批准书是根据当事人收到行政处罚决定书后十五日内提出延期(分期)缴纳罚款申请,经煤矿安全监管部门负责人审批后批准当事人延期(分期)缴纳罚款的法律文书。

21.46.3　文书制作要求

(1) 正确填写文书文号。

(2) 写明当事人名称全称。

(3) 简要写明行政处罚决定书的下达日期、文书文号,罚款金额。

(4) 批准当事人延期缴纳罚款的,应在该选项前的方框内打勾,并写明延长期限的截止日期。

(5) 批准当事人分期缴纳罚款的,在该选项前的方框内打勾。而且,每一期都应单独开具本文书,编写文书编号,并写明当事人尚未缴纳罚款的余额,每一期的批准书编制的顺序号应不同。

(6) 写明制作延期(分期)缴纳罚款批准书的日期,加盖下达文书的煤矿安全监管部门的印章。

21.47 缴纳罚款催告书

21.47.1 文书制作模板

河南省煤矿安全监管行政执法文书

缴纳罚款催告书

(A)煤(B)催〔20××〕×号

××煤矿：

本机关于20××年×月×日向你单位下达了行政处罚决定书((A)煤(B)罚〔20××〕×号),要求你单位于20××年×月×日前将罚款缴至××银行。因你单位至今未履行该处罚决定,依据《中华人民共和国行政强制法》第三十五条的规定,现催告你单位履行以上决定,仍不缴纳的,本机关将依据《中华人民共和国行政处罚法》第五十一条第(一)项、《中华人民共和国行政强制法》第四十五条的规定,每日按罚款数额的百分之三加处罚款。

收到本催告书后,你单位有权进行陈述、申辩。如有陈述申辩意见,请在三日内向本机关提出。无正当理由逾期未提出的,视为放弃此权利。

本机关地址：××市××区××路×号　　邮政编码：××××××

本机关联系人：×××　　联系电话：××××××

××煤矿安全监管部门公章

20××年×月×日

本文书一式两份：一份交当事人,一份由煤矿安全监管部门存档。

21.47.2　文书简要说明

缴纳罚款催告书是作出行政处罚的煤矿安全监管部门针对收到行政处罚决定书后十五日内未缴纳罚款的当事人下达的，催告其履行处罚决定的文书。

21.47.3　文书制作要求

(1) 正确填写缴纳罚款催告书的文书编号。

(2) 正确填写当事人的单位全称或个人姓名。当事人为多个时，应分别下达。

(3) 正确填写对当事人作出的行政处罚决定的文书编号及送达日期。

(4) 按行政处罚决定书中一般载明的“罚款应在自接到本处罚决定书之日起十五日内缴纳”填写缴纳罚款的最后期限。

(5) 写明对当事人的催告内容和要求。

(6) 写明发出缴纳罚款催告书的煤矿安全监管部门地址、邮政编码、联系人和联系电话。

(7) 写明制作缴纳罚款催告书的日期，加盖下达文书的煤矿安全监管部门的印章。

21.48 加处罚款决定书

21.48.1 文书制作模板

河南省煤矿安全监管行政执法文书

加处罚款决定书

(A)煤(B)加罚〔20××〕×号

××煤矿:

本机关于20 ××年×月×日向你单位下达了行政处罚决定书((A)煤(B)罚〔20××〕×号),对你单位罚款人民币 ××万元(大写),要求你单位于20××年×月×日前履行处罚决定。经催告,你单位截至20××年×月×日仍未履行该行政处罚决定,根据《中华人民共和国行政处罚法》第五十一条第(一)项、《中华人民共和国行政强制法》第四十五条的规定,本机关决定对你单位加处罚款××万元(大写)。现要求你单位立即将加处罚款缴至 ××银行,账号:××××××。

如果不服本决定,可以依法在六十日内向 ×× 人民政府或者××安全监管部门申请行政复议,或者在六个月内依法向××人民法院提起行政诉讼,但本决定不停止执行。逾期不申请行政复议、不提起行政诉讼又不履行的,本机关将依法申请人民法院强制执行。

××安全监管部门公章
20××年×月×日

本文书一式两份:一份交当事人,一份由安全监管部门备案。

21.48.2　文书简要说明

该文书是针对当事人逾期不履行煤矿安全监管部门作出的罚款决定，依法对当事人作出加处罚款的决定性文书。

21.48.3　文书制作要求

(1) 正确填写加处罚款决定书的文书编号。

(2) 写明被加处罚款的当事人的全称。

(3) 正确填写作出行政处罚决定的时间、文号、罚款数额以及履行缴纳罚款时限等事项。

(4) 加处罚款的数额不得超过原处罚决定的罚款金额，按照逾期每日原罚款金额的百分之三计算。

(5) 载明提出行政复议或者提起行政诉讼的权利和途径、方法和期限等。

(6) 写明作出加处罚款决定的日期，加盖下达文书的煤矿安全监管部门的印章。

21.49 行政强制执行事先催告书

21.49.1 文书制作模板

河南省煤矿安全监管行政执法文书

行政强制执行事先催告书

(A)煤(B)强执催〔20××〕×号

××煤矿:

因你单位特种作业人员无证上岗案,本机关于20××年×月×日向你单位下达了《行政处罚决定书》((A)煤(B)罚〔20××〕×号),并于20××年×月×日向你单位下达了加处罚款决定书((A)煤(B)加罚〔20××〕×号)。你单位在法定期限内未申请行政复议或者提起行政诉讼,也未履行行政决定。根据《中华人民共和国行政强制法》第五十三条、五十四条之规定,现催告你单位自收到本催告书之日起×日内,将罚款××万元(大写)、加处罚款××元(大写)(合计:××元),缴至××银行。

收到本催告书后,你单位有权进行陈述、申辩。如有陈述申辩意见,请在×日内向本机关提出。逾期仍不履行行政决定的,本机关将依法申请人民法院强制执行。

本机关地址:××市××区××路×号 邮政编码:××××××

本机关联系人: ××× 联系电话: ××××××

××煤矿安全监管部门公章

20××年×月×日

本文书一式两份:一份交当事人,一份由煤矿安全监管部门存档。

21.49.2　文书简要说明

行政强制执行事先催告书是煤矿安全监管部门在向人民法院申请强制执行前，向当事人下达的书面文书。

21.49.3　文书制作要求

(1) 正确填写行政强制执行事先催告书的文书编号。

(2) 正确填写当事人的单位全称或个人姓名。当事人为多个时，应分别下达。

(3) 正确填写对当事人作出行政处罚决定和加处罚款决定的文书编号以及下达日期。

(4) 写明对当事人的催告内容和要求。履行义务的时间要求应在十日内，当事人如有陈述、申辩意见也应在该期限内提出。催告书送达十日后当事人仍未履行义务的，煤矿安全监管部门可向有管辖权的人民法院申请强制执行。

(5) 写明下达行政强制执行事先催告书的煤矿安全监管部门地址、邮政编码、联系人和联系电话。

(6) 写明制作行政强制执行事先催告书的日期，加盖下达文书的煤矿安全监管部门的印章。

21.50　强制执行申请书

21.50.1　文书制作模板

河南省煤矿安全监管行政执法文书

强制执行申请书

(A)煤(B)强执申〔20××〕×号

××人民法院：

我单位于20××年×月×日对被申请执行人××煤矿作出了×万元(大写)罚款的行政处罚决定(行政处罚决定书((A)煤(B)罚〔20××〕×号)),被申请执行人在法定的期限内未履行该行政处罚决定。根据《中华人民共和国行政处罚法》第五十一条及《中华人民共和国行政强制法》第五十三条、第五十四条的规定,特申请贵院强制执行。

附有关材料：

1. 行政处罚决定书及作出决定的事实、理由和依据。
2. 当事人的意见及催告书。
3. 申请强制执行标的说明。
4. 法定代表人身份证明、授权委托书。
5. 其他需要提交的材料。

我单位联系人：×××　联系电话：××××××

××煤矿安全监管部门公章
20××年×月×日

本文书一式两份：一份送人民法院,一份由煤矿安全监管部门存档。

21.50.2　文书简要说明

强制执行申请书是在当事人逾期不履行行政处罚决定时，煤矿安全监管部门请求有管辖权的人民法院强制当事人执行已生效的行政执法决定的法律文书。

21.50.3　文书制作要求

（1）正确填写强制执行申请书的文书编号。

（2）正确填写受理强制执行申请的人民法院名称。

（3）在正文和相应空格栏目中应写清楚被申请执行人全称和作出的行政处罚决定的日期、名称及文号，并写明申请强制执行的法律依据。

（4）申请人民法院强制执行，应当按照《行政强制法》第五十五条的要求，向人民法院提交行政处罚决定书、当事人的意见及煤矿安全监管部门催告等情况材料，以便人民法院了解当事人是否在规定的期限内未履行处罚决定的事实。

（5）申请人民法院强制执行前，应当催告当事人履行义务。催告书送达十日后当事人仍未履行义务的，煤矿安全监管部门可以向所在地有管辖权的人民法院申请强制执行。

（6）正确填写申请单位联系人姓名及联系电话。

（7）写明制作强制执行申请书的日期，加盖制作文书的煤矿安全监管部门的印章。

（8）制作本文书需注意：当事人在法定期限内不申请行政复议或提起行政诉讼，又不履行行政决定的，应当自期限届满之日起三个月内按规定申请人民法院强制执行。

21.51　案件结案审批表

21.51.1　文书制作模板

河南省煤矿安全监管行政执法文书

案件结案审批表

(A)煤(B)结审〔20××〕×号

案　　由	××煤矿特种作业人员无证上岗作业案	立案日期	×年×月×日
行政处罚决定书文号	(A)煤(B)罚〔20××〕×号	处罚日期	×年×月×日
案件简要情　　况	20××年×月×日至×日,××煤矿安全监管部门×××、×××等监管人员按照监管执法计划,依法对××煤矿进行安全检查,发现该矿井下爆破工×××、瓦斯检查工×××等×名特种作业人员未取得特种作业资格证情况下被安排上岗作业,该行为违反了《安全生产法》第二十七条第一款之规定。		
行政处罚内　　容	依据《安全生产法》第九十四条第(七)项的规定,给予××煤矿罚款×万元的行政处罚。		
行政处罚执行情况和行政复议、行政诉讼情况	20××年×月×日,案件承办人员向××煤矿下达了行政处罚决定书((A)煤(B)罚字〔20××〕×号)。20××年×月×日该矿向××人民政府提出行政复议申请,复议部门决定维持(A)煤(B)罚字〔20××〕×号的行政处罚决定。××煤矿未能按期缴纳罚款,经催告该矿仍不履行行政处罚决定,20××年×月×日,我单位向××人民法院提交了强制执行申请书((A)煤(B)强执〔20××〕×号),经××人民法院强制执行,20××年×月×日罚款划转至指定罚款账户。		
承办人意　　见	经复查,发现的事故隐患和违法违规行为已全部改正完毕,行政罚款已执行到位,申请结案。 承办人(签名):×××　×××　　20××年×月×日		
承办机构审查意见	拟同意结案。 负责人(签名):×××　　20××年×月×日		
行政机关负责人审批意见	同意结案。 负责人(签名):×××　　20××年×月×日		

21.51.2　文书简要说明

结案审批表是安全生产违法案件处理终结时,由案件承办人员制作的关于案件查处执行完毕,报请本机关负责人审核批准结案的内部法律文书。

21.51.3　文书制作要求

(1) 写明案由、立案日期、行政处罚决定书文号及下发日期。案由应与立案审批表案由相一致。

(2) 写明案件简要情况、行政处罚内容、执行情况和行政复议、行政诉讼情况。表述应与案件相应文书内容一致。

(3) 承办人意见:写明整改复查情况、相关结案理由,签名并注明日期。

(4) 承办机构审查意见:由承办处(科)室负责人审查后写明审查意见,签名并注明日期。

(5) 行政机关负责人写明审批意见,明确是否同意结案,签名并注明日期。

河南省煤矿安全监管执法手册(试行)

（下册）

河南省煤炭工业管理办公室
河 南 煤 矿 安 全 监 察 局　编

中国矿业大学出版社

内容提要

本书分上下两册，上册由两部分组成，第一部分包括总则、监管执法计划编制和审批、现场检查、行政处罚、行政强制、执法结果处置、行政复议、应诉和国家赔偿等方面内容，涵盖监管执法活动的全过程。第二部分为常用执法文书制作，包括制作模板、文书介绍、制作要求等，涵盖煤矿安全监管执法活动每个环节文件的规范性制作。下册内容为煤矿安全监管现场检查表，主要内容为煤矿规程、规定、标准以及河南省有关煤矿安全的要求等。

图书在版编目(CIP)数据

河南省煤矿安全监管执法手册:试行:全2册 / 河南省煤炭工业管理办公室，河南煤矿安全监察局编. —徐州:中国矿业大学出版社，2018.5(2018.7重印)

ISBN 978-7-5646-3984-6

Ⅰ.①河… Ⅱ.①河… ②河… Ⅲ.①矿山安全—安全管理—行政执法—河南—手册 Ⅳ.①D927.610.254-62

中国版本图书馆CIP数据核字(2018)第112704号

书　　名　河南省煤矿安全监管执法手册(试行)(下册)
编　　者　河南省煤炭工业管理办公室
　　　　　　河南煤矿安全监察局
责任编辑　王加俊　耿东锋
出版发行　中国矿业大学出版社有限责任公司
　　　　　　(江苏省徐州市解放南路　邮编221008)
营销热线　(0516)83885307　83884995
出版服务　(0516)83885767　83884920
网　　址　http://www.cumtp.com　**E-mail**:cumtpvip@cumtp.com
印　　刷　徐州中矿大印发科技有限公司
开　　本　890×1240　1/32　**本册印张** 7　**本册插页** 1　**本册字数** 237千字
版次印次　2018年5月第1版　2018年7月第2次印刷
总 定 价　60.00元(上下册)

河南省煤炭工业管理办公室
河南煤矿安全监察局 文件

豫煤联〔2018〕103 号

河南省煤炭工业管理办公室　河南煤矿安全监察局
关于印发《河南省煤矿安全监管执法手册(试行)》的
通　　知

各产煤省辖市、省直管县（市）煤矿安全监管及行业管理部门：

为进一步规范全省煤矿安全监管执法行为，指导并推进省、市、县（市、区）煤矿安全监管执法工作，促使我省煤矿安全监管执法工作走向标准化、规范化和法制化道路，河南省煤炭工业管理办公室、河南煤矿安全监察局组织编写了《河南省煤矿安全监管执法手册（试行)》。目前《河南省煤矿安全监管执法手册(试行)》已通过专家评审，并经河南省煤炭工业管理办公室、河南煤矿安全监察局审议通过，现予印发，请认真贯彻执行。

河南省煤炭工业管理办公室　河南煤矿安全监察局

2018 年 4 月 10 日

编写委员会

主　　任：王连海　严寅初

副 主 任：李震寰　沈天良　万战伟　薛纯运

　　　　　姚景州　王亚林

执行主任：万战伟

委　　员：（以姓氏笔画为序）

马文刚　马明君　王　军　王家允

亢根柱　孔令辉　石学峰　田占营

田茂林　朱中民　刘宪伟　祁水山

杨永标　李九军　李天明　李文正

李书晟　李发军　李俊岭　时志钢

宋炳顺　张如意　张金岭　张宝林

柴栓庆　常占军　焦金永　焦洪涛

谢贵轩

编写办公室

主　　任：孔令辉

副 主 任：焦金永

成　　员：（以姓氏笔画为序）

王冰冰　朱　明　安益智　杜雅杉

张清来　欧阳进喜　高　剑　谢　添

主　　编：安益智　张清来

编写人员：（以姓氏笔画为序）

马向阳　王冰冰　田梁才　司德文

吕金辉　朱自勇　刘国正　庄启恒

齐保贤　许中华　李　锋　李　寒

李本辉　李红彬　李学同　余跃民

张　叠　陈　华　陈先哲　陈树强

岳鹏翔　孟召明　胡优良　茹纯洁

姜素涛　徐春华　黄宾宾　崔庆广

康怀玉　梁　华　彭向军　韩小六

程乐金　魏敬喜

序

为进一步规范我省煤矿安全监管行政执法行为，有力指导并推进省、市、县(市、区)煤矿安全监管执法工作，促使我省煤矿安全监管执法工作走向标准化、规范化和法制化的发展道路，省煤炭工业管理办公室联合河南煤矿安全监察局组织有关人员历时数月编写了《河南省煤矿安全监管执法手册(试行)》(以下简称《手册》)。该《手册》的编著是一项开创性的工作，系全国首例地方性煤矿安全监管执法手册，对依法开展煤矿安全监管执法，落实地方监管责任具有重要意义。

多年煤矿行业管理经验证明，要实现煤矿安全，在努力做好煤矿行业技术管理、安全生产监管等工作的基础上，煤矿安全监管执法是不可缺少的手段。煤矿安全监管执法是“国家监察、地方监管、企业负责”中的重要环节，只有“国家监察、地方监管、企业负责”三方同向发力，形成合力，严格落实企业主体责任，煤矿事故才能得到有效遏制。我省煤矿煤层赋存条件复杂，煤矿开采难度大，高瓦斯和突出矿井产能占比高，煤矿生产安全事故多发，迫切需要加强煤矿的安全监管执法工作，但受我省煤矿监管体制变革等历史因素的影响，当前我省煤矿监管执法还存在监管机构执法主体职责不明确，执法责任不落实，执法力度不够大，执法人员配备不足，检查执法不精准，执法程序不完整等诸多问题。要看到，我省相当一部分煤矿安全监管部门工作人员的业务知识不全面，执法能力偏弱，不敢执法，不会执法。

党的十九大报告作出了“中国特色社会主义进入新时代”的重大判断，把坚持全面依法治国确立为新时代坚持和发展中国特色社会主义基本方略的重要内容，必将引领我国社会主义法制建设进入新时代。《中共中央国务院关于推进安全生产领域改革发展的意见》明确强调，要建设高素质专业化执法队伍，提高执法水平。这些均要求我们注重培养煤矿安全监管人员的专业能力，提高执法效能和效果，适应新时代中国特色社会主义发展要求。另外，随着人民群众法治意识、维权意识不断提高，要求监管部门必须更加规范公正执法，做到法定职责必须为、法无授权不可为。

省煤管办和河南煤监局组织编写的《手册》是全省煤矿安全监管部门监管执法、依法行政的重要指导，是全省煤矿安全监管部门落实依法治省、规范执法的重要依据，将为全省的煤矿安全监管执法活动提供有力的法理保障。《手册》的印发将进一步提升全省的煤矿安全监管执法规范化水平，提高全省煤矿安全监管部门执法人员的执法能力和执法效能。

“天下之事，不难于立法，而难于法之必行”。我省各级煤矿安全监管人员都应认真学习并准确掌握《手册》的内容，做到每位监管执法人员都能规范执法。也希望大家在今后的工作中，以此书为指引，切实加大安全监管执法力度，围绕查大系统、治大灾害、除大隐患、防大事故的目标，严格标准，严格检查，严格执法，有力推动我省煤矿安全生产水平持续提升，实现煤矿的长治久安。以煤炭行业的持续、稳定、健康、绿色发展竞跑新时代河南全面建设社会主义现代化新征程，奋力谱写决胜全面小康、中原更加出采的辉煌篇章！

河南省煤炭工业管理办公室
河南煤矿安全监察局

2018 年 4 月

前　言

为进一步规范我省的煤矿安全监管执法行为、统一监管执法程序，保障煤矿安全监管部门依法履行职责，河南省煤炭工业管理办公室和河南煤矿安全监察局两单位共同组织编写了《河南省煤矿安全监管执法手册（试行）》（以下简称《手册》）。《手册》是指导全省煤矿安全监管部门及其行政执法人员公正执行法律法规和规程规定的内部规范。

《手册》分为上下两册。上册共八编二十一章，主要由两大部分组成，第一部分包括总则、监督检查计划、现场检查、行政处罚、行政强制、执法结果处置、行政复议、应诉和国家赔偿等，涵盖了监管执法活动的全过程内容，在规范执法程序、如何开展监管执法等方面给予监管部门执法人员作出全面指导。第二部分为常用执法文书制作，涵盖煤矿安全监管执法活动过程每个环节的规范性文件制作，其包括制作模板、文书介绍、制作要求等相关内容，执法人员在制作执法文书时可直接参考应用。下册内容为煤矿安全监管现场检查表，引用了国家安监总局、国家煤监局编制的煤矿监察执法手册的检查表，主要内容为《煤矿安全规程》等规章、规程、规定和标准的内容以及我省有关煤矿安全的要求，供执法人员做现场检查方案时直接抽取或参考使用。

本书自 2017 年 6 月开始组织编写，经历了前期广泛调研、初稿编制、集中修改完善、广泛征求意见、省内外实地调研、专家论证修改等阶段。河南省煤炭工业管理办公室和河南煤矿安全监察局两单位领导对此项工作高度重视，分别指派专人负责具体编写工作，编委会和编写办的同志都为《手册》的编写付出了辛勤的劳动。本书在编写当中得到了国家煤矿安全监察局、河南煤监局豫南分局和豫西分局、郑州市煤管局、洛阳市煤炭局、许昌市安监局、巩义市煤管局、禹州市煤炭局等煤矿监管监察部门以及河南能源化工集团、郑煤集团郑州工业技师学院、中煤河南新能公司王行庄煤矿等单位的大力支持,河南省人民政府法制办公室、河南省发展和改革委员会、河南省安全生产监督管理局执法监察总队的有关同志也对本书的编写给予了指导,在此一并表示感谢。

由于时间仓促和水平所限,书中不妥之处在所难免,敬请大家多多批评指正。

编　者

2018 年 4 月

目　　录

1 安全管理检查表

1.1 组织机构规章制度检查表

序号	项目	检 查 内 容	检查方法	检查依据
1	安全生产许可证	应依法取得安全生产许可证。 检查主要负责人、隶属关系、企业名称变更后以及改(扩)建工程验收合格后,变更安全生产许可证情况。 具有采矿许可证。	查阅安全许可证及其他证照。	《煤矿企业安全生产许可证实施办法》(国家安全生产监督管理总局令第86号)第二条、第三条、第二十条、第二十一条。
2	安全管理机构	设置安全生产管理机构,配备专职安全生产管理人员。	抽查机构设立、人员任命和工作分工文件。	《煤矿企业安全生产许可证实施办法》(国家安全生产监督管理总局令第86号)第六条、第七条,《安全生产法》第二十一条、第二十四条。
		建立、健全主要负责人、分管负责人、安全生产管理人员、职能部门、岗位安全生产责任制;制定安全技术审批、事故隐患排查治理、安全检查、安全办公会议等安全生产规章制度和各工种操作规程。	抽查相关文件、会议纪要、记录、台账(报表签字)等资料。	《煤矿企业安全生产许可证实施办法》(国家安全生产监督管理总局令第86号)第六条。
		履行落实重大危险源的安全管理措施、排查生产安全事故隐患、落实安全生产整改措施的职责。	抽查重大危险源、隐患排查、安全检查记录台账。	《安全生产法》第二十二条、第三十七条。
		煤与瓦斯突出矿井应当设置防突机构。	抽查机构设置文件。	《防治煤与瓦斯突出规定》(国家安全生产监督管理总局令第19号)第四条、第二十七条。

序号	项目	检　查　内　容	检查方法	检查依据
2	安全管理机构	水文地质条件复杂、极复杂的，应当设立专门的防治水机构。	检查机构设置文件。	《煤矿安全规程》(国家安全生产监督管理总局令第87号)第二百八十三条。
		冲击地压矿井应设置专门的防冲机构。	检查机构设置文件。	《煤矿安全规程》(国家安全生产监督管理总局令第87号)第二百二十八条。
3	主要负责人职责	履行建立安全生产责任制、组织制定安全生产规章制度和操作规程、组织制定并实施安全生产教育和培训计划、保证安全生产投入、督促检查安全生产、组织制定并实施生产安全事故应急救援预案的职责。	抽查相关制度文件、会议纪要、和矿长下井带班记录。	《安全生产法》第十八条。
		突出矿井的矿长每月至少召开一次防突专题会议，研究、检查、部署防突工作。	抽查会议纪要(记录)。	《防治煤与瓦斯突出规定》(国家安全生产监督管理总局令第19号)第二十六条。

1.2　安全投入检查表

序号	项目	检　查　内　容	检查方法	检查依据
1	安全费用	编制年度安全费用提取和使用计划，高瓦斯煤矿和煤与瓦斯突出煤矿提取的煤炭生产安全费用不低于 50 元/吨，其中用于瓦斯防治的不低于 60%。其他煤矿吨煤不低于 15 元，其中用于瓦斯防治的不低于 60%。不得随意降低提取和使用标准。	抽查安全费用提取明细账、产量报表。	《安全生产法》第二十条，《企业安全生产费用提取和使用管理办法》(财企〔2012〕16 号)第五条、第十七条、第三十一条。 《河南省人民政府关于进一步加强煤矿瓦斯防治和利用工作的意见》(豫政〔2012〕46 号)第五条第二十六款。
		安全费用不得超范围使用。	抽查安全费用使用明细账、凭证、有关财务报表、计划和统计报表。	
2	工伤保险	参加工伤保险，为从业人员缴纳工伤保险费。	抽查缴纳工伤保险票据、凭证和相关文件。	《煤矿企业安全生产许可证实施办法》(国家安全生产监督管理总局令第 86 号)第六条。

1.3 安全培训检查表

序号	项目	检查内容	检查方法	检查依据
1	安全培训制度	建立安全培训管理制度、井下作业人员实习制度。	抽查制度、培训档案。	《煤矿安全培训规定》(国家安全生产监督管理总局令第92号)第六条、第三十六条。
		建立安全生产教育和培训档案。		《煤矿安全培训规定》(国家安全生产监督管理总局令第92号)第八条。
2	安全培训管理	主要负责人和安全生产管理人员具备安全生产知识,考核合格。	抽查人员任命文件、培训考核记录。	《煤矿企业安全生产许可证实施办法》(国家安全生产监督管理总局令第86号)第六条。
		矿井的管理人员和井下工作人员接受防突知识的培训,经考试合格。 突出矿井的主要负责人、技术负责人应当接受煤矿二级及以上安全培训机构组织的防突专项培训。 井下工作人员掌握防突基本知识、规章制度等内容。 区(队、班组)长和有关职能部门工作人员掌握突出的危害及发生规律、区域和局部综合防突措施、防突规章制度。	抽查培训记录、考核情况。	《防治煤与瓦斯突出规定》(国家安全生产监督管理总局令第19号)第三十二条。
		特种作业人员持证上岗。	抽查特种作业人员名单台账或现场抽查特种作业人员资格证。	《安全生产法》第二十七条,《特种作业人员安全技术培训考核管理规定》(国家安全生产监督管理总局令第30号)附件特种作业目录1电工作业、目录5煤矿安全作业。

序号	项目	检查内容	检查方法	检查依据
2	安全培训管理	采用新工艺、新技术、新材料或者使用新设备，对从业人员进行专门的安全生产教育和培训。	抽查培训记录，考核情况，抽查安全生产知识。	《安全生产法》第二十六条。
		对从业人员进行安全生产教育和培训，保证其具备必要的安全生产知识，熟悉有关的规章制度和安全操作规程；掌握本岗位的安全操作技能，了解事故应急处理措施。 未经安全生产教育培训合格的从业人员，不得上岗作业。	抽查培训记录，考核情况，抽查安全生产知识。	《安全生产法》第二十五条。

2　地质保障检查表

序号	项目	检查内容	检查方法	检查依据
1	地测机构制度	煤矿企业及所属矿井应设立地测部门，配备所需的地质及相关专业技术人员和仪器设备。建立健全煤矿地测工作规章制度。	查看机构设置文件、设备及制度。	《煤矿安全规程》(国家安全生产监督管理总局令第87号)第二十二条。
2	地质资料	基建矿井、露天煤矿移交生产前，必须编制建井(矿)地质报告。	检查报告、审批。	《煤矿安全规程》(国家安全生产监督管理总局令第87号)第三十条。
		矿井地质报告应当每5年修编1次。地质条件变化影响地质类型划分时，应当在1年内重新进行地质类型划分。	检查报告、审批。	《煤矿安全规程》(国家安全生产监督管理总局令第87号)第三十三条。
		矿井水文地质类型应当每3年修订1次，发生重大及以上突(透)水事故后，矿井应当在恢复生产前重新确定矿井水文地质类型。	检查报告、审批。	《煤矿安全规程》(国家安全生产监督管理总局令第87号)第二百八十四条。
		地质资料不能满足建设及生产需要时，必须针对所存在的地质问题开展补充地质勘探工作。	抽查补充勘探资料。	《煤矿安全规程》(国家安全生产监督管理总局令第87号)第二十三条，第二十四条。
3	隐蔽致灾因素普查	煤矿必须结合实际情况开展隐蔽致灾地质因素普查或探测工作，并提出书面报告，由矿总工程师组织审定。	抽查隐蔽致灾因素普查报告。	《煤矿安全规程》(国家安全生产监督管理总局令第87号)第三十二条。

序号	项目	检 查 内 容	检查方法	检查依据
4	地质预测预报	煤矿建设、生产阶段，必须对揭露的煤层、断层、褶皱、岩浆岩体、陷落柱、含水岩层，矿井涌水量及主要出水点等进行详细编录，在综合分析的基础上，编制地质及水文地质预测、预报。	抽查地质预报。	《煤矿安全规程》（国家安全生产监督管理总局令第87号）第二十八条。
		突出煤层顶、底板岩巷掘进时，地质测量部门提前进行地质预测，掌握施工动态和围岩变化情况，及时验证提供的地质资料，并定期通报给煤矿防突机构和采掘区（队）；遇有较大变化时，随时通报。	抽查地质预报及验证资料。	《防治煤与瓦斯突出规定》（国家安全生产监督管理总局令第19号）第十七条。
5	地质探查	井筒设计前，必须按要求施工井筒检查孔。井筒施工期间应当验证井筒检查孔取得的各种地质资料。当发现影响施工的异常地质因素时，应当采取探测和预防措施。	抽查井筒检查孔资料及井筒揭煤和过强含水层措施。	《煤矿安全规程》（国家安全生产监督管理总局令第87号）第二十五、二十七条。
		掘进和回采前，应超前采用物探、钻探等方法查清采掘工作面及其周边地质构造、岩浆岩体、陷落柱、煤层及其顶底板岩性、煤（岩）与瓦斯（二氧化碳）突出危险区、受水威胁区、技术边界、采空区、地质钻孔等情况，提出地质说明书。	抽查采区、掘进及回采地质说明书。	《煤矿安全规程》（国家安全生产监督管理总局令第87号）第三十一条。
		井巷揭煤前，应当探明煤层厚度、地质构造、瓦斯地质、水文地质及顶底板等地质条件，编制揭煤地质说明书。	抽查揭煤地质说明书。	《煤矿安全规程》（国家安监管总局令第87号）第二十九条。

序号	项目	检 查 内 容	检查方法	检查依据
6	瓦斯地质	井田地质报告应当提供煤层突出危险性的基础资料。井巷揭煤前，应当探明煤层厚度、地质构造、瓦斯地质、水文地质及顶底板等地质条件，编制揭煤地质说明书。	抽查井田地质报告及地质说明书。	《防治煤与瓦斯突出规定》(国家安全生产监督管理总局令第19号)第八条。
		突出矿井必须编制并及时更新矿井瓦斯地质图，更新周期不得超过1年，图中应当标明采掘进度、被保护范围、煤层赋存条件、地质构造、突出点的位置、突出强度、瓦斯基本参数等，作为突出危险性区域预测和制定防突措施的依据。	查阅瓦斯地质图等资料。	《煤矿安全规程》(国家安全生产监督管理总局令第87号)第二百条。
		在突出煤层顶、底板掘进岩巷时，必须超前探测煤层及地质构造情况，分析勘测验证地质资料，编制巷道剖面图，及时掌握施工动态和围岩变化情况，防止误穿突出煤层。	抽查地质预报及巷道地质编录阶段成果。	《煤矿安全规程》(国家安全生产监督管理总局令第87号)第一百九十八条。
		所有突出煤层外的掘进巷道(包括钻场等)距离突出煤层的最小法向距离小于10 m时(在地质构造破坏带小于20 m时)，必须边探边掘，确保最小法向距离不小于5 m。	抽查地质探查钻孔验收单。	《防治煤与瓦斯突出规定》(国家安全生产监督管理总局令第19号)第二十一条。
		地质测量部门在采掘工作面距离未保护区边缘50 m前，编制邻近未保护区通知单，并报矿技术负责人审批后交有关采掘区(队)。	抽查未保护区通知单。	《防治煤与瓦斯突出规定》(国家安全生产监督管理总局令第19号)第十七条。

序号	项目	检　查　内　容	检查方法	检查依据
6	瓦斯地质	在煤巷掘进工作面应至少打1个超前距不小于10 m的超前钻孔或者采取超前物探措施，探测地质构造和观察突出预兆。	抽查超前钻孔设计、钻探记录、资料或物探报告、措施。	《防治煤与瓦斯突出规定》（国家安全生产监督管理总局令第19号）第五十七条。
		在揭煤工作面掘进至距煤层最小法向距离10 m之前，应当至少打2个穿透煤层全厚且进入顶（底）板不小于0.5 m的前探取芯钻孔，并详细记录岩芯资料。	抽查钻孔设计、成果资料等。	《防治煤与瓦斯突出规定》（国家安全生产监督管理总局令第19号）第六十一条。
7	水文地质	新建矿井开工前必须复查井筒检查孔资料；调查核实钻孔位置及封孔质量、采空区情况，调查邻近矿井生产情况和地质资料等，将相关资料标绘在采掘工程平面图上；编制主要井巷揭煤、过地质构造及含水层技术方案；编制主要井巷工程的预想地质图及其说明书。	查阅图纸报告等资料。	《煤矿安全规程》（国家安全生产监督管理总局令第87号）第二十六条。
		在受水害威胁的区域，进行巷道掘进前和工作面采煤前，应采用钻探、物探和化探等方法查清水文地质条件。提出水文地质情况分析报告，并提出水害防范措施，经矿井总工程师审查批准。	抽查总结报告、审批。	《煤矿防治水规定》（国家安全生产监督管理总局令第28号）第九十条、第九十一条。

3 通风系统检查表

3.1 矿井通风系统检查表

序号	项目	检查内容	检查方法	检查依据
1	通风系统	新建、扩建矿井的回风井严禁兼作提升和行人通道，紧急情况下可作为安全出口。	查阅通风系统图，通风设计及安全措施。	《煤矿安全规程》(国家安全生产监督管理总局令第87号)第八十七条。
		矿井必须具备完整的独立通风系统。改变全矿井通风系统时，编制通风设计及安全措施，由企业技术负责人审批。	查阅通风系统图，通风设计及安全措施。	《煤矿安全规程》(国家安全生产监督管理总局令第87号)第一百四十二条。
		煤矿企业制定风量计算方法，至少每5年修订1次。 各用风地点的风量配备符合规定。	查阅风量计算方法，矿井通风报表、通风月报、测风报表等。	《煤矿安全规程》(国家安全生产监督管理总局令第87号)第一百三十八条。
		矿井每年安排采掘作业计划时要核定生产和通风能力，必须按实际供风量核定矿井产量，严禁超通风能力生产。	矿井生产和通风能力核定报告，矿井原煤产量有关报表。	《煤矿安全规程》(国家安全生产监督管理总局令第87号)第一百三十九条。
		进、回风井之间和主要进、回风巷之间的联络巷中，必须砌筑永久性风墙；需要使用的联络巷，必须安设2道联锁的正向风门和2道反向风门。	通风系统图，现场检查。	《煤矿安全规程》(国家安全生产监督管理总局令第87号)第一百四十四条。

序号	项目	检　查　内　容	检查方法	检查依据
2	空气质量	采掘工作面的进风流中氧气浓度不低于20%，二氧化碳浓度不超0.5%。 井下空气成分中一氧化碳浓度不超0.002 4%。甲烷、二氧化碳等允许浓度不超过规定要求。	瓦斯班报、日报表，安全监控日报表等，现场实测。	《煤矿安全规程》（国家安全生产监督管理总局令第87号）第一百三十五条。
3	风速	有梯子间的井筒或修理中的井筒，风速不超过8 m/s；主要进、回风巷风速不超过8 m/s；架线电机车巷道风速不低于1 m/s、不超过8 m/s；输送机巷和采区进、回风巷风速不低于0.25 m/s、不超过6 m/s；采煤工作面、掘进中的煤巷和半煤岩巷风速不低于0.25 m/s、不超过4 m/s；掘进中的岩巷风速不低于0.15 m/s、不超过4 m/s；其他通风人行巷道风速不低于0.15 m/s；无瓦斯涌出的架线电机车巷道中的最低风速不低于0.5 m/s；综合机械化采煤工作面，在采取煤层注水和采煤机喷雾降尘等措施后，风速不超5 m/s；箕斗提升井或装有带式输送机的井筒兼作进风井时，箕斗提升井筒中的风速不超6 m/s、装有带式输送机的井筒中风速不超4 m/s；有带式输送机的井筒兼作回风井时，风速不超6 m/s；采用矿井全风压通风的专用瓦斯抽放巷，风速不得低于0.5 m/s。	矿井通风报表、通风月报、测风报表、安全监控数据、现场测风牌板、现场实测。	《煤矿安全规程》（国家安全生产监督管理总局令第87号）第一百三十六条、第一百四十五条，《煤矿瓦斯抽放规范》（AQ 1027—2006）7.3。

序号	项目	检　查　内　容	检查方法	检查依据
4	温度	进风井口以下的空气温度(干球温度)在 2 ℃以上。 当采掘工作面的空气温度超过 30 ℃、机电设备硐室的空气温度超过 34 ℃时,要停止作业。超温地点要有降温设施。	矿井瓦斯日报、安全监控日报表,现场实测。	《煤矿安全规程》(国家安全生产监督管理总局令第 87 号)第一百三十七条、第六百五十五条、第六百五十六条。
5	矿井测风	建立测风制度。每 10 天至少进行 1 次全面测风。 每次测风结果记录在测风地点的记录牌上。总进风巷、总回风巷和一翼进风巷、回风巷要设置永久测风站,采掘工作面及其他用风地点要设置临时测风站。	矿井测风报表,现场检查测风牌板。	《煤矿安全规程》(国家安全生产监督管理总局令第 87 号)第一百四十条;《煤矿井工开采通风技术条件》(AQ 1028—2006)9.4.8。
6	通风仪器仪表	配备足够数量的通风安全检测仪表。仪表要由具备相应资质的检验单位进行检验,并在有效检验期内。	通风仪器仪表台账、检验报告。	《煤矿安全规程》(国家安全生产监督管理总局令第 87 号)第一百四十一条。
7	串联通风	采、掘工作面实行独立通风,严禁 2 个采煤工作面之间串联通风。 同一采区内 1 个采煤工作面与其相连接的 1 个掘进工作面、相邻的 2 个掘进工作面,布置独立通风有困难时,制定措施后,串联通风的次数不得超过 1 次。 采区内为构成新区段通风系统的掘进巷道或者采煤工作面遇地质构造而重新掘进的巷道,布置独立通风有困难时,其回风可以串入采煤工作面,但必须制定安全措施,且串联通风的次数不得超过 1 次;构成独立通风系统后,必须立即改为独立通风。	抽查通风系统图、串联通风措施,现场检查。	《煤矿安全规程》(国家安全生产监督管理总局令第 87 号)第一百五十条。

序号	项目	检　查　内　容	检查方法	检查依据
7	串联通风	开采有瓦斯喷出、有突出危险的煤层或者在距离突出煤层垂距小于 10 m 的区域掘进施工时，严禁任何 2 个工作面之间串联通风。 串联通风的采掘工作面，必须在进入被串联工作面的巷道中装设甲烷传感器，且甲烷和二氧化碳浓度都不得超过 0.5%，其他有害气体浓度都应当符合规程规定。	抽查通风系统图、串联通风措施，现场检查。	《煤矿安全规程》(国家安全生产监督管理总局令第 87 号)第一百五十条。
8	通风阻力	新井投产前必须进行 1 次矿井通风阻力测定，以后每 3 年至少测定 1 次。生产矿井转入新水平生产、改变一翼或者全矿井通风系统后，必须重新进行矿井通风阻力测定。	检查通风阻力测定报告。	《煤矿安全规程》(国家安全生产监督管理总局令第 87 号)第一百五十六条。
9	通风图纸	按季绘制按月修改通风系统图及分层通风系统图。 绘制矿井通风系统立体示意图和通风网络图。	抽查通风系统图、矿井通风网络图等图纸。	《煤矿安全规程》(国家安全生产监督管理总局令第 87 号)第一百五十七条。
10	巷道贯通	巷道贯通前编制贯通专项措施，综合机械化掘进巷道在相距前、其他巷道在相距 20 m 前，要停止一个工作面作业。间距小于 20 m 的平行巷道的联络巷贯通，必须遵守规程规定。 巷道贯通前，做好通风系统调整工作。贯通后，立即调整通风系统，风流稳定后，方可恢复工作。	矿井采掘工程平面图，巷道贯通措施。	《煤矿安全规程》(国家安全生产监督管理总局令第 87 号)第一百四十三条。

3.2 采区通风系统检查表

序号	项目	检查内容	检查方法	检查依据
1	开掘新水平(新采区)	开拓新水平和准备新采区的回风,在未构成通风系统前,可引入生产水平的进风中;但在有瓦斯喷出或有煤与瓦斯突出危险的矿井中,必须先在无瓦斯喷出或无突出危险的煤(岩)层中掘进巷道并构成通风系统。制定由企业技术负责人批准的安全措施,回风流中的甲烷和二氧化碳浓度不超过0.5%。	检查通风系统图,现场抽查。	《煤矿安全规程》(国家安全生产监督管理总局令第87号)第一百四十八条。
2	采区通风	准备采区,必须在采区构成通风系统后,方可开掘其他巷道。 生产水平和采(盘)区实行分区通风。	检查通风系统图,现场抽查。	《煤矿安全规程》(国家安全生产监督管理总局令第87号)第一百四十九条。
		高瓦斯、突出矿井的每个采(盘)区和开采容易自燃煤层的采(盘)区,须设置至少1条专用回风巷;低瓦斯矿井开采煤层群和分层开采采用联合布置的采(盘)区,须设置专用回风巷。 采区进、回风巷贯穿整个采区,严禁一段进风、一段回风。	检查通风系统图,现场抽查。	《煤矿安全规程》(国家安全生产监督管理总局令第87号)第一百四十九条。
		采煤工作面通至采空区的巷道要随时封闭。采区开采结束后45天内,所有巷道要全部封闭。	抽查通风系统图、通风设施检查记录和密闭管理台账,现场抽查。	《煤矿安全规程》(国家安全生产监督管理总局令第87号)第一百五十四条。

序号	项目	检　查　内　容	检查方法	检查依据
2	采区通风	井巷揭穿突出煤层前，具有独立的、可靠的通风系统。 突出矿井、有突出煤层的采区、突出煤层工作面都有独立的回风系统。 突出煤层采掘工作面回风侧不得设置调节风量的设施。易自燃煤层的采煤工作面确需设置调节设施的，须经煤矿企业技术负责人批准。	抽查通风系统图、通风设施检查记录和密闭管理台账，现场抽查。	《防治煤与瓦斯突出规定》(国家安全生产监督管理总局令第19号)第二十三条。

3.3 硐室通风检查表

序号	项目	检查内容	检查方法	检查依据
1	爆炸物品库	井下爆炸物品库应有独立通风系统，回风风流直接引入矿井的总回风巷或主要回风巷中。	检查通风系统图，现场抽查。	《煤矿安全规程》(国家安全生产监督管理总局令第87号)第一百六十六条。
2	充电硐室	井下充电室必须有独立通风系统。	检查通风系统图，现场抽查。	《煤矿安全规程》(国家安全生产监督管理总局令第87号)第一百六十七条。
3	机电硐室	采区变电所及实现采区变电所功能的中央变电所要有独立通风系统。 机电设备硐室设在进风风流中；采用扩散通风的，深度不超过6 m、入口宽度不小于1.5 m，并且无瓦斯涌出。 机电设备设在回风流中的，必须安装甲烷传感器并实现甲烷电闭锁。	检查通风系统图、安全监控布置图和断电控制图，现场抽查。	《煤矿安全规程》(国家安全生产监督管理总局令第87号)第一百六十八条。

3.4 采掘工作面通风检查表

序号	项目	检查内容	检查方法	检查依据
1	采煤工作面通风	采煤工作面必须采用矿井全风压通风，禁止采用局部通风机稀释瓦斯。 进风和回风不得经过采空区、冒顶区。	检查通风系统图，现场抽查。	《煤矿安全规程》（国家安全生产监督管理总局令第87号）第一百五十三条。
		无煤柱开采沿空送巷和沿空留巷时，要采取防止向采空区漏风的措施。 相邻正在开采的采煤工作面沿空送巷时，采掘工作面不得同时作业。	检查通风系统图、措施，现场抽查。	《煤矿安全规程》（国家安全生产监督管理总局令第87号）第一百五十三条。
		工作面风量符合作业规程要求，风速不超规定要求。	抽查作业规程，现场抽查。	《煤矿安全规程》（国家安全生产监督管理总局令第87号）第一百三十六条、第一百三十八条。
		煤层倾角大于12°的采煤工作面采用下行通风时，采煤工作面风速不得低于1 m/s；在进、回风巷中设置消防供水管路。 有突出危险的采煤工作面严禁采用下行通风。	抽查作业规程，现场抽查。	《煤矿安全规程》（国家安全生产监督管理总局令第87号）第一百五十二条。
2	掘进工作面通风	掘进巷道要采用矿井全风压通风或局部通风机通风。掘进通风方式要采用压入式。	检查通风系统图，现场抽查。	《煤矿安全规程》（国家安全生产监督管理总局令第87号）第一百六十三条。
		掘进工作面风量、风速和局部通风机安装位置符合规定。	检查通风系统图、作业规程，现场抽查。	《煤矿安全规程》（国家安全生产监督管理总局令第87号）第一百三十六条、第一百三十八条、第一百六十四条。

序号	项目	检　查　内　容	检查方法	检查依据
2	掘进工作面通风	正常工作的局部通风机要采用三专供电，要有同等能力的备用风机，能自动切换。 局部通风机供风的地点要实现风电闭锁和甲烷电闭锁。	检查通风系统图，现场检查。	《煤矿安全规程》(国家安全生产监督管理总局令第87号)第一百六十四条。
		严禁使用3台及以上局部通风机同时向1个掘进工作面供风。 不得使用1台局部通风机同时向2个及以上作业的掘进工作面供风。	检查通风系统图，现场抽查。	《煤矿安全规程》(国家安全生产监督管理总局令第87号)第一百六十四条。

3.5 通风设备及反风检查表

序号	项目	检查内容	检查方法	检查依据
1	主要通风机	主要通风机要安装在地面。 必须保证主要通风机连续运转。 必须安装2套同等能力的主要通风机。	现场抽查。	《煤矿安全规程》(国家安全生产监督管理总局令第87号)第一百五十八条。
		严禁采用局部通风机或者风机群作为主要通风机使用。	现场抽查。	《煤矿安全规程》(国家安全生产监督管理总局令第87号)第一百五十八条。
		每月至少检查1次主要通风机。	抽查通风设施检查记录，安全措施。	《煤矿安全规程》(国家安全生产监督管理总局令第87号)第一百五十八条。
		主要通风机投入使用前,必须进行试运转和性能测定,以后每5年至少进行1次性能测定。	检查风机性能测定报告。	《煤矿安全规程》(国家安全生产监督管理总局令第87号)第一百五十八条。
2	通风机附属装置	生产矿井的主要通风机必须装有反风设施,每季度至少检查1次。	抽查反风设施检查记录，现场抽查。	《煤矿安全规程》(国家安全生产监督管理总局令第87号)第一百五十九条。
		装有主要通风机的出风井口应当安装防爆门,防爆门每6个月检查维修1次。	抽查检查记录,现场抽查。	《煤矿安全规程》(国家安全生产监督管理总局令第87号)第一百五丨八条。
3	通风机房配置	主要通风机房内必须安装水柱计(压力表)、电流表、电压表、轴承温度计等仪表,还必须有直通矿调度室的电话,并有反风操作系统图、司机岗位责任制和操作规程。	现场抽查。	《煤矿安全规程》(国家安全生产监督管理总局令第87号)第一百六十条。

序号	项目	检　查　内　容	检查方法	检查依据
3	通风机房配置	严禁主要通风机房兼作他用。 主要通风机的运转应当由专职司机负责，司机应当每小时将通风机运转情况记入运转记录簿内；实现主要通风机集中监控、图像监视的主要通风机房可不设专职司机，但必须实行巡检制度。	现场抽查。	《煤矿安全规程》(国家安全生产监督管理总局令第87号)第一百六十条。
4	反风演习	每年应当进行1次反风演习； 矿井通风系统有较大变化时，应当进行1次反风演习。	抽查反风演习报告。	《煤矿安全规程》(国家安全生产监督管理总局令第87号)第一百五十九条。

4　瓦斯防治检查表

4.1　矿井瓦斯管理检查表

序号	项目	检　查　内　容	检查方法	检查依据
1	瓦斯管理制度	建立甲烷、二氧化碳和其他有害气体检查制度。 按规定配备瓦斯检查工，经过特殊工种培训，持证上岗。	抽查矿井瓦斯检查制度，瓦斯检查工特殊工种证件的合法性，现场抽查。	《煤矿安全规程》（国家安全生产监督管理总局令第87号）第一百八十条、第九条。
		采掘工作面、硐室、使用中的机电设备的设置地点、有人员作业的地点都要纳入检查范围。	抽查瓦斯检查制度（瓦斯检查点设置），瓦斯检查班报、通风瓦斯日报表。	《煤矿安全规程》（国家安全生产监督管理总局令第87号）第一百八十条。
		矿长、矿总工程师、爆破工、采掘区队长、通风区队长、工程技术人员、班长、流动电钳工、安全监测工等下井时，必须携带便携式甲烷检测报警仪。 瓦斯检查工必须携带便携式光学甲烷检测仪和便式甲烷检测报警仪。	抽查发放记录等资料，现场抽查。	《煤矿安全规程》（国家安全生产监督管理总局令第87号）第一百八十条。
		瓦斯检查工应执行瓦斯巡回检查制度和请示报告制度，认真填写瓦斯检查班报，检查结果记入瓦斯检查班报手册和检查地点的记录牌上。	抽查制度、班报手册、现场瓦斯记录牌板。	《煤矿安全规程》（国家安全生产监督管理总局令第87号）第一百八十条。

序号	项目	检　查　内　容	检查方法	检查依据
1	瓦斯管理制度	通风值班人员要审阅瓦斯班报，掌握瓦斯变化情况，发现问题，及时处理，并向矿调度室汇报。	抽查瓦斯检查制度，瓦斯日报表，抽查调度台账。	《煤矿安全规程》(国家安全生产监督管理总局令第87号)第一百八十条。
		通风瓦斯日报要送矿长、矿总工程师审阅，一矿多井的矿必须同时送井长、井技术负责人审阅。对重大的通风、瓦斯问题，要制定措施，进行处理。	抽查瓦斯日报表及措施。	《煤矿安全规程》(国家安全生产监督管理总局令第87号)第一百八十条。
2	瓦斯检查次数	采掘工作面的甲烷浓度检查次数： (1)低瓦斯矿井每班至少2次； (2)高瓦斯矿井每班至少3次； (3)突出煤层、有瓦斯喷出危险或者瓦斯涌出较大、变化异常的采掘工作面，必须有专人经常检查。	抽查瓦斯检查制度、瓦斯日报表，现场抽查。	《煤矿安全规程》(国家安全生产监督管理总局令第87号)第一百八十条。
		对于未进行作业的采掘工作面，可能涌出或者积聚甲烷、二氧化碳的硐室和巷道，应当每班至少检查1次甲烷、二氧化碳浓度。	抽查瓦斯检查制度、瓦斯日报表，现场抽查。	《煤矿安全规程》(国家安全生产监督管理总局令第87号)第一百八十条。
		井下停风地点栅栏外风流中的甲烷浓度每天至少检查1次，密闭外的甲烷浓度每周至少检查1次。 密闭内的气体成分和空气温度定期测定和分析。	抽查瓦斯检查制度、瓦斯日报表，现场抽查。	《煤矿安全规程》(国家安全生产监督管理总局令第87号)第一百八十条、第二百七十八条。
		有自然发火危险的矿井，要定期检查一氧化碳浓度、气体温度等的变化情况。	抽查瓦斯检查制度、瓦斯日报表，现场检查。	《煤矿安全规程》(国家安全生产监督管理总局令第87号)第一百八十条。

序号	项目	检查内容	检查方法	检查依据
3	瓦斯等级鉴定	每2年必须对低瓦斯矿井进行瓦斯等级和二氧化碳涌出量的鉴定工作，鉴定结果报省级煤炭行业管理部门和省级煤矿安全监察机构。	抽查矿井瓦斯等级鉴定资料、报告。	《煤矿安全规程》（国家安全生产监督管理总局令第87号）第一百七十条。
		低瓦斯矿井出现下列情况之一的，应当在6个月内完成瓦斯等级鉴定工作： （1）新建矿井建设完成的； （2）矿井核定生产能力提高的； （3）改扩建矿井改扩建完成的； （4）开采新水平或新煤层的； （5）资源整合矿井整合完成的。	抽查矿井有关资料、瓦斯等级鉴定报告。	《煤矿瓦斯等级鉴定暂行办法》（安监总煤装〔2011〕162号）第十三条。
		高瓦斯、煤与瓦斯突出矿井应测定可采煤层的瓦斯含量、瓦斯压力和抽采半径等参数。	抽查矿井瓦斯参数测定报告。	《煤矿安全规程》（国家安全生产监督管理总局令第87号）第一百七十条。
4	瓦斯浓度超限措施	采区回风巷、采掘工作面回风巷风流中甲烷浓度超过1.0%或者二氧化碳浓度超过1.5%时，必须停止工作，撤出人员，采取措施，进行处理。	抽查矿调度台账、瓦斯日报、安全监控报表，现场抽查。	《煤矿安全规程》（国家安全生产监督管理总局令第87号）第一百七十二条。
		采掘工作面及其他作业地点风流中甲烷浓度达到1.0%时，必须停止用电钻打眼；爆破地点附近20 m以内风流中甲烷浓度达到1.0%时，严禁爆破。	抽查矿调度台账、瓦斯日报、安全监控报表，现场抽查。	《煤矿安全规程》（国家安全生产监督管理总局令第87号）第一百七十三条。

序号	项目	检 查 内 容	检查方法	检查依据
4	瓦斯浓度超限措施	采掘下作面及其他作业地点风流中、电动机或者其开关安设地点附近20 m以内风流中的甲烷浓度达到1.5%时，必须停止工作，切断电源，撤出人员，进行处理。	抽查矿调度台账、瓦斯日报、安全监控日报表，现场抽查。	《煤矿安全规程》(国家安全生产监督管理总局令第87号)第一百七十三条。
		采掘工作面及其他巷道内，当体积大于0.5 m^3 的空间内积聚的甲烷浓度达到2.0%时，附近20 m内必须停止工作，撤出人员，切断电源，进行处理。	抽查矿调度台账、瓦斯日报、安全监控日报表，现场抽查。	《煤矿安全规程》(国家安全生产监督管理总局令第87号)第一百七十三条。
		对因甲烷浓度超过规定被切断电源的电气设备，必须在甲烷浓度降到1.0%以下时，方可通电开动。	抽查矿调度台账、瓦斯日报、安全监控日报表，现场抽查。	《煤矿安全规程》(国家安全生产监督管理总局令第87号)第一百七十三条。
		采掘工作面风流中二氧化碳浓度达到1.5%时，必须停止工作，撤出人员，查明原因，制定措施，进行处理。	抽查矿调度台账、瓦斯日报、安全监控日报表，现场抽查。	《煤矿安全规程》(国家安全生产监督管理总局令第87号)第一百七十四条。
5	停风区管理	矿井必须有因停电和检修主要通风机停止运转或者通风系统遭到破坏以后恢复通风、排除瓦斯和送电的安全措施。	抽查相关安全措施。	《煤矿安全规程》(国家安全生产监督管理总局令第87号)第一百七十五条。

序号	项目	检查内容	检查方法	检查依据
5	停风区管理	临时停工的地点，不得停风；否则必须切断电源，设置栅栏，揭示警标，禁止人员进入，并向矿调度室报告。停工区内甲烷或二氧化碳浓度达到3.0%或其他有害气体浓度超过规定不能立即处理时，必须在24 h内封闭完毕。	抽查矿调度台账、通风系统图、瓦斯检查制度、安全监控系统历史记录，现场抽查。	《煤矿安全规程》（国家安全生产监督管理总局令第87号）第一百七十五条。
		严禁在停风或瓦斯超限的区域内作业。	抽查矿调度台账、通风系统阁、瓦斯检查制度、安全监控系统历史记录，现场抽查。	《煤矿安全规程》（国家安全生产监督管理总局令第87号）第一百七十五条。
		局部通风机在恢复通风前，必须首先检查瓦斯，只有停风区中最高甲烷浓度不超过1.0%和最高二氧化碳浓度不超过1.5%，且局部通风机及其开关附近10 m以内风流中的甲烷浓度都不超过0.5%时，方可人工开启局部通风机，恢复正常通风。	抽查矿调度台账、瓦斯日报、安全监控日报表，现场抽查。	《煤矿安全规程》（国家安全生产监督管理总局令第87号）第一百七十六条。
6	瓦斯排放	恢复已封闭的停工区或采掘工作接近有可能瓦斯积聚的区域时，要事先排除其中积聚的瓦斯。排除瓦斯工作必须制定安全技术措施。	抽查通风系统图、瓦斯排放措施、安全监控系统历史记录，现场抽查。	《煤矿安全规程》（国家安全生产监督管理总局令第87号）第一百七十五条。

序号	项目	检　查　内　容	检查方法	检查依据
6	瓦斯排放	停风区中甲烷浓度超过1.0%或者二氧化碳浓度超过1.5%，最高甲烷浓度和二氧化碳浓度不超过3.0%时，必须采取安全措施，控制风流排放瓦斯。当停风区中甲烷浓度或者二氧化碳浓度超过3.0%时，必须制定安全排放瓦斯措施，报矿总工程师批准，并按措施执行。	抽查瓦斯日报、安全监控日报表，瓦斯排放措施，现场抽查。	《煤矿安全规程》(国家安全生产监督管理总局令第87号)第一百七十六条。
7	首次揭煤措施	井筒施工以及开拓新水平的井巷第一次接近各开采煤层时，必须按掘进工作面距煤层的准确位置，在距煤层垂距10 m以外开始打探煤钻孔；地质构造复杂、岩石破碎的区域，揭煤工作面掘进至距煤层最小法向距离20 m之前必须布置一定数量的前探钻孔。钻孔超前工作面的距离不得小于5 m，并有专职瓦斯检查工经常检查瓦斯。 岩巷掘进遇到煤线或接近地质破坏带时，要有专职瓦斯检查工经常检查瓦斯，发现瓦斯大量增加或其他异常时，必须停止掘进，撤出人员，进行处理。	抽查瓦斯检查制度，安全技术措施，瓦斯检查记录，现场抽查。	煤矿安全规程》(国家安全生产监督管理总局令第87号)第一百七十七条，《防治煤与瓦斯突出规定》(国家安全生产监督管理总局令第19号)第六十一条。

4.2 瓦斯抽采检查表

序号	项目	检查内容	检查方法	检查依据
1	抽采系统建立条件	突出矿井必须建立地面永久抽采瓦斯系统。 有下列情况之一的矿井，必须建立地面永久抽采瓦斯系统或井下临时抽采瓦斯系统： （1）任一采煤工作面的瓦斯涌出量大于 5 m^3/min 或任一掘进工作面的瓦斯涌出量大于 3 m^3/min，用通风方法解决瓦斯问题不合理的。 （2）矿井绝对瓦斯涌出量达到以下条件的： ① 大于或等于 40 m^3/min； ② 年产量 1.0～1.5 Mt 的矿井，大于 30 m^3/min； ③ 年产量 0.6～1.0 Mt 的矿井，大于 25 m^3/min； ④ 年产量 0.4～0.6 Mt 的矿井，大于 20 m^3/min； ⑤ 年产量小于或等于 0.4 Mt 的矿井，大于 15 m^3/min。	检查矿井瓦斯等级鉴定及年度测定报告，矿井通风旬报，现场抽查。	《煤矿安全规程》（国家安全生产监督管理总局令第 87 号）第一百八十一条。
2	瓦斯抽采规划计划	煤矿企业应当建立瓦斯抽采达标评价工作体系，制定矿井瓦斯抽采达标评判细则，建立瓦斯抽采管理和考核奖惩制度、抽采工程检查验收制度、先抽后采例会制度、技术档案管理制度等。	抽查相关文件、制度。	《煤矿瓦斯抽采达标暂行规定》（安监总煤装〔2011〕163 号）第九条。
		矿井应建立负责瓦斯抽采的科、区（队），并配备足够数量的专业工程技术人员和瓦斯抽采工。	抽查机构、科室设置文件，抽查人员名单。	《煤矿瓦斯抽采达标暂行规定》（安监总煤装〔2011〕163 号）第十条

序号	项目	检　查　内　容	检查方法	检查依据
2	瓦斯抽采机构制度	瓦斯抽采技术和管理人员应定期参加专业技术培训，瓦斯抽采工必须按照国家有关规定经专门的安全作业培训，取得相应资格。	抽查培训考核记录，抽查特种作业操作证。	《煤矿瓦斯抽采达标暂行规定》（安监总煤装〔2011〕163号）第十条，《安全生产法》第二十七条。
3	瓦斯抽采规划计划	抽采达标规划（3～5年）包括：抽采达标工程（表）、抽采量（表）、抽采设备设施（表）、资金计划（表），抽采达标范围可规划产量（表）、采面接替（表）、巷道掘进（表）等。	抽查抽采达标规划。	《煤矿瓦斯抽采达标暂行规定》（安监总煤装〔2011〕163号）第十一条。
		年度实施计划包括：年度瓦斯抽采达标的煤层范围及相对应的年度产量安排（表）、采面接替（表）、巷道掘进（表），年度抽采工程（表）、抽采设备设施（表）、施工队伍、抽采时间、抽采量（表）、抽采指标、资金计划（表）以及其他保障措施。	抽查年度实施计划。	《煤矿瓦斯抽采达标暂行规定》（安监总煤装〔2011〕163号）第十一条。
4	瓦斯抽采方法工艺	抽采达标工艺方案设计应包括各项工程的布局、工程量、接续关系、有效服务时间、预期抽瓦斯量和效果等内容。 抽采达标的工艺方案设计应由煤矿技术负责人和主要负责人批准。	抽查工艺方案。	《煤矿瓦斯抽采达标暂行规定》（安监总煤装〔2011〕163号）第十八条。
		采掘工作面进行瓦斯抽采前，必须进行施工设计。施工设计内容应包括抽采钻孔布置图、钻孔参数表、有效抽瓦斯时间、预期效果等。 施工设计相关文件应由煤矿技术负责人批准。	抽查瓦斯抽采施工设计。	《煤矿瓦斯抽采达标暂行规定》（安监总煤装〔2011〕163号）第十八条。

序号	项目	检　查　内　容	检查方法	检查依据
4	瓦斯抽采方法工艺	瓦斯抽采工程必须严格按设计施工，并应进行验收，瓦斯抽采工程竣工图及其他竣工验收资料应由相关责任人签字。	抽查验收结果，对照设计现场抽查。	《煤矿瓦斯抽采达标暂行规定》(安监总煤装〔2011〕163号)第十九条。
5	瓦斯抽采达标评判	有下列情况之一的，应当判定为抽采基础条件不达标： (1) 未按本规定要求建立瓦斯抽采系统，或者瓦斯抽采系统没有正常、连续运行的； (2) 无瓦斯抽采规划和年度计划，或者不能达到规定要求的； (3) 无矿井瓦斯抽采达标工艺方案设计、无采掘工作面瓦斯抽采施工设计，或者不能达到规定的； (4) 无采掘工作面瓦斯抽采工程竣工验收资料、竣工验收资料不真实或者不符合规定的； (5) 没有建立矿井瓦斯抽采达标自评价体系和瓦斯抽采管理制度的； (6) 瓦斯抽采泵站能力和备用泵能力、抽采管网能力等达不到本规定要求的； (7) 瓦斯抽采系统的抽采计量测点不足、计量器具不符合相关计量标准和规范要求或者计量器具使用超过检定有效期，不能进行准确计量的； (8) 缺乏符合标准要求的抽采效果评判用相关测试条件的。	抽查相关资料。	《煤矿瓦斯抽采达标暂行规定》(安监总煤装〔2011〕163号)第二十二条。

序号	项目	检　查　内　容	检查方法	检查依据
5	瓦斯抽采达标评判	工作面采掘作业前，应编制瓦斯抽采达标评判报告，并由矿井技术负责人和主要负责人批准。	抽查评判报告。	《煤矿瓦斯抽采达标暂行规定》(安监总煤装〔2011〕163号)第二十一条。
		预抽煤层瓦斯效果评判应包括下列主要内容和步骤： (1) 抽采钻孔有效控制范围界定； (2) 抽采钻孔布孔均匀程度评价； (3) 抽采瓦斯效果评判指标测定； (4) 抽采效果达标评判。	抽查评判报告。	《煤矿瓦斯抽采达标暂行规定》(安监总煤装〔2011〕163号)第二十三条。
		对瓦斯涌出量主要来自于开采层的采煤工作面，评价范围内开采煤层的可解吸瓦斯量应符合规定。对瓦斯涌出量主要来自于邻近层或围岩的采煤工作面，采煤工作面瓦斯抽采率应符合规定。	抽查相关资料，抽查评判报告。	《煤矿瓦斯抽采达标暂行规定》(安监总煤装〔2011〕163号)第二十七条，《煤矿瓦斯抽采基本指标》(AQ 1026—2006)4.2。
6	地面永久抽采泵站	地面泵房必须用不燃性材料建筑，并有防雷电装置。其距进风井口和主要建筑物不得小于50 m，并用栅栏或围墙保护。 地面泵房和泵房周围20 m范围内，禁止堆积易燃物和有明火。	现场抽查。	《煤矿安全规程》(国家安全生产监督管理总局令第87号)第一百八十二条。
		抽采瓦斯泵及其附属设备，至少应有1套备用，备用泵能力不得小于运行泵中最大一台单泵的能力。	现场抽查。	《煤矿安全规程》(国家安全生产监督管理总局令第87号)第一百八十二条。

序号	项目	检　查　内　容	检查方法	检查依据
6	地面永久抽采泵站	地面泵房内电气设备、照明和其他电气仪表要采用矿用防爆型；否则必须采取安全措施。	现场抽查。	《煤矿安全规程》(国家安全生产监督管理总局令第87号)第一百八十二条。
		泵房必须有直通矿调度室的电话和检测管道瓦斯浓度、流量、压力等参数的仪表或自动监测系统。	现场抽查。	《煤矿安全规程》(国家安全生产监督管理总局令第87号)第一百八十二条。
		干式抽采瓦斯泵吸气侧管路系统中，必须装设有防回火、防回流和防爆炸作用的安全装置，并定期检查。 抽采瓦斯泵站放空管的高度要超过泵房房顶3 m。	现场抽查。	《煤矿安全规程》(国家安全生产监督管理总局令第87号)第一百八十二条。
		泵房必须设有专人值班，经常检测各参数，做好记录。当抽采瓦斯泵停止运转时，必须立即向矿调度室报告。如果利用瓦斯，在瓦斯泵停止运转后和恢复运转前，必须通知使用瓦斯的单位，取得同意后，方可供应瓦斯。	现场抽查。	《煤矿安全规程》(国家安全生产监督管理总局令第87号)第一百八十二条。
7	井下临时抽采泵站	临时抽采瓦斯泵站要安设在抽采瓦斯地点附近的新鲜风流中。	抽查瓦斯抽采系统图，通风系统图，现场抽查。	《煤矿安全规程》(国家安全生产监督管理总局令第87号)第一百八十三条。
		抽出的瓦斯可引排到地面、总回风巷、一翼回风巷或分区回风巷，但必须保证稀释后风流中的瓦斯浓度不超限。在建有地面永久抽采系统的矿井，临时泵站抽出的瓦斯可送至永久抽采系统的管路，但矿井抽采系统的瓦斯浓度必须符合规定。	抽查通风系统图、瓦斯抽采系统图、瓦斯抽采设计，现场抽查。	《煤矿安全规程》(国家安全生产监督管理总局令第87号)第一百八十三条。

序号	项目	检查内容	检查方法	检查依据
7	井下临时抽采泵站	抽出的瓦斯排入回风巷时，在排瓦斯管路出口必须设置栅栏、悬挂警戒牌等。 栅栏设置的位置是上风侧距管路出口 5 m、下风侧距管路出口 30 m，两栅栏间禁止任何作业。 栅栏外设甲烷传感器，巷道风流中瓦斯浓度超限时，实现报警、断抽采泵站的电源，并进行处理。	抽查通风系统图、瓦斯抽采系统图、瓦斯抽采设计，现场抽查。	《煤矿安全规程》(国家安全生产监督管理总局令第 87 号)第一百八十三条、第四百九十八条、第四百九十九条，《煤矿瓦斯抽放规范》(AQ 1027—2006)6.4。
		移动瓦斯抽采泵站必须实现双回路供电，并实行“三专”供电(专用变压器、专用开关、专用线路)。	检查供电系统图，现场抽查。	《煤矿安全规程》(国家安全生产监督管理总局令第 87 号)第四百三十八条，《煤矿瓦斯抽放规范》(AQ 1027—2006)6.5。
8	瓦斯抽采管路	抽采容易自燃和自燃煤层的采空区瓦斯时，采空区抽采管路应安设一氧化碳、甲烷、温度传感器，实现实时监测监控。 发现有自然发火征兆时，应立即采取措施。	抽查一氧化碳检查记录，监测系统或束管检测系统等资料。	《煤矿安全规程》(国家安全生产监督管理总局令第 87 号)第一百八十四条。
		井上下敷设的瓦斯管路，不得与带电物体接触并应有防止砸坏管路的措施。		《煤矿安全规程》(国家安全生产监督管理总局令第 87 号)第一百八十四条。
		采用干式抽采瓦斯设备时，抽采瓦斯浓度不得低于 25%。	现场抽查检测数据。	《煤矿安全规程》(国家安全生产监督管理总局令第 87 号)第一百八十四条。
		利用瓦斯时，在利用瓦斯的系统中要装设有防回火、防回流和防爆炸作用的安全装置。	现场抽查。	《煤矿安全规程》(国家安全生产监督管理总局令第 87 号)第一百八十四条。

序号	项目	检　查　内　容	检查方法	检查依据
8	瓦斯抽采管路	抽采管路禁止采用玻璃钢管。 抽采管路要有良好的气密性及采取防腐蚀、防砸坏、防带电及防冻等措施。 通往井下的抽采管路要采取防雷措施。	检查瓦斯抽采设计，现场抽查。	《煤矿瓦斯抽放规范》(AQ 1027—2006) 5.4.7、5.4.9、5.4.10。
		抽采管路附属装置及设施布置，应做到： (1) 主管、分管、支管及其与钻场连接处要装设瓦斯计量装置； (2) 抽采钻场、管路拐弯、低洼、温度突变处及沿管路适当距离(间距一般为 200 m～300 m，最大不超过 500 m)应设置放水器； (3) 在抽采管路的适当部位应设置除渣装置和测压装置； (4) 抽采管路分岔处应设置控制阀门，阀门规格应与安装地点的管径相匹配； (5) 地面主管上的阀门应当设置在地表下用不燃性材料砌成的不透水观察井内，其间距范围为 500 m～1 000 m。	检查瓦斯抽采设计，现场抽查。	《煤矿瓦斯抽放规范》(AQ 1027—2006) 5.4.6。
		预抽瓦斯钻孔的孔口负压不得低于 13 kPa，卸压瓦斯抽采钻孔的孔口负压不得低于 5 kPa。 突出矿井的突出煤层预抽瓦斯时，钻孔封堵必须严密。 穿层钻孔的封孔段长度不得小于 5 m，顺层钻孔的封孔段长度不得小于 8 m。	检查瓦斯抽采设计，现场抽查。	《煤矿瓦斯抽采达标暂行规定》(安监总煤装〔2011〕163 号)第十五条。 《防治煤与瓦斯突出规定》(国家安全监管总局令第 19 号)第五十条。

4.3 防治煤(岩)与瓦斯(二氧化碳)突出检查表

序号	项目	检 查 内 容	检查方法	检查依据
1	防突机构、制度和装备	有突出矿井的煤矿企业主要负责人、矿长是防突工作的第一责任人,应当分别每季度、每月进行防突专题研究,检查、部署防突工作。 煤矿企业、矿井的技术负责人对防突工作负技术责任,组织编制、审批、检查防突工作规划、计划和措施。	抽查有关记录、资料、措施、规划。	《防治煤与瓦斯突出规定》(国家安全生产监督管理总局令第19号)第四条、第二十六条。
		设置防突机构,建立健全防突管理制度和各级岗位责任制。设置满足防突工作需要的专业防突队伍。编制突出事故应急预案。	抽查机构设置文件、岗位责任制、管理制度,突出事故应急预案。	《防治煤与瓦斯突出规定》(国家安全生产监督管理总局令第19号)第四条、第二十七条。
		有突出矿井的煤矿企业、突出矿井应编制年度、季度、月度防突措施计划,保证抽、掘、采平衡。 防突措施计划及人力、物力、财力保障安排由技术负责人组织编制,煤矿企业主要负责人、矿长审批。	抽查年度、季度、月度防突措施计划。	《防治煤与瓦斯突出规定》(国家安全生产监督管理总局令第19号)第二十八条。
		突出矿井必须有满足需要的防突设备。	抽查相关设备台账,现场抽查。	《防治煤与瓦斯突出规定》(国家安全生产监督管理总局令第19号)第十四条。
2	防突培训	突出矿井的管理人员和井下工作人员要接受防突知识的培训、考试合格。	抽查培训记录,考核记录。	《防治煤与瓦斯突出规定》(国家安全生产监督管理总局令第19号)第三十二条。

序号	项目	检查内容	检查方法	检查依据
3	防突一般规定	新建突出矿井设计生产能力不得低于 0.9 Mt/a，第一生产水平开采深度不得超过 800 m；生产矿井延深水平开采深度不得超过 1 200 m。	生产能力核定报告，相关设计及图纸。	《煤矿安全规程》(国家安全生产监督管理总局令第 87 号)第一百九十条。
		有突出危险的新建矿井及突出矿井的新水平、新采区，必须编制防突专项设计。设计应当包括开拓方式、煤层开采顺序、采区巷道布置、采煤方法、通风系统、防突设施(设备)、区域综合防突措施和局部综合防突措施等。 突出矿井新水平、新采区移交生产前，必须经当地人民政府煤矿安全监管部门按管理权限组织防突专项验收；未通过验收的不得移交生产。	抽查新水平、新采区防突专项设计。	《防治煤与瓦斯突出规定》(国家安全生产监督管理总局令第 19 号)第十四条。
		突出矿井的主要巷道布置在岩层或非突出煤层中，突出煤层的巷道优先布置在被保护区域或者其他无突出危险区域内。 突出矿井的巷道布置应当减少井巷揭开(穿)突出煤层的次数，揭开(穿)突出煤层的地点应当合理避开地质构造带。 突出煤层的巷道优先布置在被保护区域或其他卸压区域。	抽查采掘工程平面图。	《煤矿安全规程》(国家安全生产监督管理总局令第 87 号)第一百九十五，《防治煤与瓦斯突出规定》(国家安全生产监督管理总局令第 19 号)第十六条。

序号	项目	检 查 内 容	检查方法	检查依据
3	防突一般规定	编制矿井瓦斯地质图,更新周期不得超过1年,图中标明采掘进度、被保护范围、煤层赋存条件、地质构造、突出点的位置、突出强度、瓦斯基本参数及绝对瓦斯涌出量和相对瓦斯涌出量等资料。 在采掘工作面距离未保护区边缘50m前,编制临近未保护区通知单,并报矿技术负责人审批后交有关采掘区(队)。	抽查矿井瓦斯地质图、临近未保护区通知单、地质预测资料。	《煤矿安全规程》(国家安全生产监督管理总局令第87号)第二百条,《防治煤与瓦斯突出规定》(国家安全生产监督管理总局令第19号)第十七条。
		突出矿井开采的非突出煤层和高瓦斯矿井的开采煤层,在延深达到或超过50 m或开拓新采区时,必须测定煤层瓦斯压力、瓦斯含量及其他与突出危险性相关的参数。 高瓦斯矿井各煤层和突出矿井的非突出煤层在新水平开拓工程的所有煤巷掘进过程中,应当密切观察突出预兆,并在开拓工程首次揭穿这些煤层时执行井巷揭煤工作面的局部综合防突措施。	抽查相关参数的测定记录。	《防治煤与瓦斯突出规定》(国家安全生产监督管理总局令第19号)第十八条。

序号	项目	检 查 内 容	检查方法	检查依据
3	防突一般规定	突出煤层的采掘作业应当符合以下规定： （1）严禁采用水力采煤法、倒台阶采煤法及其他非正规采煤法； （2）急倾斜煤层掘进上山时，采用双上山或伪倾斜上山等掘进方式，并加强支护； （3）掘进工作面与煤层巷道交叉贯通前，被贯通的煤层巷道必须超过贯通位置，其超前距不得小于 5 m，并且贯通点周围 10 m 内的巷道应加强支护。在掘进工作面与被贯通巷道距离小于60 m 的作业期间，被贯通巷道内不得安排作业，并保持正常通风，且在爆破时不得有人； （4）煤、半煤岩炮掘和炮采工作面，使用安全等级不低于三级的煤矿许用含水炸药（二氧化碳突出煤层除外）； （5）上山掘进作面采用爆破作业时，应当采用深度不大于1.0 m 的炮眼远距离全断面一次爆破； （6）预测或者认定为突出危险区的采掘工作面严禁使用风镐作业； （7）在过突出孔洞及其附近 30 m范围内进行采掘作业时，必须加强支护； （8）在突出煤层的煤巷中安装、更换、维修或者回收支架时，必须采取预防煤体冒落引起突出的措施。	抽查相关突出煤层采掘工作面的作业规程。	煤矿安全规程（国家安全生产监督管理总局令第 87 号）第一百九十六条，《防治煤与瓦斯突出规定》（国家安全生产监督管理总局令第 19 号）第十九条。

序号	项目	检　查　内　容	检查方法	检查依据
3	防突一般规定	在突出煤层顶、底板掘进岩巷时，必须超前探测煤层及地质构造情况，分析勘测验证地质资料，编制巷道剖面图，及时掌握施工动态和围岩变化情况，防止误穿突出煤层。 所有突出煤层外的掘进巷道（包括钻场等）距离突出煤层的最小法向距离小于10 m时（在地质构造破坏带小于20 m时），必须边探边掘，确保最小法向距离不小于5 m。	抽查地测部门通知单、地质构造钻孔施工记录。	《防治煤与瓦斯突出规定》（国家安全生产监督管理总局令第19号）第二十一条；《煤矿安全规程》（国家安全生产监督管理总局令第87号）第一百九十八条。
		突出煤层工作面的作业人员、瓦斯检查工、班组长应当掌握突出预兆。发现突出预兆时，必须立即停止作业，先按避灾路线撤出，再报告矿调度室。	现场抽查。	《煤矿安全规程》（国家安全生产监督管理总局令第87号）第二百零一条。
		在同一突出煤层正在采掘的工作面应力集中范围内，不得安排其他工作面进行回采或者掘进。 突出煤层的掘进工作面应当避开邻近煤层采煤工作面的应力集中范围。	抽查采掘工程平面图、相关安全技术措施。	《防治煤与瓦斯突出规定》（国家安全生产监督管理总局令第19号）第二十二条。
		煤（岩）与瓦斯突出矿井严禁使用架线式电机车。	现场抽查。	《防治煤与瓦斯突出规定》（国家安全生产监督管理总局令第19号）第二十四条。
		施工防突措施的区（队）在施工前，负责向本区（队）职工贯彻并严格组织实施防突措施；采掘作业时，应当严格执行防突措施的规定并有详细准确的记录。	抽查相关防突措施及执行情况。	《防治煤与瓦斯突出规定》（国家安全生产监督管理总局令第19号）第二十九条。

序号	项目	检　查　内　容	检查方法	检查依据
4	防突区域预测	突出矿井应当对突出煤层进行区域突出危险性预测(以下简称区域预测)。	抽查区域预测报告。	《防治煤与瓦斯突出规定》(国家安全生产监督管理总局令第19号)第三十三条。
		区域预测工作由矿技术负责人组织实施。 区域预测结果由煤矿企业技术负责人批准确认。	抽查区域预测报告及批复。	《防治煤与瓦斯突出规定》(国家安全生产监督管理总局令第19号)第三十七条。
		区域预测敏感指标的临界值应由煤矿企业技术负责人批准。	抽查区域预测敏感指标临界值考察报告。	《防治煤与瓦斯突出规定》(国家安全生产监督管理总局令第19号)第四十二条。
		区域预测时,预测所主要依据的煤层瓦斯压力、瓦斯含量等参数应为井下实测数据。测定煤层瓦斯压力、瓦斯含量等参数的测试点在不同地质单元内根据其范围、地质复杂程度等实际情况和条件分别布置;同一地质单元内沿煤层走向布置测试点不少于2个,沿倾向不少于3个,并有测试点位于埋深最大的开拓工程部位。	抽查区域预测报告。	《防治煤与瓦斯突出规定》(国家安全生产监督管理总局令第19号)第四十四条。
		经评估为有突出危险煤层的新建矿井建井期间,以及突出煤层经开拓前区域预测为突出危险区的新水平、新采区开拓过程中的所有揭煤作业,必须采取区域综合防突措施并达到要求指标。	抽查相关防突措施。	《防治煤与瓦斯突出规定》(国家安全生产监督管理总局令第19号)第三十八条。
5	区域防突措施	所有区域防突措施均由煤矿企业技术负责人批准。	抽查区域防突措施及批复。	《防治煤与瓦斯突出规定》(国家安全生产监督管理总局令第19号)第三十九条。

序号	项目	检查内容	检查方法	检查依据
5	区域防突措施	区域防突措施应当优先采用开采保护层。 突出矿井首次开采某个保护层时，应当对被保护层进行区域措施效果检验及保护范围的实际考察。 保护效果检验、保护范围考察结果报煤矿企业技术负责人批准。	抽查开采保护层区域防突措施考察报告及批复。	《防治煤与瓦斯突出规定》（国家安全生产监督管理总局令第19号）第四十条。
		开采保护层区域防突措施应当符合下列要求： （1）开采保护层时，同时抽采被保护层和邻近层的瓦斯； （2）开采近距离保护层时，必须采取防止误穿突出煤层和被保护层卸压瓦斯突然涌入保护层工作面的措施； （3）正在开采的保护层工作面超前于被保护层的掘进工作面，其超前距离不得小于保护层与被保护层层间垂距的3倍，并不得小于100 m； （4）开采保护层时，采空区内不得留有煤（岩）柱。 特殊情况需留煤（岩）柱时，经煤矿企业技术负责人批准，并做好记录，将煤（岩）柱的位置和尺寸准确地标在采掘工程平面图和瓦斯地质图上。每个被保护层的瓦斯地质图应当标出煤（岩）柱的影响范围，在这个范围内进行采掘工作前，首先采取预抽煤层瓦斯区域防突措施。	抽查开采保护层区域防突措施、采掘工程平面图、瓦斯地质图。	《煤矿安全规程》（国家安全生产监督管理总局令第87号）第二百零七条、第二百零八条，《防治煤与瓦斯突出规定》（国家安全生产监督管理总局令第19号）第四十七条。

序号	项目	检　查　内　容	检查方法	检查依据
5	区域防突措施	保护层和被保护层开采设计依据的保护层有效保护范围等有关参数应当根据试验考察确定，并报煤矿企业技术负责人批准后执行。	抽查保护层有效保护范围考察报告。	《防治煤与瓦斯突出规定》（国家安全生产监督管理总局令第19号）第四十八条。
		保护层的开采厚度不大于0.5 m、上保护层与突出煤层间距大于50 m或者下保护层与突出煤层间距大于80 m时，必须对每个被保护层工作面的保护效果进行检验。	抽查相关保护效果检验报告。	《煤矿安全规程》（国家安全生产监督管理总局令第87号）第二百一十一条。
		对不具备保护层开采条件的突出厚煤层，利用上分层或者上区段开采后形成的卸压作用保护下分层或者下区段时，应当依据实际考察结果来确定其有效保护范围。	抽查相关有效保护范围考察报告。	《煤矿安全规程》（国家安全生产监督管理总局令第87号）第二百零六条。

序号	项目	检 查 内 容	检查方法	检查依据
5	区域防突措施	采取预抽煤层瓦斯区域防突措施时，应当符合下列要求： (1) 穿层钻孔或顺层钻孔预抽区段煤层瓦斯区域防突措施的钻孔应当控制区段内的整个开采块段、两侧回采巷道及其外侧一定范围内的煤层。要求钻孔控制回采巷道外侧的范围是：倾斜、急倾斜煤层巷道上帮轮廓线外至少 20 m，下帮至少 10 m；其他为巷道两侧轮廓线外至少各 15 m。以上所述的钻孔控制范围均为沿层面的距离(以下同)； (2) 穿层钻孔预抽煤巷条带煤层瓦斯区域防突措施的钻孔应当控制整条煤层巷道及其两侧一定范围内的煤层； (3) 顺层钻孔或穿层钻孔预抽回采区域煤层瓦斯区域防突措施的钻孔应当控制整个开采块段的煤层； (4) 顺层钻孔预抽煤巷条带煤层瓦斯区域防突措施的钻孔应控制的条带长度不小于 60 m，巷道两侧的控制范围与本条第(1)项中回采巷道外侧的要求相同； (5) 当煤巷掘进和采煤工作面在预抽防突效果有效的区域内作业时，工作面距未预抽或者预抽防突效果无效范围的前方边界不得小于 20 m； (6) 厚煤层分层开采时，预抽钻孔应控制开采的分层及其上部至少 20 m、下部至少 10 m(均为法向距离，且仅限于煤层部分)。	抽查预抽煤层瓦斯区域防突措施。	《防治煤与瓦斯突出规定》(国家安全生产监督管理总局令第 19 号)第四十九条。

序号	项目	检　查　内　容	检查方法	检查依据
5	区域防突措施	预抽煤层瓦斯钻孔应当在整个预抽区域内均匀布置，钻孔间距应当根据实际考察的煤层有效抽放半径确定。	抽查预抽煤层瓦斯区域防突措施钻孔施工设计、钻孔施工记录、抽采参数测定记录。	《防治煤与瓦斯突出规定》(国家安全生产监督管理总局令第19号)第五十条。
		有下列条件之一的突出煤层，不得将在本巷道施工顺煤层钻孔预抽煤巷条带瓦斯作为区域防突措施： (1) 新建矿井的突出煤层； (2) 历史上发生过突出强度大于500 t/次的； (3) 开采范围内煤层坚固性系数小于0.3的；或者煤层坚固性系数为0.3～0.5，且埋深大于500 m的；或者煤层坚固性系数为0.5～0.8，且埋深大于600 m的；或者煤层埋深大于700 m的；或者煤巷条带位于开采应力集中区的。	抽查相关区域防突措施、突出危险性相关参数测定记录、埋深资料、采掘工程平面图。	《煤矿安全规程》(国家安全生产监督管理总局令第87号)第二百一十条。
6	区域防突效果检验	预抽煤层瓦斯区域措施效果检验结果应当经矿技术负责人批准。	抽查预抽煤层瓦斯区域措施效果检验报告及批复。	《防治煤与瓦斯突出规定》(国家安全生产监督管理总局令第19号)第四十一条。
		开采保护层的保护效果检验主要采用残余瓦斯压力、残余瓦斯含量、顶底板位移量等指标。	抽查开采保护层区域措施效果检验报告。	《防治煤与瓦斯突出规定》(国家安全生产监督管理总局令第19号第五十一条。

序号	项目	检 查 内 容	检查方法	检查依据
6	区域防突效果检验	采用预抽煤层瓦斯区域防突措施时，应当以预抽区域的煤层残余瓦斯压力或者残余瓦斯含量为主要指标。其中，在采用残余瓦斯压力或者残余瓦斯含量指标对穿层钻孔、顺层钻孔预抽煤巷条带煤层瓦斯区域防突措施和穿层钻孔预抽石门（含立、斜井等）揭煤区域煤层瓦斯区域防突措施进行检验时，必须依据实际的直接测定值。	抽查预抽煤层瓦斯区域措施效果检验报告。	《防治煤与瓦斯突出规定》（国家安全生产监督管理总局令第19号）第五十二条。
		对预抽煤层瓦斯区域防突措施进行检验时，应根据煤矿企业技术负责人批准的临界值进行评判。	抽查预抽煤层瓦斯区域措施效果检验敏感指标临界值考察报告。	《防治煤与瓦斯突出规定》（国家安全生产监督管理总局令第19号）第五十三条。
		对预抽煤层瓦斯区域防突措施进行检验时，均应当首先分析、检查预抽区域内钻孔的分布等是否符合设计要求，不符合设计要求的，不予检验。	抽查预抽煤层瓦斯区域防突措施，现场抽查。	《防治煤与瓦斯突出规定》（国家安全生产监督管理总局令第19号）第五十四条。

序号	项目	检　查　内　容	检查方法	检查依据
6	区域防突效果检验	采用直接测定煤层残余瓦斯压力或残余瓦斯含量等参数进行预抽煤层瓦斯区域措施效果检验时，应当符合下列要求： (1) 对穿层钻孔或顺层钻孔预抽区段煤层瓦斯区域防突措施进行检验时若区段宽度(两侧回采巷道间距加回采巷道外侧控制范围)未超过 120 m，以及对预抽回采区域煤层瓦斯区域防突措施进行检验时若采煤工作面长度未超过 120 m，则沿采煤工作面推进方向每间隔 30～50 m 至少布置 1 个检验测试点；若预抽区段煤层瓦斯区域防突措施的区段宽度或预抽回采区域煤层瓦斯区域防突措施的采煤工作面长度大于 120 m时，则在采煤工作面推进方向每间隔 30～50 m，至少沿工作面方向布置 2 个检验测试点。 当预抽区段煤层瓦斯的钻孔在回采区域和煤巷条带的布置方式或参数不同时，按照预抽回采区域煤层瓦斯区域防突措施和穿层钻孔预抽煤巷条带煤层瓦斯区域防突措施的检验要求分别进行检验； (2) 对穿层钻孔预抽煤巷条带煤层瓦斯区域防突措施进行检验时，在煤巷条带每间隔 30～50 m 至少布置 1 个检验测试点； (3) 对顺层钻孔预抽煤巷条带煤层瓦斯区域防突措施进行检验时，在煤巷条带每间隔 20～30 m 至少布置 1 个检验测试点，且每个检验区域不得少于 3 个检验测试点； (4) 各检验测试点应布置于所在部位钻孔密度较小、孔间距较大、预抽时间较短的位置，并尽可能远离测试点周围的各预抽钻孔或尽可能与周围预抽钻孔保持等距离，且避开采掘巷道的排放范围和工作面的预抽超前距。在地质构造复杂区域适当增加检验测试点。	抽查预抽煤层瓦斯区域防突措施。	《防治煤与瓦斯突出规定》(国家安全生产监督管理总局令第 19 号)第五十五条。

序号	项目	检　查　内　容	检查方法	检查依据
6	区域防突效果检验	采用间接计算的残余瓦斯含量进行预抽煤层瓦斯区域措施效果检验时，应当符合下列要求： (1) 当预抽区域内钻孔的间距和预抽时间差别较大时，根据孔间距和预抽时间划分评价单元分别计算检验指标； (2) 若预抽钻孔控制边缘外侧为未采动煤体，在计算检验指标时根据不同煤层的透气性及钻孔在不同预抽时间的影响范围等情况，在钻孔控制范围边缘外适当扩大评价计算区域的煤层范围。但检验结果仅适用于预抽钻孔控制范围。	抽查预抽煤层瓦斯区域防突措施效果检验报告。	《防治煤与瓦斯突出规定》(国家安全生产监督管理总局令第19号)第五十六条。
7	区域验证	在煤巷掘进工作面和采煤工作面分别采用工作面预测方法对无突出危险区进行区域验证时，应当按照下列要求进行： (1) 在工作面进入该区域时，立即连续进行至少2次区域验证； (2) 工作面每推进10～50 m(在地质构造复杂区域或采取了预抽煤层瓦斯区域防突措施以及其他必要情况时宜取小值)至少进行2次区域验证； (3) 在构造破坏带连续进行区域验证； (4) 在煤巷掘进工作面还应当至少打1个超前距不小于10 m的超前钻孔或者采取超前物探措施，探测地质构造和观察突出预兆。	现场抽查。	《防治煤与瓦斯突出规定》(国家安全生产监督管理总局令第19号)第五十七条。

序号	项目	检　查　内　容	检查方法	检查依据
8	工作面预测	未进行工作面预测的采掘工作面，应当视为突出危险工作面。	抽查工作面突出危险性预测单。	《防治煤与瓦斯突出规定》(国家安全生产监督管理总局令第19号)第五十九条。
		工作面突出危险性预测的敏感指标和临界值应由煤矿企业技术负责人批准。	抽查工作面突出危险性预测敏感指标临界值考察报告及批复。	《防治煤与瓦斯突出规定》(国家安全生产监督管理总局令第19号)第六十九条。
		突出煤层采掘工作面出现喷孔、顶钻等动力现象或明显突出预兆时，应判定为突出危险工作面。 突出煤层采掘工作面有构造破坏带(包括断层、剧烈褶曲、火成岩侵入等)、煤层赋存条件急剧变化、采掘应力叠加时，除已经实施了工作面防突措施的以外，应视为突出危险工作面并实施相关措施。	抽查工作面突出危险性预测单、采掘工程平面图及相关地质资料。	《防治煤与瓦斯突出规定》(国家安全生产监督管理总局令第19号)第七十条。
		采用钻屑指标法预测煤巷掘进工作面突出危险性时，在近水平、缓倾斜煤层工作面应向前方煤体至少施工3个、在倾斜或急倾斜煤层至少施工2个直径42 mm、孔深8～10 m的钻孔，测定钻屑瓦斯解吸指标和钻屑量。	抽查工作面突出危险性预测单。	《防治煤与瓦斯突出规定》(国家安全生产监督管理总局令第19号第七十五条。
		采用复合指标法预测煤巷掘进工作面突出危险性时，在近水平、缓倾斜煤层工作面应当向前方煤体至少施工3个、在倾斜或急倾斜煤层至少施工2个直径42 mm、孔深8～10 m的钻孔，测定钻孔瓦斯涌出初速度和钻屑量指标。	抽查工作面突出危险性预测单。	《防治煤与瓦斯突出规定》(国家安全生产监督管理总局令第19号第七十六条。

序号	项目	检 查 内 容	检查方法	检查依据
8	工作面预测	采用 *R* 值指标法预测煤巷掘进工作面突出危险性时，在近水平、缓倾斜煤层工作面应向前方煤体至少施工 3 个、在倾斜或急倾斜煤层至少施工 2 个直径 42 mm、孔深 8～10 m 的钻孔，测定钻孔瓦斯涌出初速度和钻屑量指标。	抽查工作面突出危险性预测单。	《防治煤与瓦斯突出规定》(国家安全生产监督管理总局令第 19 号第七十七条。
		对采煤工作面的突出危险性预测，可参照煤巷掘进工作面预测方法进行。应沿采煤工作面每隔 10～15 m 布置一个预测钻孔，深度 5～10 m。	抽查工作面突出危险性预测单。	《防治煤与瓦斯突出规定》(国家安全生产监督管理总局令第 19 号第七十八条。
9	工作面防突措施	突出煤层的采掘工作面都应当编制工作面专项防突设计，报矿技术负责人批准。实施过程中当煤层赋存条件变化较大或巷道设计发生变化时，还应当作出补充或修改设计。	抽查工作面专项防突设计。	《防治煤与瓦斯突出规定》(国家安全生产监督管理总局令第 19 号)第六十七条。
		无突出危险工作面必须在采取安全防护措施并保留足够的突出预测超前距或防突措施超前距的条件下进行采掘作业。 煤巷掘进和采煤工作面应保留的最小预测超前距均为 2 m。 工作面应保留的最小防突措施超前距为：煤巷掘进工作面 5 m，采煤工作面 3 m；在地质构造破坏严重地带应适当增加超前距，但煤巷掘进工作面不小于 7 m，采煤工作面不小于 5 m。	抽查工作面突出危险性预测单、工作面防突措施竣工图。	《防治煤与瓦斯突出规定》(国家安全生产监督管理总局令第 19 号)第六十条。

序号	项目	检　查　内　容	检查方法	检查依据
9	工作面防突措施	在煤巷掘进工作面第一次执行局部防突措施或者无措施超前距时,必须采取小直径钻孔排放瓦斯等防突措施,只有在工作面前方形成5 m以上的安全屏障后,方可进入正常防突措施循环。	抽查工作面防突措施竣工图。	《煤矿安全规程》(国家安全生产监督管理总局令第87号)第二百一十九条。
		在实施局部综合防突措施的煤巷掘进工作面和采煤工作面,若预测指标为无突出危险,则只有当上一循环的预测指标也是无突出危险时,方可确定为无突出危险工作面,并在采取安全防护措施、保留足够的预测超前距的条件下进行采掘作业;否则,仍要执行一次工作面防突措施和措施效果检验。	抽查工作面突出危险性预测单、工作面防突措施竣工图、工作面防突措施效果检验单。	《防治煤与瓦斯突出规定》(国家安全生产监督管理总局令第19号)第六十八条。
		突出煤层的采掘工作面不得选用水力冲孔措施。倾角8°以上的上山掘进工作面不得选用松动爆破、水力疏松措施。	抽查工作面专项防突设计。	《煤矿安全规程》(国家安全生产监督管理总局令第87号)第二百一十七条。
		煤巷掘进工作面在地质构造破坏带或煤层赋存条件急剧变化处不能按原措施设计要求实施时,必须打钻孔查明煤层赋存条件,然后采用直径为42～75 mm的钻孔排放瓦斯。 若突出煤层煤巷掘进工作面前方遇到落差超过煤层厚度的断层,应按石门揭煤的措施执行。	抽查采掘工程平面图、相关地质资料,现场抽查。	《防治煤与瓦斯突出规定》(国家安全生产监督管理总局令第19号)第八十八条。

序号	项目	检　查　内　容	检查方法	检查依据
9	工作面防突措施	煤巷掘进工作面采用超前钻孔作为工作面防突措施时，应当符合下列要求： (1) 巷道两侧轮廓线外钻孔的最小控制范围：近水平、缓倾斜煤层 5 m，倾斜、急倾斜煤层上帮 7 m、下帮 3 m。当煤层厚度大于巷道高度时，在垂直煤层方向上的巷道上部煤层控制范围不小于 7 m，巷道下部煤层控制范围不小于 3 m； (2) 钻孔在控制范围内应当均匀布置，在煤层的软分层中可适当增加钻孔数。预抽钻孔或超前排放钻孔的孔数、孔底间距等应当根据钻孔的有效抽放或排放半径确定； (3) 钻孔直径应当根据煤层赋存条件、地质构造和瓦斯情况确定，一般为 75～120 mm，地质条件变化剧烈地带也可采用直径 42～75 mm的钻孔。若钻孔直径超过 120 mm 时，必须采用专门的钻进设备和制定专门的施工安全措施。	抽查工作面专项防突设计、工作面防突措施竣工图。	《防治煤与瓦斯突出规定》(国家安全生产监督管理总局令第 19 号)第八十九条。

序号	项目	检　查　内　容	检查方法	检查依据
9	工作面防突措施	煤巷掘进工作面采用松动爆破防突措施时，应当符合下列要求： (1) 松动爆破钻孔的孔径一般为 42 mm，孔深不得小于 8 m。松动爆破应至少控制到巷道轮廓线外 3 m 的范围。孔数根据松动爆破的有效影响半径确定。松动爆破的有效影响半径通过实测确定； (2) 松动爆破孔的装药长度为孔长减去 5.5～6 m； (3) 松动爆破按远距离爆破的要求执行。	抽查工作面专项防突设计、工作面防突措施竣工图。	《防治煤与瓦斯突出规定》(国家安全生产监督管理总局令第 19 号)第九十条。
10	工作面防突措施效果检验	工作面防突措施效果检验必须包括以下两部分内容： (1) 检查所实施的工作面防突措施是否达到了设计要求和满足有关的规章、标准等，并了解、收集工作面及实施措施的相关情况、突出预兆等(包括喷孔、卡钻等)，作为措施效果检验报告的内容之一，用于综合分析、判断； (2) 各检验指标的测定情况及主要数据。	抽查工作面防突措施效果检验报告。	《防治煤与瓦斯突出规定》(国家安全生产监督管理总局令第 19 号)第九十八条。
		对采煤工作面防突措施效果的检验应当参照采煤工作面突出危险性预测的方法和指标实施。但应当沿采煤工作面每隔 10～15 m 布置一个检验钻孔，深度应当小于或等于防突措施钻孔。	抽查采煤工作面防突措施效果检验报告。	《防治煤与瓦斯突出规定》(国家安全生产监督管理总局令第 19 号)第一百零一条。

序号	项目	检查内容	检查方法	检查依据
11	揭煤安全措施	在揭煤工作面掘进至距煤层最小法向距离10 m之前，应当至少打2个穿透煤层全厚且进入顶（底）板不小于0.5 m的前探取芯钻孔。 在地质构造复杂、岩石破碎的区域，揭煤工作面掘进至距煤层最小法向距离20 m之前必须布置一定数量的前探钻孔。	抽查石门揭煤专项防突设计。	《防治煤与瓦斯突出规定》(国家安全生产监督管理总局令第19号)第六十一条。
		揭煤作业前应编制揭煤的专项防突设计，报煤矿企业技术负责人批准。 揭煤作业应当具有相应技术能力的专业队伍施工，并按照规定程序进行。	抽查石门揭煤专项防突设计及批复。	《防治煤与瓦斯突出规定》(国家安全生产监督管理总局令第19号)第六十二条。
		井巷揭穿突出煤层的专项防突设计至少应当包括下列主要内容： （1）井巷揭煤区域煤层、瓦斯、地质构造及巷道布置的基本情况； （2）建立安全可靠的独立通风系统及加强控制通风风流设施的措施； （3）控制突出煤层层位、准确确定安全岩柱厚度的措施，测定煤层瓦斯压力的钻孔等工程布置、实施方案； （4）揭煤工作面突出危险性预测及防突措施效果检验的方法、指标，预测及检验钻孔布置等； （5）工作面防突措施； （6）安全防护措施及组织管理措施； （7）加强过煤层段巷道的支护及其他措施。	抽查石门揭煤专项防突设计。	《防治煤与瓦斯突出规定》(国家安全生产监督管理总局令第19号)第八十条。

序号	项目	检查内容	检查方法	检查依据
11	揭煤安全措施	采取穿层钻孔预抽石门(含立、斜井等)揭煤区域煤层瓦斯区域防突措施时,应当符合下列要求:穿层钻孔预抽石门(含立、斜井等)揭煤区域煤层瓦斯区域防突措施应当在揭煤工作面距煤层的最小法向距离 7 m 以前实施(在构造破坏带应适当加大距离)。 钻孔的最小控制范围是:石门和立井、斜井揭煤处巷道轮廓线外 12 m(急倾斜煤层底部或下帮 6 m),同时还应当保证控制范围的外边缘到巷道轮廓线(包括预计前方揭煤段巷道的轮廓线)的最小距离不小于 5 m,且当钻孔不能一次穿透煤层全厚时,应当保持煤孔最小超前距 15 m。	抽查预抽煤层瓦斯区域防突措施。	《防治煤与瓦斯突出规定》(国家安全生产监督管理总局令第 19 号)第四十九条。
		采用直接测定煤层残余瓦斯压力或残余瓦斯含量等参数进行预抽煤层瓦斯区域措施效果检验时,应当符合下列要求: (1) 对穿层钻孔预抽石门(含立、斜井等)揭煤区域煤层瓦斯区域防突措施进行检验时,至少布置 4 个检验测试点,分别位于要求预抽区域内的上部、中部和两侧,并且至少有 1 个检验测试点位于要求预抽区域内距边缘不大于 2 m 的范围; (2) 各检验测试点应布置于所在部位钻孔密度较小、孔间距较大、预抽时间较短的位置,并尽可能远离测试点周围的各预抽钻孔或尽可能与周围预抽钻孔保持等距离,且避开采掘巷道的排放范围和工作面的预抽超前距。在地质构造复杂区域适当增加检验测试点。	抽查预抽煤层瓦斯区域防突措施效果检验报告。	《防治煤与瓦斯突出规定》(国家安全生产监督管理总局令第 19)第五十五条。

序号	项目	检查内容	检查方法	检查依据
		在石门揭煤工作面对无突出危险区进行的区域验证，应当采用石门揭煤工作面突出危险性预测方法进行。	抽查区域验证报告。	《防治煤与瓦斯突出规定》(国家安全生产监督管理总局令第19号)第五十七条。
11	揭煤安全措施	井巷揭煤工作面的突出危险性预测必须在距突出煤层最小法向距离5 m(地质构造复杂、岩石破碎的区域，应适当加大法向距离)前进行。 当工作面预测或措施效果检验为突出危险工作面时，必须采取或补充工作面防突措施，直到经措施效果检验为无突出危险工作面。	抽查石门揭煤专项防突设计、石门揭煤工作面突出危险性预测单。	《防治煤与瓦斯突出规定》(国家安全生产监督管理总局令第19号)第六十三条。
		井巷工作面从掘进至距突出煤层的最小法向距离5 m开始，必须采用物探或钻探手段边探边掘，保证工作面到煤层的最小法向距离不小于远距离爆破揭开突出煤层前要求的最小距离(1.5 m或2 m)。	抽查石门揭煤专项防突设计。	《防治煤与瓦斯突出规定》(国家安全生产监督管理总局令第19号)第六十四条。

序号	项目	检　查　内　容	检查方法	检查依据
11	揭煤安全措施	在石门和立井揭煤工作面采用预抽瓦斯、排放钻孔防突措施时，石门揭煤工作面钻孔的控制范围是：石门的两侧和上部轮廓线外至少 5 m，下部至少 3 m。 立井揭煤工作面钻孔控制范围是：近水平、缓倾斜、倾斜煤层为井筒四周轮廓线外至少 5 m；急倾斜煤层沿走向两侧及沿倾斜上部轮廓线外至少 5 m，下部轮廓线外至少 3 m。钻孔的孔底间距应根据实际考察情况确定。 当揭煤工作面施工的钻孔不能一次打穿煤层全厚时，可分段施工，但第一次实施的钻孔穿煤长度不得小于 15 m，且进入煤层掘进时，必须至少留有 5 m 的超前距离。	抽查石门揭煤工作面防突措施、相关钻孔施工记录。	《防治煤与瓦斯突出规定》(国家安全生产监督管理总局令第 19 号)第八十二条。
		揭开煤层后，严禁拆除金属骨架。	现场抽查。	《防治煤与瓦斯突出规定》(国家安全生产监督管理总局令第 19 号)第八十四条。
		对井巷揭煤工作面进行防突措施效果检验时，应当选择钻屑瓦斯解吸指标法或其他经试验证实有效的方法，但所有用钻孔方式检验的方法中检验孔数均不得少于 5 个，分别位于石门的上部、中部、下部和两侧。 如检验结果的各项指标都在该煤层突出危险临界值以下，且未发现其他异常情况，则措施有效；反之，判定为措施无效。	抽查石门揭煤专项防突设计及石门揭煤工作面防突措施效果检验报告。	《防治煤与瓦斯突出规定》(国家安全生产监督管理总局令第 19 号)第九十九条。

序号	项目	检　查　内　容	检查方法	检查依据
12	安全防护措施	有突出煤层的采区必须设置采区避难所。避难所的位置应根据实际情况确定。	现　场抽查。	《防治煤与瓦斯突出规定》(国家安全生产监督管理总局令第19号)第一百零二条。
		突出煤层的采掘工作面应设置工作面避难所或压风自救系统。应根据具体情况设置其中之一或混合设置,但掘进距离超过500 m的巷道内必须设置工作面避难所。 工作面避难所应当设在采掘工作面附近和爆破工操纵爆破的地点。根据具体条件确定避难所的数量及其距采掘工作面的距离。 工作面避难所应当能够满足工作面最多作业人数时的避难要求,其他要求与采区避难所相同。 压风自救系统应当达到下列要求: (1) 压风自救装置安装在掘进工作面巷道和采煤工作面巷道内的压缩空气管道上; (2) 在以下每个地点都应至少设置一组压风自救装置:距采掘工作面 25～40 m 的巷道内、爆破地点、撤离人员与警戒人员所在的位置以及回风道有人作业处等。在长距离的掘进巷道中,应根据实际情况增加设置; (3) 每组压风自救装置应可供5～8 个人使用,平均每人的压缩空气供给量不少于 0.1 m^3/min。	现　场抽查。	《防治煤与瓦斯突出规定》(国家安全生产监督管理总局令第19)第一百零六条。

序号	项目	检　查　内　容	检查方法	检查依据
12	安全防护措施	井巷揭穿突出煤层和突出煤层的炮掘、炮采工作面必须采取远距离爆破安全防护措施。 石门揭煤采用远距离爆破时，必须制定包括爆破地点、避灾路线及停电、撤人和警戒范围等的专项措施。 煤巷掘进工作面采用远距离爆破时，爆破地点必须设在进风侧反向风门之外的全风压通风的新鲜风流中或避难所内，爆破地点距工作面的距离由矿技术负责人根据曾经发生的最大突出强度等具体情况确定，但不得小于300 m；采煤工作面爆破地点到工作面的距离由矿技术负责人根据具体情况确定，但不得小于100 m。 远距离爆破时，回风系统必须停电、撤人。爆破后进入工作面检查的时间由矿技术负责人根据情况确定，但不得少于30 min。	现　场抽查。	《防治煤与瓦斯突出规定》(国家安全生产监督管理总局令第19号)第一百零五条。
		突出煤层采掘工作面附近、爆破撤离人员集中地点、起爆地点必须设有直通矿调度室的电话，并设置有供给压缩空气的避险设施或者压风自救装置。 工作面回风系统中有人作业的地点，也应当设置压风自救装置。	现　场抽查。	《煤矿安全规程》(国家安全生产监督管理总局令第87号)第二百二十三条。
		在突出煤层的石门揭煤和煤巷掘进工作面进风侧，必须设置至少2道牢固可靠的反向风门。风门之间的距离不得小于4 m。 工作面爆破和无人时，反向风门必须关闭。	现　场抽查。	《防治煤与瓦斯突出规定》(国家安全生产监督管理总局令第19号)第一百零三条。

5 粉尘防治检查表

5.1 防尘管理资料检查表

序号	项目	检查内容	检查方法	检查依据
1	图纸鉴定报告	填绘反映实际情况的防尘管路系统图。 防尘管路系统图必须填绘主要运输巷、带式输送机斜井与平巷、上山与下山、采区运输巷与回风巷、采煤工作面运输巷与回风巷、掘进巷道、煤仓放煤口、溜煤眼放煤口、卸载点等地点防尘供水管路、支管及阀门的敷设情况。	检查防尘管路系统图。	《煤矿安全规程》(国家安全生产监督管理总局令第87号)第十四条、第六百四十四条。
		防尘用水水质悬浮物的含量不得超过30 mg/L,粒径不大于0.3 mm,水的pH值应当在6～9范围内,水的碳酸盐硬度不超过3 mmol/L。 使用降尘剂时,降尘剂应当无毒、无腐蚀、不污染环境。	检查水质化验报告。	《煤矿作业场所职业病危害防治规定》(国家安全生产监督管理总局令第73号)第三十八条。
		井工煤矿的所有煤层必须进行煤层注水可注性测试。对于可注水煤层必须进行煤层注水。	检查测试报告。	《煤矿作业场所职业病危害防治规定》(国家安全生产监督管理总局令第73号)第四十六条。
2	防尘措施	煤矿企业应根据所有煤层的煤尘爆炸性鉴定结果采取相应的安全措施。	检查相关措施制度。	《煤矿安全规程》(国家安全生产监督管理总局令第87号)第一百八十五条。

序号	项目	检　查　内　容	检查方法	检查依据
2	防尘措施	掘进井巷和硐室时，必须采取湿式钻眼、冲洗井壁巷帮、水炮泥、爆破喷雾、装岩(煤)洒水和净化风流等综合防尘措施。	检查相关措施制度。	《煤矿安全规程》(国家安全生产监督管理总局令第 87 号)第六百四十九条。
		矿井每年应制定综合防尘措施、预防和隔绝煤尘爆炸措施及管理制度，并组织实施。	检查相关措施制度。	《煤矿安全规程》(国家安全生产监督管理总局令第 87 号)第一百八十七条。
3	粉尘测定	矿测尘部门必须根据本矿的生产情况配备足够数量且经培训合格的测尘人员：每个采区至少 1 人。	检查测尘证。	《煤矿井下粉尘综合防治技术规范》(AQ 1020—2006)5.4。
		煤矿粉尘浓度测定结果按季度综合上报主管部门。	检查报表。	《煤矿井下粉尘综合防治技术规范》(AQ 1020—2006)5.5.5。
		煤矿应当使用粉尘采样器、直读式粉尘浓度测定仪等仪器设备进行粉尘浓度的测定。	检查鉴定证书。	《煤矿作业场所职业病危害防治规定》(国家安全生产监督管理总局令第 73 号)第三十七条。
		煤矿使用的粉尘检测仪器仪表，必须具有有效的计量检验合格证。	检查合格证。	《煤矿井下粉尘综合防治技术规范》(AQ 1020—2006)5.2。

5.2 煤尘爆炸防治检查表

序号	项目	检查内容	检查方法	检查依据
1	爆炸性鉴定及防尘制度	新建矿井或者生产矿井每延深一个新水平,应进行1次煤尘爆炸性鉴定,鉴定结果报省级煤炭行业管理部门和煤矿安全监察机构。	检查鉴定结果和报批文件。	《煤矿安全规程》(国家安全生产监督管理总局令第87号)第一百八十五条。
		矿井应当每年制定预防和隔绝煤尘爆炸管理制度,并组织实施。	抽查制度。	《煤矿安全规程》(国家安全生产监督管理总局令第87号)第一百八十七条。
2	防爆措施	必须及时清除巷道中的浮煤,清扫、冲洗沉积煤尘或者定期撒布岩粉;应当定期对主要大巷刷浆。	抽查记录台账,现场抽查。	《煤矿安全规程》(国家安全生产监督管理总局令第87号)第一百八十六条。
3	隔爆设施	高瓦斯矿井、突出矿井和有煤尘爆炸危险的矿井,煤巷和半煤岩巷掘进工作面应当安设隔爆设施。	抽查隔爆设施台账,现场抽查。	《煤矿安全规程》(国家安全生产监督管理总局令第87号)第一百八十八条。
		开采有煤尘爆炸危险煤层的矿井,必须有预防和隔绝煤尘爆炸的措施。 矿井的两翼、相邻的采区、相邻的煤层、相邻的采煤工作面间,掘进煤巷同与其相连的巷道间,煤仓同与其相连的巷道间,采用独立通风并有煤尘爆炸危险的其他地点同与其相连的巷道间,必须用水棚或者岩粉棚隔开。	抽查措施,抽查防尘管路系统图和检查记录台账,现场抽查。	《煤矿安全规程》(国家安全生产监督管理总局令第87号)第一百八十六条。
		矿井应当每周至少检查1次隔爆设施的安装地点、数量、水量或者岩粉量及安装质量是否符合要求。	抽查隔爆设施台账,现场抽查。	《煤矿安全规程》(国家安全生产监督管理总局令第87号)第一百八十七条。

6 防灭火检查表

序号	项目	检查内容	检查方法	检查依据
1	防灭火管理	煤矿必须制定井上、下防火措施。	抽查相关防火措施和制度。	《煤矿安全规程》(国家安全生产监督管理总局令第87号)第二百四十六条。
		新设计矿井应当将所有煤层的自燃倾向性鉴定结果报省级煤炭行业管理部门及省级煤矿安全监察机构。 生产矿井延深新水平时，必须对所有煤层的自燃倾向性进行鉴定。 开采容易自燃和自燃煤层的矿井，必须编制矿井防灭火专项设计，采取综合预防煤层自然发火的措施。	抽查相关报告资料。	《煤矿安全规程》(国家安全生产监督管理总局令第87号)第二百六十条。
2	防灭火系统	设置地面消防水池和井下消防管路系统。 井下消防管路系统每隔100 m设置支管和阀门，带式输送机巷道中每隔50 m设置支管和阀门。 地面的消防水池必须经常保持不少于200 m^3 的水量。	现场抽查。	《煤矿安全规程》(国家安全生产监督管理总局令第87号)第二百四十九条。

序号	项目	检查内容	检查方法	检查依据
2	防灭火系统	采用灌浆防灭火时，应当遵守下列规定： (1) 采(盘)区设计应当明确规定巷道布置方式、隔离煤柱尺寸、灌浆系统、疏水系统、预筑防火墙的位置以及采掘顺序； (2) 安排生产计划时，应当同时安排防火灌浆计划，落实灌浆地点、时间、进度、灌浆浓度和灌浆量； (3) 对采(盘)区始采线、终采线、上下煤柱线内的采空区，应当加强防火灌浆； (4) 应当有灌浆前疏水和灌浆后防止溃浆、透水的措施； (5) 填绘反映实际情况的防火注浆管路系统图。	抽查灌浆防灭火设计及措施、防火注浆管路系统图。	《煤矿安全规程》(国家安全生产监督管理总局令第87号)第二百六十六条、第十四条。
		采用氮气防灭火时，应当遵守下列规定： (1) 氮气源稳定可靠； (2) 注入的氮气浓度不小于97%； (3) 至少有1套专用的氮气输送管路系统及其附属安全设施； (4) 有能连续监测采空区气体成分变化的监测系统； (5) 有固定或者移动的温度观测站(点)和监测手段； (6) 有专人定期进行检测、分析和整理有关记录、发现问题及时报告处理等规章制度。	抽查氮气防灭火设计及措施。	《煤矿安全规程》(国家安全生产监督管理总局令第87号)第二百七十一条。

序号	项目	检 查 内 容	检查方法	检查依据
3	自然发火监测	开采容易自燃和自燃煤层时，必须开展自然发火监测工作，建立自然发火监测系统，确定煤层自然发火标志气体及临界值，健全自然发火预测预报及管理制度。	检查监测系统、自然发火预测预报制度。	《煤矿安全规程》（国家安全生产监督管理总局令第 87 号）第二百六十一条。
4	巷道防火设计	对开采容易自燃和自燃的单一厚煤层或煤层群的矿井，集中运输大巷和总回风巷应布置在岩层内或不易自燃的煤层内；布置在容易自燃和自燃的煤层内，必须砌碹或锚喷，碹后的空隙和冒落处必须用不燃性材料充填密实，或者用无腐蚀性、无毒性的材料进行处理。	现场抽查。	《煤矿安全规程》（国家安全生产监督管理总局令第 87 号）第二百六十二条。
		开采容易自燃和自燃的急倾斜煤层用垮落法管理顶板时，在主石门和采区运输石门上方，必须留有煤柱。禁止采掘留在主石门上方的煤柱。 留在采区运输石门上方的煤柱，在采区结束后可以回收，但必须采取防止自然发火措施。	检查安全措施。	《煤矿安全规程》（国家安全生产监督管理总局令第 87 号）第二百六十四条。
		开采容易自燃和自燃煤层时，在采（盘）区开采设计中，必须预先选定构筑防火门的位置。 当采煤工作面通风系统形成后，必须按设计构筑防火门墙，并储备足够数量的封闭防火门的材料。	检查采（盘）区开采设计，现场抽查。	《煤矿安全规程》（国家安全生产监督管理总局令第 87 号）第二百七十三条。
		井筒与各水平的连接处及井底车场，主要绞车道与主要运输巷、回风巷的连接处，井下机电设备硐室，主要巷道内带式输送机机头前后两端各 20 m 范围内，用不燃性材料支护。	现场抽查。	《煤矿安全规程》（国家安全生产监督管理总局令第 87 号）第二百五十二条。

序号	项目	检查内容	检查方法	检查依据
5	防灭火措施	开采容易自燃和自燃煤层时，必须制定防治采空区、巷道高冒区、煤柱破坏区自然发火的技术措施。	抽查相关报告资料。	《煤矿安全规程》（国家安全生产监督管理总局令第87号）第二百六十五条。
		矿井必须制定防止采空区自然发火的封闭及管理专项措施。 采煤工作面回采结束后，必须在45天内进行永久性封闭，每周1次抽取封闭采空区气样进行分析，并建立台账。	检查安全措施检查台账。	《煤矿安全规程》（国家安全生产监督管理总局令第87号）第二百七十四条。
		在井下主要硐室、主要进风井巷和井口房内进行电焊、气焊和喷灯焊接等工作时，每次必须制定安全措施，由矿长批准并遵守相关规定。 煤层中未采用砌碹或喷浆封闭的主要硐室和主要进风大巷中，不得进行电焊、气焊和喷灯焊接等工作。	现场抽查。	《煤矿安全规程》（国家安全生产监督管理总局令第87号）第二百五十四条。
		开采容易自燃和自燃的煤层时，采煤工作面必须采用后退式开采，并根据采取防火措施后的煤层自然发火期确定采（盘）区开采期限。 回采过程中不得任意留设设计外煤柱和顶煤。	抽查作业规程。	《煤矿安全规程》（国家安全生产监督管理总局令第87号）第二百六十三条。
		井上、下必须设置消防材料库，储存的消防材料和工具的品种和数量应当符合有关要求。	现场抽查。	《煤矿安全规程》（国家安全生产监督管理总局令第87号）第二百五十六条。

序号	项目	检　查　内　容	检查方法	检查依据
5	防灭火措施	井下爆炸物品库、机电设备硐室、检修硐室、材料库、井底车场、使用带式输送机或液力偶合器的巷道以及采掘工作面附近的巷道中，必须备有灭火器材，其数量、规格和存放地点，应在灾害预防和处理计划中确定。	检查灾害预防和处理计划，现场抽查。	《煤矿安全规程》（国家安全生产监督管理总局令第87号）第二百五十七条。
		每季度应对井上、下消防管路系统、防火门、消防材料库和消防器材的设置情况进行1次检查。	检查防火制度及记录，现场抽查。	《煤矿安全规程》（国家安全生产监督管理总局令第87号）第二百五十八条。
		装有带式输送机的井筒兼作风井使用时，井筒中必须装设自动报警灭火装置和敷设消防管路。	现场抽查。	《煤矿安全规程》（国家安全生产监督管理总局令第87号）第一百四十五条。
6	火区管理	要定期测定和分析永久性密闭墙内外的气体成分、空气温度、瓦斯浓度，密闭墙内外空气压差以及密闭墙墙体，所有测定和检查结果，必须记入防火记录簿。	抽查防火记录簿，现场抽查。	《煤矿安全规程》（国家安全生产监督管理总局令第87号）第二百七十八条。
		启封已熄灭的火区前，必须制定安全措施。	检查相关措施。	《煤矿安全规程》（国家安全生产监督管理总局令第87号）第二百八十条。
		启封或者注销封闭的火区，必须符合有关规定。	检查火区位置关系图及相关参数测定结果。	《煤矿安全规程》（国家安全生产监督管理总局令第87号）第二百七十九条。
		不得在火区的同一煤层的周围进行采掘工作。	检查采掘工程图。	《煤矿安全规程》（国家安全生产监督管理总局令第87号）第二百八十一条。

序号	项目	检查内容	检查方法	检查依据
7	地面防火	木料场、矸石山等堆放场距离进风井口不得小于80 m。 木料场距离矸石山不得小于50 m。	现场抽查。	《煤矿安全规程》(国家安全生产监督管理总局令第87号)第二百四十七条。
		新建矿井的永久井架和井口房、以井口为中心的联合建筑,必须用不燃性材料建筑。	现场抽查。	《煤矿安全规程》(国家安全生产监督管理总局令第87号)第二百四十八条。
		进风井口应装设防火铁门,防火铁门必须严密并易于关闭,打开时不妨碍提升、运输和人员通行,并定期维修;如果不设防火门,必须有防止烟火进入矿井的安全措施。	现场抽查。	《煤矿安全规程》(国家安全生产监督管理总局令第87号)第二百五十条。
		井口房和通风机房附近20 m内,不得有烟火或用火炉取暖。 通风机房位于工业广场以外时,除开采有瓦斯喷出区域的矿井和煤(岩)与瓦斯突出矿井,可用隔焰式火炉或防爆式电热器取暖。 暖风道和压入式通风的风硐必须用不燃性材料砌筑,并至少装设2道防火门。	现场抽查。	《煤矿安全规程》(国家安全生产监督管理总局令第87号)第二百五十一条。

7 安全监控系统检查表

7.1 安全监控管理检查表

序号	项目	检 查 内 容	检查方法	检查依据
1	监控管理机构及制度	建立安全监控管理机构，配备足够的人员。	检查机构设置文件，人员配备情况。	《煤矿安全监控系统及检测仪器使用管理规范》(AQ 1029—2007)10.1。
		制定瓦斯事故应急预案、安全监控岗位责任制、操作规程、值班制度等规章制度。	抽查应急预案、岗位责任制、操作规程、值班制度。	《煤矿安全监控系统及检测仪器使用管理规范》(AQ 1029—2007) 10.2。
		安全监控工及检修、值班人员应经培训合格，持证上岗。	抽查培训记录，现场抽查持证情况。	《煤矿安全监控系统及检测仪器使用管理规范》(AQ 1029—2007) 10.3。
2	监控管理一般规定	编制采区设计、采掘作业规程时，必须对安全监控的种类、数量和位置，安全监控系统的断电区域等做出明确规定，绘制安全监控布置图和断电控制图，并及时更新。	抽查采区设计、采掘作业规程、安全技术措施、安全监控系统图。	《煤矿安全规程》(国家安全生产监督管理总局令第 87 号)第四百八十八条。
		煤矿安全监控布置图要标明传感器、声光报警器、断电控制器、分站、电源、中心站等设备的位置、接线、断电范围、报警值、断电值、复电值、传输电缆、供电电缆等； 断电控制图要标明甲烷传感器、馈电传感器和分站的位置，断电范围，被控开关的名称和编号，被控开关的断电接点和编号。	检查监控系统布置图和断电控制图。	《煤矿安全监控系统及检测仪器使用管理规范》(AQ 1029—2007) 10.5。

序号	项目	检查内容	检查方法	检查依据
2	监控管理一般规定	每3个月对安全监控数据进行备份，备份的数据介质保存时间应当不少于2年。图纸、技术资料的保存时间应当不少于2年。录音应当保存3个月以上。	检查监控系统布置图和断电控制图、数据备份及录音保存资料。	《煤矿安全规程》(国家安全生产监督管理总局令第87号)第四百八十八条。
3	监控管理措施	安全监控设备发生故障时，必须及时处理，在故障处理期间必须有安全措施。	抽查系统运行情况、安全措施。	《煤矿安全规程》(国家安全生产监督管理总局令第87号)第四百九十二条。
		矿井安全监控系统的监控日报表必须报矿总工程师和矿长审阅。	抽查监控日报表。	《煤矿安全规程》(国家安全生产监督管理总局令第87号)第四百九十四条。
		必须每天检查安全监控设备及线缆是否正常，使用便携式光学甲烷检测仪或者便携式甲烷检测报警仪与甲烷传感器进行对照，当两者读数差大于允许误差时，应当以读数较大者为依据，在8 h内对2种设备调校完毕。	抽查对照记录、管理制度等资料。	《煤矿安全规程》(国家安全生产监督管理总局令第87号)第四百九十三条。
		安装在采煤机、掘进机和电机车上的机(车)载断电仪，每天使用便携式甲烷检测报警仪与甲烷传感器进行对照，两者读数误差大于允许误差时，先以读数最大者为依据，采取安全措施，在8 h内将两种仪器调准。	抽查监控值班记录、维修记录，现场抽查。	《煤矿安全监控系统及检测仪器使用管理规范》(AQ 1029—2007)8.4.3。

序号	项目	检　查　内　容	检查方法	检查依据
4	监控系统的维修、调校、测试	每月至少进行1次安全监控设备的调校、测试。安全监控设备使用前和大修后，必须按产品使用说明书的要求测试、调校合格，并在地面试运行24～48 h方能下井。	抽查调校记录。	《煤矿安全规程》(国家安全生产监督管理总局令第87号)第四百九十二条，《煤矿安全监控系统及检测仪器使用管理规范》(AQ 1029—2007) 8.3.2。
		采用载体催化原理的甲烷传感器、便携式甲烷检测报警仪、甲烷检测报警矿灯等，每隔15天用校准气体和空气样，按产品使用说明书的要求调校一次。	抽查调校记录。	《煤矿安全规程》(国家安全生产监督管理总局令第87号)第四百九十二条，《煤矿安全监控系统及检测仪器使用管理规范》(AQ 1029—2007)8.3.3.
		除甲烷载体催化原理以外的其他气体监控设备应采用空气样和标准气样按产品说明书进行调校。风速传感器选用经过标定的风速计调校。温度传感器选用经过标定的温度计调校。其他传感器和便携式检测仪器也应按使用说明书要求定期调校。	检查监控设备检	《煤矿安全监控系统及检测仪器使用管理规范》(AQ 1029—2007) 8.3.4。
		安全监控设备的调校包括零点、显示值、报警点、断电点、复电点、控制逻辑等。	抽查调校记录，现场抽查。	《煤矿安全监控系统及检测仪器使用管理规范》(AQ 1029—2007) 8.3.5。
		甲烷电闭锁和风电闭锁功能每15天至少测试1次。	抽查测试记录。	《煤矿安全规程》(国家安全生产监督管理总局令第87号)第四百九十二条。
		系统必须连续运行。电网停电后，备用电源应当能保持系统连续工作时间不小于2 h。	检查监控系统室。	《煤矿安全规程》(国家安全生产监督管理总局令第87号)第四百八十九条。

序号	项目	检　查　内　容	检查方法	检查依据
5	安全监控报表	建立记录台账及报表:(1) 安全监控仪器台账;(2) 安全监控设备故障登记表;(3) 检修记录;(4) 巡检记录;(5) 传感器调校记录;(6) 中心站运行日志;(7) 安全监控日报;(8) 报警断电记录月报;(9) 甲烷超限断电闭锁和甲烷风电闭锁功能测试记录;(10) 安全监控仪器使用情况月报等。	抽查台账、报表。	《煤矿安全监控系统及检测仪器使用管理规范》(AQ 1029—2007) 10.4.1。
		安全监控日报应包括以下内容:(1) 表头;(2) 打印日期和时间;(3) 传感器设置地点;(4) 所测物理量名称;(5) 平均值;(6) 最大值及时刻;(7) 报警次数;(8) 累计报警时间;(9) 断电次数;(10) 累计断电时间;(11) 馈电异常次数;(12) 馈电异常累计时间等。	抽查监控日报表。	《煤矿安全监控系统及检测仪器使用管理规范》(AQ 1029—2007) 10.4.2。
		报警断电记录月报应包括以下内容:(1) 表头;(2) 打印日期和时间;(3) 传感器设置地点;(4) 所测物理量名称;(5) 报警次数、对应时间、解除时间、累计时间;(6) 断电次数、对应时间、解除时间、累计时间;(7) 馈电异常次数、对应时间、解除时间、累计时间;(8) 每次报警的最大值、对应时刻及平均值;(9) 每次断电累计时间、断电时刻及复电时刻,平均值,最大值及时刻;(10) 每次采取措施时间及采取措施内容等。	抽查断电记录月报。	《煤矿安全监控系统及检测仪器使用管理规范》(AQ 1029—2007) 10.4.3。

序号	项目	检　查　内　容	检查方法	检查依据
5	安全监控报表	甲烷超限断电闭锁和甲烷风电闭锁功能测试记录应包括以下内容:(1) 表头;(2) 打印日期和时间;(3) 传感器设置地点;(4) 断电测试起止时间;(5) 断电测试相关设备名称及编号;(6) 校准气体浓度;(7) 断电测试结果等。	抽查甲烷超限闭锁和甲烷风电闭锁功能测试记录。	《煤矿安全监控系统及检测仪器使用管理规范》(AQ 1029—2007)10.4.4。

7.2 安全监控系统配备检查表

序号	项目	检查内容	检查方法	检查依据
1	监控系统装备	装备的矿井安全监控系统由主机、传输接口、分站、传感器、执行器、电源箱、电缆、接线盒、避雷器和其他必要设备组成。	抽查安全监控系统安装情况。	《煤矿安全监控系统通用技术要求》(AQ 6201—2006)4.4.1。
		安全监控系统要有备用电源。当电网停电后，保证对甲烷、风速、风压、一氧化碳、主要通风机、局部通风机开停、风筒状态等主要监控量继续监控。	现场抽查备用电源。	《煤矿安全监控系统通用技术要求》(AQ 6201—2006)4.5.10。
2	监控系统功能	安全监控系统必须具有以地点和名称为索引的存储和查询功能。	现场抽查。	《煤矿安全监控系统通用技术要求》(AQ 6201—2006)4.5.4。
		安全监控系统具有列表显示功能:(1) 模拟量及相关显示内容包括:① 地点;② 名称;③ 单位;④ 报警门限;⑤ 断电门限;⑥ 复电门限;⑦ 监测值;⑧ 最大值;⑨ 最小值;⑩ 平均值;⑪ 断电/复电命令;⑫ 馈电状态;⑬ 超限报警;⑭ 馈电异常报警;⑮ 传感器工作状态等。 (2) 开关量显示内容包括:① 地点;② 名称;③ 开/停时刻;④ 状态;⑤ 工作时间;⑥ 开停次数;⑦ 传感器工作状态;⑧ 报警及解除报警状态及时刻等。 累计量显示内容包括:地点、名称、单位、累计量值等。	现场抽查系统显示功能。	《煤矿安全监控系统通用技术要求》(AQ 6201—2006)4.5.5.1。

序号	项目	检查内容	检查方法	检查依据
2	监控系统功能	安全监控系统具有模拟量实时曲线和历史曲线显示功能。在同一坐标上显示最大值、平均值、最小值等曲线。	现场抽查系统显示功能。	《煤矿安全监控系统通用技术要求》(AQ 6201—2006)4.5.5.3。
		安全监控系统具有报表、曲线、柱状图、状态图、模拟图、初始化参数等召唤打印功能(定时打印功能可选)。报表包括:① 模拟量日(班)报表;② 模拟量报警日(班)报表;③ 模拟量断电日(班)报表;④ 模拟量馈电异常日(班)报表;⑤ 开关量报警及断电日(班)报表;⑥ 开关量馈电异常日(班)报表;⑦ 开关量状态变动日(班)报表;⑧ 监控设备故障日(班)报表;⑨ 模拟量统计值历史记录查询报表等。	现场抽查系统打印功能。	《煤矿安全监控系统通用技术要求》(AQ 6201—2006)4.5.6。
		安全监控系统具有双机切换功能。系统主机双机备份,具有手动切换功能或自动切换功能。	现场抽查系统双机切换功能。	《煤矿安全监控系统通用技术要求》(AQ 6201—2006)4.5.9。
		安全监控系统具有数据备份功能,备份的数据介质保存时间不少于2年。	现场抽查系统备份功能。	《煤矿安全规程》(国家安全生产监督管理总局令第87号)第四百八十八条,《煤矿安全监控系统通用技术要求》(AQ 6201—2006)4.5.11。
		安全监控设备必须具有故障闭锁功能。	抽查安全监控系统检测报告,现场抽查。	《煤矿安全规程》(国家安全生产监督管理总局令第87号)第四百九十条。

序号	项目	检　查　内　容	检查方法	检查依据
2	监控系统功能	甲烷传感器的报警浓度、断电浓度、复电浓度和断电范围必须符合规定。	抽查监控系统参数设置。	《煤矿安全规程》(国家安全生产监督管理总局令第 87 号)第四百九十八条。
		每一个采区、一翼回风巷及总回风巷的测风站设置风速传感器，主要通风机的风硐应设置压力传感器；瓦斯抽采泵站的抽采泵吸入管路中应设置流量传感器、温度传感器和压力传感器，利用瓦斯时，还应在输出管路中设置流量传感器、温度传感器和压力传感器。	抽查监控系统图、监控终端、采掘工程平面图。	《煤矿安全规程》(国家安全生产监督管理总局令第 87 号)第五百零三条。
		开采容易自燃、自燃煤层的矿井，工作面、采区回风巷、一翼回风巷、总回风要设置一氧化碳传感器。	抽查监控系统图、监控终端、采掘工程平面图。	《煤矿安全规程》(国家安全生产监督管理总局令第 87 号)第五百零三条，《煤矿安全监控系统及检测仪器使用管理规范》(AQ 1029—2007)7.1.2 和 7.1.5。
		主要通风机、局部通风机设置设备开停传感器。主要风门设置风门开关传感器。甲烷电闭锁和风电闭锁的被控开关的负荷侧设置馈电状态传感器。	抽查监控系统图、监控终端、通风系统图。	《煤矿安全规程》(国家安全生产监督管理总局令第 87 号)第五百零三条。

7.3 井下安全监控检查表

序号	项目	检 查 内 容	检查方法	检查依据
1	监控分站	分站应设置在进风巷道或硐室中，其距巷道底板不得小于300 mm。	现场抽查。	《煤矿安全监控系统及检测仪器使用管理规范》(AQ 1029—2007)5.3。
		隔爆兼本质安全型防爆电源严禁设置在下列区域： (1) 断电范围内； (2) 低瓦斯和高瓦斯矿井的采煤工作面和回风巷内； (3) 煤与瓦斯突出矿井的采煤工作面、进风巷和回风巷； (4) 掘进工作面内； (5) 采用串联通风的被串采煤工作面、进风巷和回风巷； (6) 采用串联通风的被串掘进巷道内。	现场抽查。	《煤矿安全监控系统及检测仪器使用管理规范》(AQ 1029—2007)5.4。
		安全监控设备的供电电源取自被控开关的电源侧，严禁接在被控开关的负荷侧。	现场抽查。	《煤矿安全监控系统及检测仪器使用管理规范》(AQ 1029—2007)5.5。
2	传感器设置方法	甲烷传感器、一氧化碳传感器、温度传感器垂直悬挂，距顶板(顶梁)不得大于300 mm，距巷壁不得小于200 mm。	现场抽查。	《煤矿安全监控系统及检测仪器使用管理规范》(AQ 1029—2007)6.1，7.1.1，7.6.1。
		风速传感器设置在巷道前后10 m内无分支风流、无拐弯、无障碍、断面无变化、能准确计算风量的地点。当风速低于或超过《煤矿安全规程》的规定值时，应发出声、光报警信号。	现场抽查。	《煤矿安全监控系统及检测仪器使用管理规范》(AQ 1029—2007)7.2。

序号	项目	检 查 内 容	检查方法	检查依据
3	甲烷传感器设置	井下下列地点必须设置甲烷传感器： (1) 采煤工作面及其回风巷和回风隅角，高瓦斯和突出矿井采煤工作面回风巷长度大于1 000 m时回风巷中部； (2) 煤巷、半煤岩巷和有瓦斯涌出的岩巷掘进工作面及其回风流中，高瓦斯和突出矿井的掘进巷道长度大于1 000 m时掘进巷道中部； (3) 突出矿井采煤工作面进风巷； (4) 采用串联通风时，被串采煤工作面的进风巷；被串掘进工作面的局部通风机前； (5) 采区回风巷、一翼回风巷、总回风巷； (6) 使用架线电机车的主要运输巷道内装煤点处。 (7) 煤仓上方、封闭的带式输送机地面走廊； (8) 地面瓦斯抽采泵房内； (9) 井下临时瓦斯抽采泵站下风侧栅栏外； (10) 瓦斯抽采泵输入、输出管路中。	现场抽查。	《煤矿安全规程》(国家安全生产监督管理总局令第 87 号)第四百九十九条。
		突出矿井在下列地点设置的传感器必须是全量程或者高低浓度甲烷传感器： (1) 采煤工作面进、回风巷； (2) 煤巷、半煤岩巷和有瓦斯涌出的岩巷掘进工作面回风流中； (3) 采区回风巷； (4) 总回风巷。	现场抽查。	《煤矿安全规程》(国家安全生产监督管理总局令第 87 号)第五百条。

序号	项目	检查内容	检查方法	检查依据
4	其他传感器设置	开采容易自燃、自燃煤层的采煤工作面必须至少设置一个一氧化碳传感器，可设置在上隅角、工作面或工作面回风巷，报警浓度为≥0.002 4% CO。	现场抽查。	《煤矿安全监控系统及检测仪器使用管理规范》(AQ 1029—2007)7.1.2。
		开采容易自燃、自燃煤层的矿井，采区回风巷、一翼回风巷、总回风巷应设置一氧化碳传感器，报警浓度为0.002 4% CO。	现场抽查。	《煤矿安全监控系统及检测仪器使用管理规范》(AQ 1029—2007)7.1.5。
		采区回风巷、一翼回风巷、总回风巷的测风站应设置风速传感器。	现场抽查。	《煤矿安全监控系统及检测仪器使用管理规范》(AQ 1029—2007)7.2。
		带式输送机滚筒下风侧10～15 m处设置烟雾传感器。	现场抽查。	《煤矿安全监控系统及检测仪器使用管理规范》(AQ 1029—2007)7.5。
		开采容易自燃、自燃煤层及地温高的矿井采煤工作面回风流距离风流汇合口10～15 m处应设置温度传感器。温度传感器的报警值为30 ℃。	现场抽查。	《煤矿安全监控系统及检测仪器使用管理规范》(AQ 1029—2007)7.6.2。
		机电硐室内应设置温度传感器，报警值为34 ℃。	现场抽查。	《煤矿安全监控系统及检测仪器使用管理规范》(AQ 1029—2007)7.6.3。
		主要通风机的风硐内应设置风压传感器。	现场抽查。	《煤矿安全监控系统及检测仪器使用管理规范》(AQ 1029—2007)7.3。

序号	项目	检　查　内　容	检查方法	检查依据
4	其他传感器设置	主要通风机、局部通风机必须设置设备开停传感器；矿井和采区主要进回风巷道中的主要风门必须设置风门开关传感器；被控开关的负荷侧必须设置馈电传感器。	现场抽查。	《煤矿安全监控系统及检测仪器使用管理规范》(AQ 1029—2007)7.7。

7.4 采煤工作面安全监控检查表

序号	项目	检查内容	检查方法	检查依据
1	低瓦斯矿井采煤工作面安全监控	低瓦斯矿井的采煤工作面在距离工作面 10 m 以内设置工作面甲烷传感器，在工作面回风巷距离风流汇合口 10～15 m 设置回风巷甲烷传感器，在回风隅角设置甲烷传感器。	抽查监控系统布置图，现场抽查。	《煤矿安全规程》(国家安全生产监督管理总局令第 87 号)第四百九十九条，《煤矿安全监控系统及检测仪器使用管理规范》（AQ 1029—2007)6.3.1。
		低瓦斯和高瓦斯矿井采煤工作面采用串联通风时，被串工作面的进风巷距离进风口 10～15 m 设置甲烷传感器。	抽查监控系统布置图，现场抽查。	《煤矿安全规程》(国家安全生产监督管理总局令第 87 号)第四百九十九条，《煤矿安全监控系统及检测仪器使用管理规范》AQ 1029—2007)6.3.1。
		采煤机、掘进机等设置机载式甲烷断电仪或便携式甲烷检测报警仪。	现场抽查。	《煤矿安全规程》(国家安全生产监督管理总局令第 87 号)第五百零一条。
		采用两条巷道回风的采煤工作面甲烷传感器必须在两条回风巷分别设置。	现场抽查。	《煤矿安全监控系统及检测仪器使用管理规范》(AQ 1029—2007)6.3.2。

序号	项目	检　查　内　容	检查方法	检查依据
2	高、突矿井采煤工作面安全监控	高瓦斯和煤(岩)与瓦斯突出矿井的采煤工作面在距离工作面10 m以内设置工作面甲烷传感器,在工作面回风巷距离风流汇合口10～15 m设置回风巷甲烷传感器,突出矿井采煤工作面进风巷设置甲烷传感器,在回风隅角设置甲烷传感器。 高瓦斯和突出矿井采煤工作面回风巷长度大于1 000 m时回风巷中部设置甲烷传感器。 突出矿井采煤工作面进风巷、回风巷传感器应为全程或者高低浓度甲烷传感器。	现场抽查。	《煤矿安全规程》(国家安全生产监督管理总局令第87号)第四百九十九条、第五百条,《煤矿安全监控系统及检测仪器使用管理规范》(AQ 1029—2007)6.3.1。
3	采煤工作面其他传感器设置	开采容易自燃、自燃煤层的采煤工作面至少设置一个一氧化碳传感器,地点可设置在回风隅角、工作面或工作面回风巷,报警浓度为≥0.002 4% CO。	现场抽查。	《煤矿安全监控系统及检测仪器使用管理规范》(AQ 1029—2007)7.1.2。
		开采容易自燃,自燃煤层及地温高的矿井采煤工作面回风流距离风流汇合口10～15 m处设置温度传感器。温度传感器的报警值为30 ℃。	现场抽查。	《煤矿安全监控系统及检测仪器使用管理规范》(AQ 1029—2007)7.6.2。
		突出煤层采煤工作面进风巷进风的分风口必须设置风向传感器。当发生风流逆转时,发出声光报警信号。 突出煤层采煤工作面回风巷必须设置风速传感器。当风速低于或者超过规定值时,应当发出声光报警信号。	现场抽查。	《煤矿安全规程》(国家安全生产监督管理总局令第87号)第五百零二条。

序号	项目	检　查　内　容	检查方法	检查依据
3	采煤工作面其他传感器设置	机电硐室内设置温度传感器，报警值为 34 ℃。	现　场抽查。	《煤矿安全监控系统及检测仪器使用管理规范》（AQ 1029—2007）7.6.3。

7.5 掘进工作面安全监控检查表

序号	项目	检 查 内 容	检查方法	检查依据
1	低瓦斯矿井掘进工作面安全监控	低瓦斯矿井的煤巷、半煤岩巷和有瓦斯涌出的岩巷掘进工作面,在工作面距离迎头 5 m 以内风筒另一侧混合风流处设置甲烷传感器,在工作面回风流距离风流混合口 10～15 m 处设置甲烷传感器,实现瓦斯风电闭锁。	现场抽查。	《煤矿安全监控系统及检测仪器使用管理规范》(AQ 1029—2007) 6.4.1。
		掘进工作面采用串联通风时,必须在被串掘进工作面的局部通风机前设甲烷传感器。	现场抽查。	《煤矿安全规程》(国家安全生产监督管理总局令第 87 号)第四百九十九条。
		掘进机应设置甲烷断电仪或便携式甲烷检测报警仪。	现场抽查。	《煤矿安全规程》(国家安全生产监督管理总局令第 87 号)第五百零一条。
2	高突矿井掘进工作面安全监控	高瓦斯和煤(岩)与瓦斯突出矿井的掘进工作面在距离工作面 5 m以内设置工作面甲烷传感器,回风流距离回风口 10～15 m 设置回风巷甲烷传感器。 高瓦斯和突出矿井掘进巷道长度大于 1 000 m 时掘进巷道中部设置甲烷传感器。 突出矿井掘进工作面回风流中传感器应为全量程或者高低浓度甲烷传感器。	现场抽查。	《煤矿安全规程》(国家安全生产监督管理总局令第 87 号)第四百九十九条,第五百条,《煤矿安全监控系统及检测仪器使用管理规范》(AQ 1029—2007) 6.4.1。
		高瓦斯矿井双巷掘进甲烷传感器设置应符合规定。	现场抽查。	《煤矿安全监控系统及检测仪器使用管理规范》(AQ 1029—2007) 6.4.2。
		掘进机应设置甲烷断电仪或便携式甲烷检测报警仪。	现场抽查。	《煤矿安全规程》(国家安全生产监督管理总局令第 87 号)第五百零一条。

8 采煤系统检查表

8.1 采煤管理资料检查表

序号	项目	检 查 内 容	检查方法	检查依据
1	开拓部署	填绘反映实际情况的采掘工程平面图，不得超层越界、开采保安煤柱和危及邻矿安全的施工。	对照采矿许可证，检查采掘工程平面图。	《煤矿安全规程》（国家安全生产监督管理总局令第87号）第十四条，《国务院关于预防煤矿生产安全事故的特别规定》第八条。
		开拓巷道不得布置在严重冲击地压煤层中，永久硐室不得布置在冲击地压煤层中。	检查采掘工程平面图。	《煤矿安全规程》（国家安全生产监督管理总局令第87号）第二百三十一条。
		严禁在防隔水煤（岩）柱中进行采掘活动。	抽查防隔水煤（岩）柱设计（或矿井设计）、采掘工程平面图。	《煤矿防治水规定》（国家安全生产监督管理总局令第28号）第五十四条。
		按照核准的采煤工作面个数组织生产；按照批准的劳动定员组织生产。	查阅核准采掘工面个数文件、采掘工程平面图、采煤工作面作业规程。	《国务院关于预防煤矿生产安全事故的特别规定》第八条，《煤矿重大生产安全事故隐患判标准》（国家安全生产监督管理总局令第85号）第四条。

序号	项目	检　查　内　容	检查方法	检查依据
2	采区设计	一个采(盘)区内同一煤层的一翼最多只能布置1个采煤工作面和2个煤(半煤岩)巷掘进工作面同时作业；一个采(盘)区内同一煤层双翼开采或者多煤层开采的，该采(盘)区最多只能布置2个采煤工作面和4个煤(半煤岩)巷掘进工作面同时作业。	抽查采区设计、采掘工程平面图、通风系统图。	《煤矿安全规程》(国家安全生产监督管理总局令第87号)第九十五条。
		回采(采掘)过程中严禁任意扩大和缩小设计确定的煤柱。采空区内不得遗留未经设计确定的煤柱。	抽查采区设计、采掘工程平面图。	《煤矿安全规程》(国家安全生产监督管理总局令第87号)第九十五条。
3	采煤规程措施	采煤工作面回采前要编制作业规程。情况发生变化时，要及时修改作业规程或者补充安全措施。	抽查采煤工作面作业规程、安全技术措施和现场抽查。	《煤矿安全规程》(国家安全生产监督管理总局令第87号)第九十六条。
4	“三下”开采	建(构)筑物下、水体下、铁路下，以及主要井巷煤柱开采，要编制开采设计。正式开采前要组织试采。	检查“三下”设计、批复文件、试采报告。	《煤矿安全规程》(国家安全生产监督管理总局令第87号)第一百二十三条

8.2 采煤工作面现场检查表

序号	项目	检查内容	检查方法	检查依据
1	采面顶板管理	采煤工作面要及时支护，严禁空顶作业；支架架设必须牢固，单体液压支柱的初撑力必须符合标准要求。 巷道安全间距足够，综采工作面超前支护段巷道高度高于1.8 m(其他采煤工作面高于1.6 m)。	抽查轨道顺槽、运输顺槽、采面支护情况。	《煤矿安全规程》(国家安全生产监督管理总局令第87号)第九十七条、第一百零一条。
		用垮落法管理顶板的，采空区悬顶距离不得超过作业规程规定。	现场检查采煤工作面及上、下端头。	《煤矿安全规程》(国家安全生产监督管理总局令第87号)第一百零五条。
2	采面安全监控	按规定安设甲烷、温度、CO等传感器。	现场抽查传感器的设置，可用便携式甲烷检测仪比对甲烷数值准确性。	《煤矿安全规程》(国家安全生产监督管理总局令第87号)第四百九十九条，《煤矿安全监控系统及检测仪器使用管理规范》(AQ 1029—2007)6.7。
		带式输送机滚筒下风侧10～15 m设置烟雾传感器。	现场抽查。	《煤矿安全监控系统及检测仪器使用管理规范》(AQ 1029—2007)7。
		工区区队长、技术员、班长、爆破工、瓦斯检查工、安全监测工、流动电钳工，必须携带便携式甲烷检测报警仪。	现场抽查甲烷传感器显示数值、瓦斯牌板记录数据，用便携仪实测对比。	《煤矿安全规程》(国家安全生产监督管理总局令第87号)第一百八十条。

序号	项目	检　查　内　容	检查方法	检查依据
3	采面供风量	工作面风量、风速应当符合煤矿安全规程和作业规程要求。	现场抽查测风牌板，与《作业规程》对照。	《煤矿安全规程》（国家安全生产监督管理总局令第 87 号）第一百三十六条。
4	采面防尘管路	采煤工作面运输巷、回风巷要敷设防尘管路，安设支管和阀门。	现场检查瓦斯和测风牌板记录数据或实测，抽查沿途的通风设施、防尘管路、降尘设施等。	《煤矿安全规程》（国家安全生产监督管理总局令第 87 号）第六百四十四条。
5	采面防灭火	落实防灭火设计的综合防灭火措施。	抽查防灭火设计和防火措施落实情况。	《煤矿安全规程》（国家安全生产监督管理总局令第 87 号）第二百六十条。
6	采面防治水	受水害威胁的采煤工作面应查清水文地质条件，提出分析报告和防范措施，并进行月度水害预测。发现有透水征兆时必须立即撤人。	抽查水害分析报告、预测报告、防范措施。	《煤矿防治水规定》（国家安全生产监督管理总局令第 28 号）第八条、第八十八条、第九十条、第九十一条。
7	综采作业	倾角大于 15°时，液压支架要采取防倒、防滑措施；倾角大于 25°时，要有防止煤（矸）窜出刮板输送机伤人的措施。 液压支架必须接顶，严禁采高大于支架最大有效支护高度。	抽查采煤工作面。	《煤矿安全规程》（国家安全生产监督管理总局令第 87 号）第一百一十四条。
8	炮采作业	炮眼应当布置符合爆破作业说明书规定。 一组装药要一次起爆；不得使用 2 台发爆器同时进行爆破。 爆破作业执行“一炮三检制”。	抽查作业规程、爆破工操作资格证，现场抽查。	《煤矿安全规程》（国家安全生产监督管理总局令第 87 号）第三百四十七条、第三百四十八条、第三百五十一条。

序号	项目	检 查 内 容	检查方法	检查依据
9	柔性掩护支架开采	采面支架不得断梁、悬空、窜矸。正倾斜掩护支架采煤时回采带的两端按规定设置人行眼,用木板与溜煤眼相隔;伪倾斜掩护支架采煤时 2 个安全出口处的伪倾角、超前溜煤眼的规格及间距应当符合作业规程规定。	现场抽查。	《煤矿安全规程》(国家安全生产监督管理总局令第 87 号)第一百一十二条。
10	水力采煤	水采工作面必须采用矿井全风压通风。正台阶布置、单枪作业、依次回采时,共用回风巷的回采巷道数量不得超过 3 个。	抽查通风系统图或现场抽查。	《煤矿安全规程》(国家安全生产监督管理总局令第 87 号)第一百一十三条。
		为贯通前的采硐供风的局部通风机必须符合规定要求。	抽查通风系统图或现场抽查。	
		工作面回风巷内严禁设置电气设备,水枪落煤期间严禁行人和安排其他作业。	现场抽查。	
		严禁水枪司机在无支护条件下作业,水枪到控制台距离不得小于 10 m。	现场抽查。	
		用明槽输送煤浆时,倾角超过 25°的巷道,明槽要封闭。 倾角 15°～25°时,人行道与明槽之间加设 1 m 以上的挡板或挡墙。 在行人经常跨过的明槽处设置过桥。	现场抽查。	
		水枪司机与煤水泵司机、高压泵司机之间必须装电话及声光兼备的信号装置。	现场抽查。	

9 掘进系统检查表

9.1 掘进管理资料检查表

序号	项目	检查内容	检查方法	检查依据
1	开拓部署	填绘反映实际情况的采掘工程平面图，不得超层越界、开采保安煤柱和危及邻矿安全的施工。	对照采矿许可证，抽查采掘工程平面图，检查采掘接续计划。	《煤矿安全规程》(国家安全生产监督管理总局令第87号)第十四条，《国务院关于预防煤矿生产安全事故的特别规定》第八条。
		开拓巷道不得布置在严重冲击地压煤层中，永久硐室不得布置在冲击地压煤层中。	抽查采掘工程平面图。	《煤矿安全规程》(国家安全生产监督管理总局令第87号)第二百三十一条。
		按照核准的掘进工作面个数组织生产；按照批准的劳动定员组织生产。	查阅核准采掘工作面个数文件、采掘工程平面图、掘进工作面作业规程。	《国务院关于预防煤矿生产安全事故的特别规定》第八条，《煤矿重大生产安全事故隐患判定标准》(国家安全生产监督管理总局令第85号)第四条。
		严禁在防隔水煤(岩)柱中进行采掘活动。 严禁在高速铁路下开采安全煤柱。	抽查采掘工程平面图、防隔水煤柱设计。	《煤矿防治水规定》第五十四条，《煤矿安全规程》(国家安全生产监督管理总局令第87号)第九十五条。

序号	项目	检　查　内　容	检查方法	检查依据
2	采区设计	一个采(盘)区内同一煤层的一翼最多只能布置1个采煤工作面和2个煤(半煤岩)巷掘进工作面同时作业;一个采(盘)区内同一煤层双翼开采或者多煤层开采的,该采(盘)区最多只能布置2个采煤工作面和4个煤(半煤岩)巷掘进工作面同时作业。 下山采区未形成完整的通风、排水等生产系统前,严禁掘进回采巷道。	抽查矿井通风系统图、采掘工程平面图、通风系统图。	《煤矿安全规程》(国家安全生产监督管理总局令第87号)第九十五条。
		采掘过程中严禁任意扩大和缩小设计的煤柱。	抽查采区设计、采掘工程平面图。	
3	掘进规程措施	掘进工作面施工前编制作业规程。情况发生变化时,及时修改作业规程或者补充安全措施。 掘进巷道在揭露老空区前,必须制定探查老空区的安全措施。	巷道贯通前应当制定贯通专项措施。抽查掘进工作面地质说明书、作业规程、安全技术措施。	《煤矿安全规程》(国家安全生产监督管理总局令第87号)第三十八条、第九十三条、第一百四十三条。
4	“三下”开采	建(构)筑物下、水体下、铁路下,以及主要井巷煤柱开采,要编制开采设计。正式开采前要组织试采。	检查“三下”设计、批复文件、试采报告。	《煤矿安全规程》(国家安全生产监督管理总局令第87号)第一百二十三条。

9.2 掘进工作面现场检查表

序号	项目	检查内容	检查方法	检查依据
1	掘进工作面巷道支护	掘进工作面严禁空顶作业。支护的形式、材料规格以及临时和永久支护距掘进工作面的距离必须符合作业规程要求。	现场检查同作业规程内容相对照。	《煤矿安全规程》(国家安全生产监督管理总局令第 87 号)第五十八条。
2	掘进工作面安全监控	煤巷、半煤岩巷和有瓦斯涌出的岩巷掘进工作面及其回风流中,采用串联通风的被串工作面局部通风机前必须设置甲烷传感器。 掘进机必须设置甲烷断电仪或便携式甲烷检测报警仪。	现场抽查甲烷传感器的设置,可用便携式甲烷检测仪进行对比。	《煤矿安全规程》(国家安全生产监督管理总局令第 87 号)第四百九十九条、第五百零一条,《煤矿安全监控系统及检测仪器使用管理规范》(AQ 1029—2007)6。
		工区区队长、技术员、班长、爆破工、瓦斯检查工、安全监测工、流动电钳工,必须携带便携式甲烷检测报警仪。	现场抽查甲烷传感器显示数值、瓦斯牌板记录数据,用便携仪实测对比。	《煤矿安全规程》(国家安全生产监督管理总局令第 87 号)第一百八十条。
3	掘进工作面防治水	受水害威胁的掘进工作面应查清水文地质条件,提出分析报告和防范措施,并进行月度水害预测。发现有透水征兆时必须立即撤人。	抽查水害分析报告、预测报告、防范措施。	《煤矿防治水规定》(国家安全生产监督管理总局令第 28 号)第九十条、第八十八条、第八条。
4	掘进工作面通风、防尘管路	局部通风机和风筒必须有煤安标志,风机、备用风机安装必须符合规定。	现场抽查。	《煤矿安全规程》(国家安全生产监督管理总局令第 87 号)第一百六十四条。

序号	项目	检查内容	检查方法	检查依据
4	掘进工作面通风、防尘管路	工作面风量、风速符合作业规程要求。	现场抽查测风记录和作业规程比对。	《煤矿安全规程》(国家安全生产监督管理总局令第87号)第一百三十六条。
		掘进工作面要敷设防尘管路，安设支管和阀门。	现场检查瓦斯和测风牌板记录数据或实测，抽查沿途的通风设施、防尘管路、降尘设施等。	《煤矿安全规程》(国家安全生产监督管理总局令第87号)第六百四十四条。
5	掘进工作面压风自救装置	敷设压风管路，阀门间隔不大于200 m；突出煤层掘进工作面附近、爆破撤离人员集中地点、起爆地点要设有直通矿调度室的电话，设置有供给压缩空气的避险设施或压风自救装置。	现场检查。	《煤矿安全规程》(国家安全生产监督管理总局令第87号)第六百八十七条、第二百二十三条。
6	综掘机械	综掘机有前照明灯和尾灯；在设备非操作侧，装有紧急停转按钮；司机离开操作台时，要切断电源；停止工作和交班时，将切割头落地，并切断电源。	现场检查。	《煤矿安全规程》(国家安全生产监督管理总局令第87号)第一百一十九条。
7	耙装机	高瓦斯、煤与瓦斯突出和有煤尘爆炸危险矿井的煤巷、半煤岩巷掘进工作面和石门揭煤工作面，严禁使用钢丝绳牵引的耙装机。	现场抽查。	《煤矿安全规程》(国家安全生产监督管理总局令第87号)第六十一条。

序号	项目	检 查 内 容	检查方法	检查依据
7	耙装机	耙装机作业时必须有照明，必须装有封闭式金属挡绳栏和防耙斗出槽的护栏，机身和尾轮固定牢靠。 上山施工倾角大于20°时，在司机前方必须设护身柱或者挡板，并在耙装机前方增设固定装置。 倾斜井巷使用耙装机时，必须要有防止机身下滑的措施。	现场抽查。	《煤矿安全规程》(国家安全生产监督管理总局令第87号)第六十一条。
8	掘进工作面爆破施	炮眼布置符合爆破作业说明书规定。 一组装药必须一次起爆；严禁使用2台发爆器同时进行爆破。 爆破作业执行“一炮三检制”。	抽查作业规程、爆破工操作资格证，现场抽查。	《煤矿安全规程》(国家安全生产监督管理总局令第87号)第三百四十八条、第三百五十一条、第三百四十七条。

10 冲击地压防治检查表

序号	项目	检　查　内　容	检查方法	检查依据
1	防冲机构	设置专门的防冲机构。 配备专业防冲人员。	检查机构设置文件。	《煤矿安全规程》(国家安全生产监督管理总局令第 87 号)第二百二十八条。
2	防冲管理制度	采掘过程中有动力现象的,或煤层埋深超过 400 m,且其上方 100 m范围内存在单层厚度超过 10 m 的坚硬岩层的,或相邻矿井开采的同一煤层发生过冲击地压的,以及冲击地压矿井开采新水平、新煤层的,应当进行煤岩冲击倾向性鉴定。 开采具有冲击倾向性的煤层,必须进行冲击危险性评价。 建立矿井冲击危险监测制度,确定冲击危险性预警临界指标。建立冲击地压危险判定撤人制度和防冲培训制度。	抽查鉴定报告、防冲制度和预警指标确定资料。	《煤矿安全规程》(国家安全生产监督管理总局令第 87 号)第二百二十六条、二百二十七条、第二百三十五条、第二百三十六条、二百二十八条。
3	防冲设计	新建矿井和冲击地压矿井的新水平、新采区、新煤层有冲击地压危险的,必须编制防冲设计。	检查防冲设计资料。	《煤矿安全规程》(国家安全生产监督管理总局令第 87 号)第二百二十九条。
		必须编制中长期防冲规划和年度防冲计划。 采掘工作面作业规程中必须包括防冲专项措施。	抽查防冲规划(计划)、作业规程。	《煤矿安全规程》(国家安全生产监督管理总局令第 87 号)第二百二十八条、第二百三十一条。

序号	项目	检　查　内　容	检查方法	检查依据
4	冲击预测预报	开展区域和局部冲击危险性日常监测和数据分析、报告。	抽查监测制度、微震监测等预测预报系统数据的分析情况。	《煤矿安全规程》(国家安全生产监督管理总局令第87号)第二百三十五条、第二百三十六条。
5	区域防冲措施	选择合理的开拓方式、采掘部署、开采顺序、采煤工艺及开采保护层等区域防冲措施。	抽查采掘工程平面图、防冲设计、采区设计。	《煤矿安全规程》(国家安全生产监督管理总局令第87号)第二百三十七条。
		优先采用(具备开采条件)开采保护层的方式降低冲击危险性。	检查防冲设计、综合柱状图。	《煤矿安全规程》(国家安全生产监督管理总局令第87号)第二百三十八条。
		冲击地压煤层只能采用长壁综采(综放)开采方法和工艺。	检查采面作业规程。	《煤矿安全规程》(国家安全生产监督管理总局令第87号)第二百三十九条。
		2个掘进工作面之间的距离小于150 m时,采煤工作面与掘进工作面之间的距离小于350 m时,2个采煤工作面之间的距离小于500 m时,必须停止其中一个工作面。	检查采掘工程平面图或采掘接续计划。	《煤矿安全规程》(国家安全生产监督管理总局令第87号)第二百三十一条。
6	防冲安全论证	冲击地压煤层在采空区内留煤柱时,应当进行论证,报企业技术负责人审批。 开采孤岛煤柱的,应当进行防冲安全开采论证;严重冲击地压矿井不得开采孤岛煤柱。	检查采掘工程平面图和防冲安全开采论证资料。	《煤矿安全规程》(国家安全生产监督管理总局令第87号)第二百三十一条。

序号	项目	检　查　内　容	检查方法	检查依据
7	采掘面物料固定	供电、供液等设备应当放置在采动应力集中影响区以外。 对危险区域内的设备、管线、物品等采取固定措施，管路吊挂在巷道腰线以下。	现场抽查。	《煤矿安全规程》（国家安全生产监督管理总局令第87号）第二百四十三条。
8	采掘面加强支护	冲击地压危险区域的巷道必须加强支护，采煤工作面必须加大上下出口和巷道超前支护范围和强度。严重冲击地压危险区域，必须采取防底鼓措施。	现场抽查。	《煤矿安全规程》家安全监管总局令第187号）第二百四十四条。
9	采掘面局部防冲	在作业规程中明确规定初次来压、周期来压、采空区“见方”等期间的防冲措施。	现场抽查与防冲设计对照，抽查作业规程。	《煤矿安全规程》（国家安全生产监督管理总局令第87号）第二百三十一条。
		采用钻孔卸压时，必须制定防冲伤人措施。 采用爆破卸压、煤层注水、底板卸压、顶板预裂、水力压裂等措施时，应合理确定参数。	现场抽查与安全技术措施对照，抽查卸压工程台账。	《煤矿安全规程》（国家安全生产监督管理总局令第87号）第二百四十条。
10	解危效果检验	冲击地压危险工作面实施解危措施后，要进行效果检验，确认检验结果小于临界值后，方可进行采掘作业。	检查预警通知书及解除预警通知书（记录资料）。	《煤矿安全规程》（国家安全生产监督管理总局令第87号）第二百四十一条。

11　水害防治检查表

11.1　防治水管理制度检查表

序号	项目	检　查　内　容	检查方法	检查依据
1	防治水机构	水文地质条件复杂、极复杂的，应当设立专门的防治水机构。	检查机构设置文件。	《煤矿安全规程》(国家安全生产监督管理总局令第87号)第二百八十三条。
		配备满足工作需要的防治水专业技术人员，配齐专用探放水设备，建立专门的探放水作业队伍，储备必要的水害抢险救灾设备和物资。	抽查机构设置文件和毕业证书、职称证书。	《煤矿安全规程》(国家安全生产监督管理总局令第87号)第二百八十三条。
2	防治水制度	建立健全水害防治岗位责任制、水害防治技术管理制度、水害预测预报制度和水害隐患排查治理制度。	抽查文件、制度及修改完善情况。	《煤矿防治水规定》(国家安全生产监督管理总局令第28号)第六条。
3	防治水规划	煤矿应当编制防治水中长期规划和年度计划，并组织实施。	检查计划项目及实施情况。	《煤矿安全规程》(国家安全生产监督管理总局令第87号)第二百八十四条。
4	防治水知识培训	对职工进行防治水知识教育和培训。	抽查计划、考试情况。	《煤矿防治水规定》(国家安全生产监督管理总局令第28号)第九条。
		井下探放水工作业人员必须接受培训并持证上岗。	抽查探放水工特殊工种持证情况、培训记录。	《煤矿安全规程》(国家安全生产监督管理总局令第87号)第九条，《特种作业人员安全技术培训考核管理规定》(国家安全生产监督管理总局令第30号)第五条。

11.2　防治水基础资料检查表

序号	项目	检　查　内　容	检查方法	检查依据
1	地质报告	基建矿井、露天煤矿移交生产前，必须编制建井(矿)地质报告。	检查报告、审批。	《煤矿安全规程》(国家安全生产监督管理总局令第 87 号)第三十条。
		矿井地质报告每 5 年修编1 次。地质条件变化影响地质类型划分时，应当在 1 年内重新进行地质类型划分。	检查报告、审批。	《煤矿安全规程》(国家安全生产监督管理总局令第 87 号)第三十三条。
		矿井水文地质类型应当每 3 年修订一次，发生重大及以上突(透)水事故后，矿井应当在恢复生产前重新确定矿井水文地质类型。	检查报告、审批。	《煤矿安全规程》(国家安全生产监督管理总局令第 87 号)第二百八十四条。
		编制《煤矿隐蔽致灾地质因素普查报告》	检查报告、审批。	《煤矿安全规程》(国家安全生产监督管理总局令第 87 号)第三十二条。
2	地质说明	编制采区和采掘工作面及揭煤地质说明书。	抽查提交时间、内容是否符合实际。	《煤矿安全规程》(国家安全监督管理总局第 87 号)第二十九条、第三十一条。
3	防治水图纸	编制以下 5 种防治水图件：矿井综合水文地质图、矿井综合水文地质柱状图、矿井水文地质剖面图、矿井充水性图、矿井涌水量与相关因素动态曲线图，每半年修正完善。	抽查图种、图幅、填绘内容、边界坐标、图纸真实性。	《煤矿安全规程》(国家安全监督管理总局第 87 号)第二百八十七条。

序号	项目	检　查　内　容	检查方法	检查依据
4	防治水台账	建立14种防治水台账:矿井涌水量观测成果台账、气象资料台账、地表水文观测成果台账、钻孔水位(井泉动态)观测及河流渗漏台账、抽(放)水试验成果台账、矿井突水点台账、井田地质钻孔综合成果台账、井下水文地质钻孔成果台账、水质分析成果台账、水源水质受污染观测资料台账、水源井(孔)资料台账、封孔不良钻孔资料台账、矿井和周边煤矿采空区相关资料台账、水闸门(墙)观测资料台账等,并每半年修正1次。	抽查台账内容、数据库管理情况。	《煤矿防治水规定》(国家安全监督管理总局第28号)第十六条
5	地质信息化管理	矿井应当建立水文地质信息管理系统,实现矿井水文地质文字资料收集、数据采集、图件绘制、计算评价和矿井防治水预测预报一体化。	抽查台账、图件及文字资料进行数字化和信息化管理。	《煤矿防治水规定》(国家安全生产监督管理总局令第28号)第十九条。
6	防隔水煤(岩)柱	矿井防隔水煤(岩)柱一经确定,不得随意变。 严禁在设计确定的各类防隔水煤(岩)柱中进行采掘活动。	抽查图纸和相关文件资料、批准文件。	《煤矿安全规程》(国家安全生产监督管理总局令第87号)第二百九十七条。

11.3 水害隐患排查检查表

序号	项目	检查内容	检查方法	检查依据
1	隐蔽致灾因素	结合实际情况开展隐蔽致灾地质因素普查，提出普查报告并经矿总工程师组织审定。	抽查报告及审批文件，查阅审查意见，是否符合实际。	《煤矿安全规程》(国家安全生产监督管理总局令第 87 号)第三十二条。
2	水害隐患排查	水文地质条件复杂、极复杂矿井应当每月至少开展 1 次水害隐患排查，其他矿井应当每季度至少开展 1 次。	检查参加单位人员、排查记录、治理总结。	《煤矿安全规程》(国家安全生产监督管理总局令第 87 号)第二百八十四条。
3	重大水害隐患排查	每年、每季必须进行重大水害隐患排查，是否存在： (1) 未查明矿井水文地质条件和井田范围内采空区、废弃老窑积水等情况而组织生产建设； (2) 水文地质类型复杂、极复杂的矿井没有设立专门的防治水机构和配备专门的探放水作业队伍、配齐专用探放水设备； (3) 在突水威胁区域进行采掘作业未按规定进行探放水； (4) 未按规定留设或者擅自开采各种防隔水煤柱； (5) 有透水征兆未撤出井下作业人员； (6) 受地表水倒灌威胁的矿井在强降雨天气或其来水上游发生洪水期间未实施停产撤人； (7) 建设矿井进入三期工程前，没有按设计建成永久排水系统。	抽查隐患记录、参加单位人员、隐患排查治理登记、隐患治理“五落实”情况，检查是否有漏排或隐瞒的重大水害隐患。	《国务院关于预防煤矿生产安全事故的特别规定》(国务院令第 446 号)第九条，《煤矿重大生产安全事故隐患判定标准》(国家安全生产监督管理总局令第 85 号)第九条。

序号	项目	检　查　内　容	检查方法	检查依据
3	重大水害隐患排查	每年、每季度排查的重大水害隐患报当地煤矿安全监察机构备案。	检查备案情况、公示情况、挂牌督办情况。	《国务院关于预防煤矿生产安全事故的特别规定》(国务院令第446号)第九条，《安全生产事故隐患排查治理暂行规定》(国家安全生产监督管理总局令第16号)第十四条。
4	水害预测预报	根据采掘计划，编制年度、月度水情水害预测预报，年初提出水害分析预测表和水害预测图。	抽查年度水害分析预测表和水害分析预测图。查每月地质和水害预测预报，查审批及签字情况。	《煤矿防治水规定》(国家安全生产监督管理总局令第28号)第八十八条。

11.4　水文补勘、水文观测检查表

序号	项目	检　查　内　容	检查方法	检查依据
1	地面水文调查	当矿区或者矿井现有水文地质资料不能满足生产建设的需要时，应进行补充水文地质调查，调查内容齐全真实。	抽查资料、台账。	《煤矿防治水规定》(国家安全生产监督管理总局令第28号)第二十条。
2	水文补勘	矿井或水平延深、扩大井田范围水文地质条件不清或特殊工程要求，要进行地面或井下水文地质补充勘探。	检查地质报告、水文类型划分报告。	《煤矿安全规程》(国家安全生产监督管理总局令第87号)第二百八十五条，《煤矿防治水规定》(国家安全生产监督管理总局令第28号)第二十九条。
		矿井水文地质补充勘探应编制补充勘探设计，经煤矿企业总工程师组织审查后实施，其成果报告或资料，由煤矿企业总工程师组织审查、验收。	检查设计、报告、批复。	《煤矿防治水规定》(国家安全生产监督管理总局令箏28号)第三十条。
3	水文观测	矿井应当对主要含水层进行长期水位、水质动态观测，设置矿井和各出水点涌水量观测点，建立涌水量观测成果等防治水基础台账，并开展水位动态预测分析工作。	抽查图纸、台账、观测记录。	《煤矿安全规程国家安全生产监督管理总局令第87号)第二百八十六条。
		地面水文观测应包括气象观测、地表水观测、地下水动态观测。地表水1月观测一次，水质监测每年不少于2次，水文地质条件复杂、极复杂矿井应使用自动水位观测装置。	抽查记录台账、检查观测系统运行情况	《煤矿防治水规定》(国家安全生产监督管理总局令第28号)第二十四条、第二十五条。

序号	项目	检 查 内 容	检查方法	检查依据
3	水文观测	主要穿层开拓石门、暗斜井揭露的各含水层、导水断层、突水点都要进行观测和编录。	抽 查台账。	《煤矿防治水规定》(国家安全生产监督管理总局令第 28 号)第二十六条。
		井下要建立健全水位和涌水量观测网,分井、分水平、分采区进行观测,每月观测次数不少于 3 次。	抽 查台账。	《煤矿防治水规定》(国家安全生产监督管理总局令第 28 号)第二十七条。
		对于井下新揭露的出水点,在涌水量尚未稳定或尚未掌握其变化规律前,一般应当每日观测 1 次。	抽 查台账。	《煤矿防治水规定》(国家安全生产监督管理总局令第 28 号)第二十七条。

11.5 井下探放水检查表

序号	项目	检查内容	检查方法	检查依据
1	探放水一般规定	井下探放水应当采用专用钻机，由专业人员和专职探放水队伍施工。严禁使用煤电钻探放水。	抽查制度、设计、现场。	《煤矿安全规程》(国家安全生产监督管理总局令第87号)第三百一十八条，《煤矿防治水规定》(国家安全监督管理总局第28号)第九十五条。
		水文地质条件复杂、极复杂的矿井，在地面无法查明矿井水文地质条件和充水因素时，应坚持有掘必探的原则。	抽查制度、设计、现场。	《煤矿防治水规定》(国家安全生产监督管理总局令第28号)第八十九条。
		井田内有与河流、湖泊、充水溶洞、强或者极强含水层等存在水力联系的导水断层、裂隙(带)、陷落柱和封闭不良钻孔等通道时，应当查明其确切位置，并采取留设防隔水煤(岩)柱等防治水措施。	抽查图纸、资料等。	《煤矿安全规程》(国家安全生产监督管理总局令第87号)第三百零二条。
		采掘工作面接近水淹或者可能积水的井巷、老空区或者相邻煤矿；接近含水层、导水断层、溶洞和导水陷落柱；打开隔离煤柱放水；接近可能与河流、湖泊、水库、蓄水池、水井等相通的导水通道；接近有出水可能的钻孔；接近水文地质条件不清的区域；接近有积水的灌浆区；接近其他可能突(透)水的区域。如果遇有上述情况之一的，应当进行探放水。	抽查图纸、资料等。	《煤矿安全规程》(国家安全生产监督管理总局令第87号)第三百一十七条。

序号	项目	检 查 内 容	检查方法	检查依据
2	探放水设计	探放水前应当编制探放水设计，采取防止有害气体危害的安全措施。	抽查设计、措施。	《煤矿安全规程》(国家安全生产监督管理总局令第 87 号)第三百一十八条。
3	探放水效果验证	老空水探放应当监视放水全过程，核对放水量和水压等，直到老空水放完为止，并进行检测验证。	抽查设计、原始记录、成果资源、评价报告、审批等。	《煤矿安全规程》(国家安全生产监督管理总局令第 87 号第三百二十三条。
		开采底板有承压含水层的煤层，采取疏水降压、注浆加固底板改造含水层或者充填开采等措施，并进行效果检验，制定专项安全技术措施，报企业技术负责人审批。		《煤矿安全规程》(国家安全生产监督管理总局令第 87 号)第三百零五条。
4	探放水总结	探放水结束后，应当提交探放水总结报告存档备查。	抽查探放水总结及审批。	《煤矿安全规程》(国家安全生产监督管理总局令第 87 号)第三百一十八条。

11.6 地面防治水检查表

序号	项目	检查内容	检查方法	检查依据
1	地表水系	煤矿应当查清井田及周边地面水系和有关水利工程的汇水、疏水、渗漏情况；掌握历年降水量和最高洪水位情况，建立疏水、防水和排水系统。	现场抽查、查阅资料。	《煤矿安全规程》（国家安全生产监督管理总局令第87号）第二百九十条。
2	地面防洪	矿井井口和工业场地内建筑物的地面标高必须高于当地历年最高洪水位；在山区还必须避开可能发生泥石流、滑坡等地质灾害危险的地段。矿井井口及工业场地内主要建筑物的地面标高低于当地历年最高洪水位的，应当修筑堤坝、沟渠或者采取其他可靠防御洪水的措施。不能采取可靠安全措施的，应当封闭填实该井口。	现场抽查、查阅资料。	《煤矿安全规程》（国家安全生产监督管理总局令第87号）第二百九十一条。
		当矿井井口附近或者开采塌陷波及区域的地表有水体或者积水时，必须采取安全防范措施。	现场抽查、查阅资料。	《煤矿安全规程》（国家安全生产监督管理总局令第87号）第二百九十二条。
3	钻孔废井管理	使用中的钻孔，应当安装孔口盖。报废的钻孔应当及时封孔，并将封孔资料和实施负责人的情况记录在案，存档备查。	现场抽查、查阅资料。	《煤矿安全规程》（国家安全生产监督管理总局令第87号）第二百九十六条。
		报废的立井应当填实，或者在井口浇注1个大于井筒断面的坚实的钢筋混凝土盖板，并设置栅栏和标志。报废的斜井（平硐）应当填实，或者在井口以下斜长20 m处砌筑1座砖、石或者混凝土墙，再用泥土填至井口，并加砌封墙。报废井口的周围有地表水影响时，必须设置排水沟。	抽查记录，现场抽查。	《煤矿安全规程》（国家安全生产监督管理总局令第87号）第一百三十一条。

序号	项目	检　查　内　容	检查方法	检查依据
4	雨季三防	每年雨季前必须对防治水工作进行全面检查。受雨季降水威胁的矿井,应当制定雨季防治水措施,建立雨季巡视制度并组织抢险队伍,储备足够的防洪抢险物资。	抽查计划、文件、现场检查等。	《煤矿安全规程》(国家安全生产监督管理总局令第87号)第二百八十九条。
		降大到暴雨时和降雨后,应当有专业人员进行井上下水情观测,发现问题及时向矿调度室及有关负责人报告,并将上述情况记录在案,存档备查。情况危急时,矿调度室及有关负责人应当立即组织井下撤人。	抽查记录,现场抽查。	《煤矿安全规程国家安全生产监督管理总局令第87号)第二百九十三条。
5	灾害性天气预测预警	建立灾害性天气预警和预防机制,加强与周边相邻矿井的信息沟通,发现矿井水害可能影响相邻矿井时,立即向周边相邻矿井发出预警。	抽查制度、联系方式、报警记录。	《煤矿安全规程》(国家安全生产监督管理总局令第87号)第二百九十条。
		建立暴雨洪水可能引发淹井等事故灾害紧急情况下及时撤出井下人员的制度,明确启动标准、指挥部门、联络人员、撤人程序等。当暴雨威胁矿井安全时,必须立即停产撤出井下全部人员。	抽查制度和有关记录。	《煤矿安全规程》(国家安全生产监督管理总局令第87号)第二百八十九条;《煤矿防治水规定》(国家安全生产监督管理总局令第28号)第四十九条。

11.7 老空水防治检查表

序号	项目	检查内容	检查方法	检查依据
1	老空区图纸资料	在采掘工程平面图和矿井充水性图上标绘井巷出水点的位置及其涌水量、积水的井巷及采空区范围、底板标高、积水量、地表水体和水患异常区等。在水淹区域应当标出积水线、探水线和警戒线的位置。 对本矿开采有影响的古井、老窑、小煤矿、本矿井采空区应进行调查,标绘在井上下对照图和充水性图上,并标注积水量、积水线、探水线、警戒线。	抽查图纸资料、调查记录、隐蔽致灾地质因素普查报告。	《煤矿安全规程》(国家安全生产监督管理总局令第 87 号)第二百九十八条,《煤矿防治水规定》(国家安全生产监督管理总局令第 28 号)第二十三条。
2	古井老窑	调查古井老窑的位置及开采、充水、排水的资料及老窑停采原因等情况,察看地形,圈出采空区,并估算积水量。	抽查调查记录,检查图纸。	《煤矿防治水规定》(国家安全生产监督管理总局令第 28 号)第二十三条。
3	周边矿井	调查周边矿井的位置、范围、开采层位、充水情况、地质构造、采煤方法、采出煤量、隔离煤柱以及相邻矿井的空间关系,以往发生水害的观测研究资料,并收集系统完整的采掘工程平面图及有关资料。	抽查图纸、台账。	《煤矿防治水规定》(国家安全生产监督管理总局令第 28 号)第二十三条。
4	隔离设施	相邻矿井的分界处,应当留防隔水煤(岩)柱;矿井以断层分界的,应当在断层两侧留有防隔水煤(岩)柱。 有大量积水的老窑和采空区,必须留足防水煤柱或设置挡水墙,隔离积水区。	抽查图纸、资料。	《煤矿安全规程》(国家安全生产监督管理总局令第 87 号)第二百九十七条,《煤矿防治水规定》(国家安全生产监督管理总局令第 28 号)第五十一条、五十二条。

序号	项目	检查内容	检查方法	检查依据
5	探放老空水	探放老空水前，分析查明老空水体的空间位置、积水范围、积水量和水压等。探放水时，应当撤出探放水点标高以下受水害威胁区域所有人员。	抽查图纸和现场。	《煤矿安全规程》(国家安全生产监督管理总局令第 87 号)第三百二十三条。
		探放水前应当编制探放水设计，采取防止有害气体危害的安全措施。	抽查设计、措施、资料。	《煤矿安全规程》(国家安全生产监督管理总局令第 87 号)第三百一十八条。
		探放老空积水最小超前水平钻距不得小于 30 m，止水套管长度不得小于 10 m。	抽查设计、现场抽查。	《煤矿安全规程》(国家安全生产监督管理总局令第 87 号)第三百一十九条。
		在探放水钻进时，发现煤岩松软、片帮、来压或者钻孔中水压、水量突然增大和顶钻等突(透)水征兆时，应当立即停止钻进，但不得拔出钻杆；现场负责人员应当立即向矿井调度室汇报，撤出所有受水威胁区域的人员，采取安全措施。	抽查安全措施。	《煤矿安全规程》(国家安全生产监督管理总局令第 87 号)第三百二十二条。
6	放水效果验证	放水应当监视放水全过程，核对放水量和水压等，直到老空水放完为止，并采取综合探测手段进行检测验证。	抽查探放水记录、验证资料。	《煤矿安全规程》(国家安全生产监督管理总局令第 87 号)第三百二十三条。
7	探放水总结	探放水结束后，应当提交探放水总结报告存档备查。	抽查探放水总结情况。	《煤矿安全规程》(国家安全生产监督管理总局令第 87 号)第三百一十八条。

11.8　承压水防治检查表

序号	项目	检查内容	检查方法	检查依据
1	补充探查	当矿井水文地质条件尚未查清时，应当进行水文地质补充勘探工作。	抽查补勘报告。	《煤矿安全规程》(国家安全生产监督管理总局令第87号)第二百八十五条。
		煤层顶板存在富水性中等及以上含水层或者其他水体威胁时，应当实测垮落带、导水裂隙带发育高度。	抽查观测报告。	《煤矿安全规程》(国家安全生产监督管理总局令第87号)第三百零四条。
		在受水害威胁的区域，进行巷道掘进前，采用钻探、物探和化探等方法查清水文地质条件，提出水文地质情况分析报告。	抽查水文地质情况分析报告。	《煤矿防治水规定》(国家安全生产监督管理总局令第28号)第九十条。
		工作面采煤前，应当采用物探、钻探、巷探和化探等方法查清工作面内断层、陷落柱和含水层(体)富水性等情况，提出专门水文地质情况报告。	抽查水文地质情况分析报告。	《煤矿防治水规定》(国家安全生产监督管理总局令第28号)第九十一条。
2	承压开采设计	对于煤层顶、底板带压的采掘工作面，应当提前编制防治水设计，制定并落实水害防治措施。	抽查设计、审批、相关图纸。	《煤矿安全规程》(国家安全生产监督管理总局令第87号)第三百零三条。
3	承压开采安全措施	当承压含水层与开采煤层之间的隔水层能够承受的水头值小于实际水头值时，应当采取疏水降压、注浆加固底板改造含水层或者充填开采等措施，并进行效果检验，制定专项安全技术措施。	抽查措施和检验资料。	《煤矿安全规程》(国家安全生产监督管理总局令第87号)第三百零五条。
4	疏水降压	采取疏水降压的方法，把承压含水层的水头值降到隔水层能允许的安全水头值以下，并制定安全措施。	抽查现场、图纸。	《煤矿安全规程》(国家安全生产监督管理总局令第87号)第三百零五条。

序号	项目	检 查 内 容	检查方法	检查依据
5	注浆加固封堵	涌水量大、有突水威胁的矿区，应当建立注浆专业队伍，负责注浆堵水工作。	抽查文件资料。	《煤矿防治水规定》(国家安全生产监督管理总局令第28号)第八十五条。
		注浆加固底板改造含水层要进行效果检验。	抽查注浆总结、效果验证情况。	《煤矿安全规程》(国家安全生产监督管理总局令第87号)第三百零五条。
		井下巷道穿越导水断层、裂隙(带)、陷落柱等构造时，应当进行超前预注浆封堵加固或采取其他措施。	抽查图纸。	《煤矿防治水规定》(国家安全生产监督管理总局令第28号)第八十三条。
6	隔离开采	有突水历史或带压开采的矿井，应当分水平或分采区实行隔离开采。在分区之前，应当留设防隔水煤(岩)柱并建立防水闸门。	抽查资料和审批文件。	《煤矿防治水规定》(国家安全生产监督管理总局令第28号)第五十六条。

11.9 顶板含水层下开采检查表

序号	项目	检 查 内 容	检查方法	检查依据
1	补充探查	当矿井水文地质条件尚未查清时，应当进行水文地质补充勘探工作。	抽查补勘报告。	《煤矿安全规程》(国家安全生产监督管理总局令第 87 号)第二百八十五条。
		煤层顶板存在富水性中等及以上含水层或者其他水体威胁时，应当实测垮落带、导水裂隙带发育高度。采用物探、钻探相结合方法进行定性、定量分析，进行顶板水害分区评价和预测。	抽查观测、评价报告。	《煤矿安全规程》(国家安全生产监督管理总局令第 87 号)第三百零四条，《煤矿防治水规定》(国家安全生产监督管理总局令第 28 号)第七十六条。
		在受水害威胁的区域，进行巷道掘进前，采用钻探、物探和化探等方法查清水文地质条件，提出水文地质情况分析报告。	抽查水文地质报告。	《煤矿防治水规定》(国家安全生产监督管理总局令第 28 号)第九十条。
		采煤工作面开采前必须采取物探、钻探等方法查明工作内部构造、含富水情况和导(补给)水情况。	抽查水文地质报告。	《煤矿防治水规定》(国家安全生产监督管理总局令第 28 号)第九十一条。
2	疏干措施方案	如果煤层顶板受开采破坏后，其导水裂缝带波及范围内存在富水性强的含水层(体)的，在掘进、回采前，应当对含水层采取超前疏干措施；进行专门水文地质勘探和试验，并编制疏干方案，选定疏干方式和方法。	抽查疏干措施和方案。	《煤矿防治水规定》(国家安全生产监督管理总局令第 28 号)第七十五条。
3	疏放效果	导水裂隙带范围内的含水层待疏放水完毕、消除突水威胁后，方可进行采掘活动。	抽查资料及现场。	《煤矿安全规程》(国家安全生产监督管理总局令第 87 号)第三百零四条。

11.10 地表水体下开采检查表

序号	项目	检 查 内 容	检查方法	检查依据
1	煤柱留设	河流、湖泊、水库和海域等地面水体下采煤，留足防隔水煤（岩）柱。	抽查图纸、设计及审批。	《煤矿防治水规定》（国家安全生产监督管理总局令第28号）第一百零二条。
		严禁开采地表水体下且水患威胁未消除的急倾斜煤层。	抽查现场、图纸、资料。	《煤矿安全规程》（国家安全生产监督管理总局令第87号）第二百九十九条。
2	煤柱设计	建（构）筑物下、水体下、铁路下，以及主要井巷煤柱开采，必须经过试采。试采前，必须按其重要程度以及可能受到的影响，采取相应技术措施并编制开采设计。	抽查设计和措施。	《煤矿安全规程》（国家安全生产监督管理总局令第87号）第一百二十三条。
		需要缩小防隔水煤（岩）柱尺寸、提高开采上限时，应进行可行性研究，并经省级煤炭行业管理部门审查批准后方可进行试采。	抽查设计、审批文件。	《煤矿防治水规定》（国家安全生产监督管理总局令第28号）第一百零四条。
3	开采安全	地表水体下开采必须经过试采。 试采前，必须按其重要程度以及可能受到的影响，采取相应技术措施并编制开采设计。 开采过程中，应按照批准的设计要求，控制开采范围、开采高度和防隔水煤（岩）柱尺寸。	抽查现场、图纸。	《煤矿安全规程》（国家安全生产监督管理总局令第87号）第一百二十三条，《煤矿防治水规定》（国家安全生产监督管理总局令第28号）第一百零三条。
		必须设立观测站，观测地表和岩层移动与变形，查明垮落带和导水裂缝带的高度，以及水文地质条件变化等情况。	抽查观测资料。	《煤矿安全规程》（国家安全生产监督管理总局令第87号）第一百二十二条。

序号	项目	检　查　内　容	检查方法	检查依据
4	试采总结	试采结束后，必须由原试采方案设计单位提出试采总结报告。	抽查试采总结报告。	《煤矿安全规程》（国家安全生产监督管理总局令第87号）第一百二十四条。

11.11 松散含水层下开采检查表

序号	项目	检查内容	检查方法	检查依据
1	煤柱留设	按照水体采动等级留设不同类型的防隔水煤(岩)柱(防水、防砂或者防塌煤岩柱)。	抽查图纸、煤柱设计及审批。	《煤矿防治水规定》(国家安全生产监督管理总局令第28号)第一百零二条。
		需要缩小防隔水煤(岩)柱尺寸、提高开采上限时,应进行可行性研究,并经省级煤炭行业管理部门审查批准后方可进行试采。	抽查设计、审批文件。	《煤矿防治水规定》(国家安全生产监督管理总局令第28号)第一百零四条。
2	专项设计	受水淹区积水威胁的区域,如果无法排除积水,开采倾斜、缓倾斜煤层的,必须按照《建筑物、水体、铁路及主要井巷煤柱留设与压煤开采规程》中有关水体下开采的规定,编制专项开采设计,由煤矿企业主要负责人审批后,方可进行。	抽查现场、图纸资料。	《煤矿安全规程》(国家安全生产监督管理总局令第87号)第二百九十九条。
3	开采安全	留设防塌(砂)煤(岩)柱开采,对上覆直接含水层进行疏干的,开采前要采用物探、钻探等综合手段对疏干效果进行验证。	抽查设计、原始施工记录、总结报告。	《煤矿防治水规定》(国家安全生产监督管理总局令第28号)第九十条、第九十一条。
		开采过程中,应按照批准的设计要求,控制开采范围、开采高度和防隔水煤(岩)柱尺寸。	抽查现场、图纸资料。	《煤矿防治水规定》(国家安全生产监督管理总局令第28号)第一百零三条。
		必须设立观测站,观测地表和岩层移动与变形,查明垮落带和导水裂缝带的高度,以及水文地质条件变化等情况。	现场抽查,抽查岩移观测站设置。	《煤矿安全规程》(国家安全生产监督管理总局令第87号)第一百二十二条。

序号	项目	检　查　内　容	检查方法	检查依据
4	试采总结	试采结束后，必须由原试采方案设计单位提出试采总结报告。	抽查试采总结报告。	《煤矿安全规程》(国家安全生产监督管理总局令第 87 号)第一百二十四条。

11.12 矿井排水系统检查表

序号	项目	检查内容	检查方法	检查依据
1	主要排水系统	完善矿井主要排水系统，排水能力必须符合规定。	抽查地质报告涌水量、排水系统图。	《煤矿安全规程》（国家安全生产监督管理总局令第 87 号）第三百一十一条，《煤矿防治水规定》（国家安全生产监督管理总局令第 28 号）第五十七条、第五十八条。
		基建矿井井筒到底后，优先施工永久排水系统。永久排水系统应在采区施工前完成。	抽查图纸资料和现场。	《煤矿安全规程》（国家安全生产监督管理总局令第 87 号）第八十二条。
		矿井建设和延深中，当开拓到设计水平时，必须在建成防、排水系统后方可开拓掘进。	抽查图纸资料和现场。	《煤矿安全规程》（国家安全生产监督管理总局令第 87 号）第三百零六条。
		受水威胁严重的矿井，应实现井下泵房无人值守和地面远程监控。	抽查泵房、排水系统图、监控。	《煤矿防治水规定》（国家安全监符总局令第 28 号）第一百一十八条。
2	排水能力	矿井应当配备与矿井涌水量相匹配的水泵、排水管路、配电设备和水仓等，并满足矿井排水的需要。	抽查水泵性能测试报告、各水平涌水量。	《煤矿安全规程》（国家安全生产监督管理总局令第 87 号）第三百一十一条。
3	安全出口	主要泵房至少有 2 个出口，一个出口用斜巷通到井筒，并高出泵房底板 7 m 以上；另一个出口通到井底车场，在此出口通路内，应当设置易于关闭的既能防水又能防火的密闭门。泵房和水仓的连接通道，应当设置控制闸门。	现场检查、查阅图纸。	《煤矿安全规程》（国家安全生产监督管理总局令第 87 号）第三百一十二条。

序号	项目	检　查　内　容	检查方法	检查依据
4	泵房水仓	矿井主要水仓应当有主仓和副仓，当一个水仓清理时，另一个水仓能够正常使用。	抽查现场、泵房和水仓设计、图纸。	《煤矿安全规程》（国家安全生产监督管理总局令第87号）第三百一十三条。
5	采区排水	井下采区、巷道有突水危险或者可能积水的，应当优先施工安装防、排水系统，并保证有足够的排水能力。	抽查采区设计、现场抽查。	《煤矿安全规程》（国家安全生产监督管理总局令第87号）第三百一十六条。
		下山开采的采区排水泵房供电线路，不得少于两回路。	抽查采区设计、现场抽查。	《煤矿安全规程》（国家安全生产监督管理总局令第87号）第四百三十八条。
		采区水仓的有效容量应当能容纳4 h的采区正常涌水量。	抽查采区设计。	《煤矿安全规程》（国家安全生产监督管理总局令第87号）第三百一十三条。
6	临时排水	在建矿井永久排水系统形成前，各施工区应当设置临时排水系统，并保证有足够的排水能力。	现场抽查，检查作业规程。	《煤矿防治水规定》（国家安全生产监督管理总局令第28号）第六十四条。
7	强排系统	水文地质条件复杂、极复杂或者有突水淹井危险的矿井，应当在井底车场周围设置防水闸门或者在正常排水系统基础上另外安设由地面直接供电控制，且排水能力不小于最大涌水量的潜水泵。	抽查图纸资料和现场。	《煤矿安全规程》（国家安全生产监督管理总局令第87号）第三百零八条。
8	维修维护	水泵、水管、闸阀、配电设备和线路，必须经常检查和维护。 在每年雨季之前，必须全面检修1次，并对全部工作水泵和备用水泵进行1次联合排水试验，提交联合排水试验报告。	抽查维护记录和联合试运转报告。	《煤矿安全规程》（国家安全生产监督管理总局令第87号）第三百一十四条。

序号	项目	检 查 内 容	检查方法	检查依据
9	水仓清理	水仓、沉淀池和水沟中的淤泥，应当及时清理，每年雨季前必须清理1次。	抽查清理记录。	《煤矿安全规程》(国家安全生产监督管理总局令第87号)第三百一十四条。

11.13 防水安全设施检查表

序号	项目	检查内容	检查方法	检查依据
1	防水闸门	水文地质条件复杂、极复杂或者有突水淹井危险的矿井，应当在井底车场周围设置防水闸门或者在正常排水系统基础上另外安设由地面直接供电控制，且排水能力不小于最大涌水量的潜水泵。 在其他有突水危险的采掘区域，应当在其附近设置防水闸门；不具备设置防水闸门条件的，应当制定防突（透）水措施，报企业主要负责人审批。	抽查现场、设计。	《煤矿安全规程》（国家安全生产监督管理总局令第 87 号）第三百零八条。
		防水闸门必须采用定型设计。	抽查设计。	《煤矿安全规程》（国家安全生产监督管理总局令第 87 号）第三百零八条。
		防水闸门竣工后，必须按设计要求进行验收；对新掘进巷道内建筑的防水闸门，必须进行注水耐压试验。	抽查验收记录。	《煤矿安全规程》（国家安全生产监督管理总局令第 87 号）第三百零八条。
		防水闸门必须灵活可靠，并每年进行 2 次关闭试验，其中 1 次应当在雨季前进行。	抽查试验记录。	《煤矿安全规程》（国家安全生产监督管理总局令第 87 号）第三百零八条。
2	防水闸墙	井下防水闸墙的设置应当根据矿井水文地质条件确定，防水闸墙的设计经煤矿企业技术负责人批准后方可施工，投入使用前应当由煤矿企业技术负责人组织竣工验收。	抽查设计及验收记录。	《煤矿安全规程》（国家安全生产监督管理总局令第 87 号）第三百零九条。

11.14 采煤工作面水害防治检查表

序号	项目	检查内容	检查方法	检查依据
1	采煤工作面防水一般要求	根据采掘计划，编制年度、月度水情水害预测预报，年初提出水害分析预测表和水害预测图。	抽查年度、月度水害预测预报，查审批及签字情况。	《煤矿防治水规定》(国家安全生产监督管理总局令第28号)第八十八条。
		对于煤层顶、底板带压的采煤工作面，应当提前编制防治水设计，制定并落实水害防治措施。	抽查设计、审批、相关图纸及现场落实情况。	《煤矿安全规程》(国家安全生产监督管理总局令第87号)第三百零三条。
		矿井工作面采煤前，应当采用物探、钻探、巷探和化探等方法查清工作面内断层、陷落柱和含水层(体)富水性等情况。 地测机构应当提出专门水文地质情况报告，经矿井总工程师组织生产、安监和地测等有关单位审查批准后，方可进行回采。 发现断层、裂隙和陷落柱等构造充水的，应当采取注浆加固或者留设防隔水煤(岩)柱等安全措施。否则，不得回采。	抽查水文地质情况报告、审批。	《煤矿防治水规定》(国家安全生产监督管理总局令第28号)第九十一条。
		煤层顶板受开采破坏后，其导水裂缝带波及范围内存在富水性强的含水层(体)的，在回采前，应当对含水层采取超前疏干措施；进行专门水文地质勘探和试验，并制定疏干方案。疏干方案由煤矿企业总工程师审定。	抽查设计、总结、审批。	《煤矿防治水规定》(国家安全生产监督管理总局令第28号)第七十五条。

序号	项目	检 查 内 容	检查方法	检查依据
2	采煤工作面防水设计	受水淹区积水威胁的区域，如果无法排除积水，开采倾斜、缓倾斜煤层的，必须按照《建筑物、水体、铁路及主要井巷煤柱留设与压煤开采规程》中有关水体下开采的规定，编制专项开采设计，由煤矿企业主要负责人审批后，方可进行。	抽查设计、审批。	《煤矿安全规程》（国家安全生产监督管理总局令第87号）第二百九十九条。
3	临近水体开采	采用有效控制采高和开采范围的采煤方法，防止急倾斜煤层抽冒。存在高角度断层时，要防止断层导水或者沿断层带抽冒破坏。	抽查现场、图纸。	《煤矿防治水规定》（国家安全生产监督管理总局令第28号）第一百零七条。
		严禁开采地表水体、强含水层、采空区水淹区域下且水患威胁未消除的急倾斜煤层。	抽查图纸、资料。	《煤矿安全规程》（国家安全生产监督管理总局令第87号）第二百九十九条。
		当导水裂隙带范围内的含水层或者老空积水等水体影响采掘安全时，应当超前进行钻探疏放或者注浆改造含水层，待疏放水完毕或者注浆改造等工程结束、消除突水威胁后，方可进行采掘活动。	抽查现场、图纸、资料。	《煤矿安全规程》（国家安全生产监督管理总局令第87号）第三百零四条。
4	采煤工作面排水系统	井下采区、巷道有突水危险或者可能积水的，应当优先施工安装防、排水系统，并保证有足够的排水能力。	抽查现场。	《煤矿安全规程》（国家安全生产监督管理总局令第87号）第三百一十六条。
5	采煤工作面水情观测	工作面上方影响范围内有地表水体、富水性强的含水层、穿过与富水性强的含水层相连通的构造断裂带或接近老空积水区时，应当每日观测涌水情况，掌握水量变化。	抽查观测记录。	《煤矿防治水规定》（国家安全生产监督管理总局令第28号）第二十七条。

序号	项目	检 查 内 容	检查方法	检查依据
6	采煤工作面水灾应急避险	采煤工作面必须保持至少2个畅通的安全出口。	现 场抽查。	《煤矿安全规程》(国家安全生产监督管理总局令第87号)第九十七条。
		发现有煤层变湿、挂红、挂汗、空气变冷、出现雾气、水叫、顶板来压、片帮、淋水加大、底板鼓起或者裂隙渗水、钻孔喷水、煤壁溃水、水色发浑、有臭味等透水征兆时，应当立即停止作业，撤出所有受水患威胁地点的人员，报告矿调度室，并发出警报。在原因未查清、隐患未排除之前，不得进行任何采掘活动。	现 场抽查。	《煤矿安全规程》(国家安全生产监督管理总局令第87号)第二百八十八条。

11.15 掘进工作面水害防治检查表

序号	项目	检查内容	检查方法	检查依据
1	掘进工作面防水一般要求	根据采掘计划，编制年度、月度水情水害预测预报，年初提出水害分析预测表和水害预测图。	抽查地质和水害预测预报、审批。	《煤矿防治水规定》(国家安全生产监督管理总局令第28号)第八十八条。
		对于煤层顶、底板带压的掘进工作面，应当提前编制防治水设计，制定并落实水害防治措施。	抽查设计、审批、现场落实情况。	《煤矿安全规程》(国家安全生产监督管理总局令第87号)第三百零三条。
		矿井防隔水煤(岩)柱一经确定，不得随意变动。 严禁在设计确定的各类防隔水煤(岩)柱中进行采掘活动。	抽查现场、图纸资料。	《煤矿安全规程》(国家安全生产监督管理总局令第87号)第二百九十七条。
		煤层顶、底板分布有强岩溶承压含水层时，主要运输巷、轨道巷和回风巷应当布置在不受水害威胁的层位中，并以石门分区隔离开采。	抽查现场、资料。	《煤矿安全规程》(国家安全生产监督管理总局令第87号)第三百零七条。
		在受水害威胁的区域，进行巷道掘进前，采用钻探、物探和化探等方法查清水文地质条件。提出水文地质情况分析报告，并提出水害防范措施，经矿井总工程师审查批准。	抽查总结报告、审批。	《煤矿防治水规定》(国家安全生产监督管理总局令第28号)第九十条。
2	掘进工作面防水设计	受水淹区积水威胁的区域，如果无法排除积水，开采倾斜、缓倾斜煤层的，必须按照《建筑物、水体、铁路及主要井巷煤柱留设与压煤开采规程》中有关水体下开采的规定，编制专项开采设计，由煤矿企业主要负责人审批后，方可进行。	抽查设计、审批情况。	《煤矿安全规程》(国家安全生产监督管理总局令第87号)第二百九十九条。

序号	项目	检　查　内　容	检查方法	检查依据
3	掘进探放	水文地质条件复杂、极复杂的矿井，在地面无法查明矿井水文地质条件和充水因素时，应当坚持有掘必探的原则，加强探放水工作。	抽查图纸资料和现场。	《煤矿防治水规定》(国家安全生产监督管理总局令第28号)第八十九条。
		工作面接近水淹或者可能积水的井巷、老空区或者相邻煤矿；接近含水层、导水断层、溶洞和导水陷落柱；打开隔离煤柱放水；接近可能与河流、湖泊、水库、蓄水池、水井等相通的导水通道；接近有出水可能的钻孔；接近水文地质条件不清的区域；接近有积水的灌浆区；接近其他可能突(透)水的区域遇有上述情况之一的，应当进行探放水。	抽查图纸和资料。	《煤矿安全规程》(国家安全生产监督管理总局令第87号)第三百一十七条。
		井巷揭穿含水层或者地质构造带等可能突水地段前，必须编制探放水设计，并制定相应的防治水措施。	抽查资料和现场。	《煤矿安全规程》(国家安全生产监督管理总局令第87号)第三百一十条。
4	掘进工作面排水系统	井下采区、巷道有突水危险或者可能积水的，应当优先施工安装防、排水系统，并保证有足够的排水能力。	抽查现场。	《煤矿安全规程》(国家安全生产监督管理总局令第87号)第三百一十六条。
5	掘进工作面水文观测	井巷揭露的主要出水点或者地段，必须进行水温、水量、水质和水压(位)等地下水动态和松散含水层涌水含砂量综合观测和分析，防止滞后突水。	抽查观测记录。	《煤矿安全规程》(国家安全生产监督管理总局令第87号)第三百一十条。

序号	项目	检　查　内　容	检查方法	检查依据
6	掘进工作面水灾应急响应	采掘工作面或者其他地点发现有煤层变湿、挂红、挂汗、空气变冷、出现雾气、水叫、顶板来压、片帮、淋水加大、底板鼓起或者裂隙渗水、钻孔喷水、煤壁溃水、水色发浑、有臭味等透水征兆时，应当立即停止作业，撤出所有受水患威胁地点的人员，报告矿调度室，并发出警报。在原因未查清、隐患未排除之前，不得进行任何采掘活动。	现场抽查。	《煤矿安全规程》(国家安全生产监督管理总局令第 87 号)第二百八十八条。

11.16 水害应急救援检查表

序号	项目	检查内容	检查方法	检查依据
1	水害应急预案	制定水害应急预案和现场处置方案。应急预案内容应当具有针对性、科学性和可操作性。 每年进行修订完善并进行1次救灾演练。	抽查应急预案、审批。抽查应急预案演练记录，调度电话记录情况。	《煤矿防治水规定》(国家安全生产监督管理总局令第28号)第一百一十五条。
		矿井应当设置安全出口，规定避水灾路线，设置贴有反光膜的清晰路标，并让全体职工熟知。	现场检查。	《煤矿防治水规定》(国家安全生产监督管理总局令第28号)第一百一十七条。
		矿井管理人员和调度人员应当熟悉水害应急预案和现场处置方案。矿井调度室接到水情报告后，应当立即启动水害应急预案。	抽查现场、应急撤人制度、撤人记录。抽查应急预案的培训、考试记录。	《煤矿防治水规定》(国家安全生产监督管理总局令第28号)第一百一十六条、第一百二十条。
		水文地质条件复杂、极复杂的煤矿企业、矿井，应当装备必要的防治水抢险救灾设备。	抽查台账、设备。	《煤矿防治水规定》(国家安全生产监督管理总局令第28号)第十条。
		建立专业抢险救灾队伍，或者与专业抢险救灾队伍签订协议。	抽查机构设置、救护协议。	《煤矿防治水规定》(国家安全生产监督管理总局令第28号)第一百二十三条。

序号	项目	检　查　内　容	检查方法	检查依据
2	水害应急响应	采掘工作面或者其他地点发现有煤层变湿、挂红、挂汗、空气变冷、出现雾气、水叫、顶板来压、片帮、淋水加大、底板鼓起或者裂隙渗水、钻孔喷水、煤壁溃水、水色发浑、有臭味等透水征兆时，应当立即停止作业，撤出所有受水患威胁地点的人员，报告矿调度室，并发出警报。在原因未查清、隐患未排除之前，不得进行任何采掘活动。	现场抽查。	《煤矿安全规程》（国家安全生产监督管理总局令第 87 号）第二百八十八条。
3	恢复被淹井巷	排除井筒和下山的积水及恢复被淹井巷前，应当制定安全措施，防止被水封闭的有毒、有害气体突然涌出。	抽查措施。	《煤矿安全规程》（国家安全生产监督管理总局令第 87 号）第三百二十五条。
		排水过程中，应当定时观测排水量、水位和观测孔水位，并由矿山救护队随时检查水面上的空气成分，发现有害气体，及时采取措施进行处理。	抽查安全措施、记录。	《煤矿安全规程》（国家安全生产监督管理总局令第 87 号）第三百二十五条。

12 爆破管理检查表

12.1 爆炸物品和井下爆破管理资料检查表

序号	项目	检查内容	检查方法	检查依据
1	爆炸物品管理制度	煤矿必须指定爆破工作专门管理部门,配备专业管理人员。	检查相关制度文件。	《煤矿安全规程》(国家安全生产监督管理总局令第 87 号)第三百四十三条。
		制定爆炸物品出入库检查、登记、领退制度和爆炸物品丢失处理办法。	抽查相关制度文件。	《煤矿安全规程》(国家安全生产监督管理总局令第 87 号)第三百三十七条。
2	爆破说明书	采用爆破作业的采掘作业规程必须编制爆破作业说明书,包括炮眼布置图、炮眼说明表、爆破方式等。	抽查采掘作业规程。	《煤矿安全规程》(国家安全生产监督管理总局令第 87 号)第三百四十八条。
3	爆破器材	发爆器具有煤矿安全标志。发爆器必须统一管理、发放。必须定期校验发爆器的性能参数,进行防爆性能检查。	检查证书安标,网络查询。	《煤矿安全规程》(国家安全生产监督管理总局令第 87 号)第三百六十五条。
		低瓦斯矿井的岩石掘进工作面,使用安全等级不低于一级的煤矿许用炸药。 低瓦斯矿井的煤层采掘工作面、半煤岩掘进工作面,使用安全等级不低于二级的煤矿许用炸药。 高瓦斯矿井,使用安全等级不低于三级的煤矿许用炸药。 突出矿井,使用安全等级不低于三级的煤矿许用含水炸药。	抽查安标证书、采掘作业规程,矿井瓦斯等级批准文件。	《煤矿安全规程》(国家安全生产监督管理总局令第 87 号)第三百五十条。

序号	项目	检　查　内　容	检查方法	检查依据
3	爆破器材	采掘工作面必须使用煤矿许用瞬发电雷管、煤矿许用毫秒延期电雷管或煤矿许用数码电雷管。毫秒延期电雷管最后一段延期时间不得超过130 ms。数码电雷管一次起爆总时间差不得超过130 ms。 一次爆破只能使用同一厂家、同一品种的煤矿许用炸药和电雷管。	抽查安标证书、采掘作业规程。	《煤矿安全规程》(国家安全生产监督管理总局令第87号)第三百五十条。

12.2 爆炸物品存储运输检查表

序号	项目	检查内容	检查方法	检查依据
1	井下爆炸物品库	库房距井筒、井底车场、主要运输巷道、主要硐室以及影响全矿井或者一翼通风的风门的法线距离应满足安全要求。 辅助硐室有检查电雷管全电阻、发放炸药以及保存爆破工空爆炸物品箱等的专用硐室。 爆炸物品库必须有独立的通风系统，回风风流必须直接引入矿井的总回风巷或者主要回风巷中。	抽查井下爆炸物品库及独立发放硐室的设计图纸及采掘工程平面图，现场抽查。	《煤矿安全规程》（国家安全生产监督管理总局令第87号）第三百三十二条、第三百三十一条、第一百六十六条。
		井下爆炸物品库最大贮存量，不超过矿井3天的炸药需要量和10天的电雷管需要量，发放爆炸物品硐室存放当班待发的炸药不超过3箱。 电雷管发给爆破工前必须用电雷管检测仪逐个测试电阻值，并将脚线扭结成短路。	抽查爆炸物品发放记录、库存台账、入库记录、电阻检测记录，现场抽查库存情况、雷管脚线扭结情况。	《煤矿安全规程》（国家安全生产监督管理总局令第87号）第三百三十四条、第三百三十七条。
2	井筒内运送	电雷管和炸药必须分开运送。 在交接班、人员上下井的时间内，严禁运送爆炸物品。	抽查爆炸物品运送管理规定，抽查检查雷管运送专用车厢。	《煤矿安全规程》（国家安全生产监督管理总局令第87号）第三百三十九条。
3	巷道内运送	炸药车厢、电雷管车厢、牵引车之间必须用空车分别隔开，隔开长度不得小于3 m。不得同时运送其他物品。严禁其他人员乘车。	抽查爆炸物品运送管理规定和现场运输抽查。	《煤矿安全规程》（国家安全生产监督管理总局令第87号）第三百四十条。

序号	项目	检　查　内　容	检查方法	检查依据
3	巷道内运送	领取的电雷管，应由爆破工亲自运送，炸药由爆破工或者在爆破工监护下运送。领取的爆炸物品必须装在耐压和抗撞冲、防震、防静电的非金属容器内，不得将电雷管和炸药混装。 在交接班、人员上下井的时间内，严禁携带爆炸物品人员沿井筒上下。	抽查爆炸物品领退制度和现场运输。	《煤矿安全规程》（国家安全生产监督管理总局令第87号）第三百四十二条。

12.3 工作面爆破检查表

序号	项目	检查内容	检查方法	检查依据
1	爆破说明书	采用爆破作业的采掘作业规程必须编制爆破作业说明书，包括炮眼布置图、炮眼说明表、爆破方式等。	抽查采掘作业规程。	《煤矿安全规程》(国家安全生产监督管理总局令第 87 号)第三百四十八条。
2	工作面爆破器材管理	炸药、电雷管等级型号应同该作业地点作业规程选用的相一致。一次爆破必须使用同一厂家、同一品种的煤矿许用炸药和电雷管。	抽查雷管、炸药说明书，作业规程。	《煤矿安全规程》(国家安全生产监督管理总局令第 87 号)第三百五十条。
		炸药、电雷管必须分开存放在专用的爆炸物品箱内，并加锁。爆炸物品箱必须放在顶板完好、支护完整，避开有机械、电气设备的地点。爆破时必须把爆炸物品箱放置在警戒线以外的安全地点。	现场检查爆炸物品箱。	《煤矿安全规程》(国家安全生产监督管理总局令第 87 号)第三百五十四条。
		发爆器具与作业规程选用的型号应一致。严禁在 1 个采煤工作面使用 2 台发爆器同时爆破。	现场检查发爆器，与作业规程对照。	《煤矿安全规程》(国家安全生产监督管理总局令第 87 号)第三百五十一条、第三百六十五条。
		爆破母线和连接线必须符合规定。爆破前，爆破母线必须扭结成短路。	检查爆破母线。	《煤矿安全规程》(国家安全生产监督管理总局令第 87 号)第三百六十四条。
3	爆破作业安全管理	按爆破说明书进行爆破作业。 无封泥、封泥不足或者不实的炮眼，严禁爆破。严禁裸露爆破。	现场抽查炮眼布置方式、炮泥、水炮泥。	《煤矿安全规程》(国家安全生产监督管理总局令第 87 号)第三百四十八条、第三百五十八条、第三百五十九条。

序号	项目	检　查　内　容	检查方法	检查依据
3	爆破作业安全管理	执行“一炮三检”和“三人连锁”爆破制度。 警戒线处应当设置警戒牌、栏杆或者拉绳。	抽查“一炮三检”记录和警戒牌。	《煤矿安全规程》(国家安全生产监督管理总局令第 87 号)第三百四十七条、第三百六十三条。
		掘进工作面应全断面一次起爆,否则必须采取安全措施。采煤工作面一组装药必须一次起爆。 爆破作业前,爆破工必须做电爆网路全电阻检测。严禁采用发爆器打火放电的方法检测电爆网路。	现场检查及问询作业方式。	《煤矿安全规程》(国家安全生产监督管理总局令第 87 号)第三百五十一条、第三百六十六条。
		井下爆破必须由专职爆破工担任;突出煤层采掘工作面爆破必须由固定的专职爆破工担任。	抽查爆破工特殊工种证。	《煤矿安全规程》(国家安全生产监督管理总局令第 87 号)第三百四十七条。
		禁止使用震动爆破揭穿突出煤层。	检查作业规程。	《煤矿安全规程》(国家安全生产监督管理总局令第 87 号)第二百一十四条。
		冲击地压煤层采用超前松动爆破、卸压爆破时,要确定合理的爆破参数,起爆点到爆破地点的距离不得小于 300 m。	检查爆破母线长度。	《煤矿安全规程》(国家安全生产监督管理总局令第 87 号)第二百四十条。

13 供电系统检查表

13.1 电气管理检查表

序号	项目	检 查 内 容	检查方法	检查依据
1	机电管理机构	配备机电矿长、机电副总工程师，建立机电管理机构，配备满足安全生产需要的机电专业技术人员。	抽查机构设置文件。	《煤矿安全规程》（国家安全生产监督管理总局令第87号）第五条，《国务院办公厅关于进一步加强煤矿安全生产工作的意见》（国办发〔2013〕99号第（六）条。
2	机电管理	矿井机电科室、变配电场所有岗位应有责任制度、操作规程和设备检查维修制度。	抽查现场和资料。	《煤矿安全规程》（国家安全生产监督管理总局令第87号）第四条。
		填绘井上下配电系统图、井下电气设备布置示意图和供电线路平面敷设示意图。	抽查供电系统图等资料。	《煤矿安全规程》（国家安全生产监督管理总局令第87号）第四百四十七条。
		电气设备保护齐全，并定期进行检查和调整，保护装置应灵敏可靠。	抽查检查、调整记录及试验报告，现场抽查。	《煤矿安全规程》（国家安全生产监督管理总局令第87号）第四百八十三条。
		按期进行继电保护核算、调校、整定和试验；电气试验项目齐全、符合规定。	抽查电气试验报告和各类检查记录。	《煤矿安全规程》（国家安全生产监督管理总局令第87号）第四百八十三条。

序号	项目	检　查　内　容	检查方法	检查依据
2	机电管理	电气作业人员经培训取得特种作业人员操作资格证，持有效证件上岗。	抽查培训档案和资格证件。	《安全生产法》第二十七条，《特种作业人员安全技术培训考核管理规定》（国家安全生产监督管理总局令第30号）第五条。

13.2 电气系统检查表

序号	项目	检查内容	检查方法	检查依据
1	供电电源	矿井应当有两回路电源线路，能分别担负矿井全部用电负荷。	抽查井上配电系统图及现场抽查。	《煤矿安全规程》(国家安全生产监督管理总局令第87号)第四百三十六、第四百三十七条。
		井下各水平中央变(配)电所和采(盘)区变(配)电所、主排水泵房和下山开采的采区排水泵房供电线路不少于两回路。当任一回路停止供电时，其余回路能承担全部用电负荷。	抽查井下配电系统图及现场抽查。	《煤矿安全规程》(国家安全生产监督管理总局令第87号)第四百三十八条。
		主要通风机、提升人员的提升机、抽采瓦斯泵、地面安全监控中心等主要设备房的供电线路符合规定，其控制回路和辅助设备应有与主要设备同等可靠的备用电源。	抽查井上配电系统图及现场抽查。	《煤矿安全规程》(国家安全生产监督管理总局令第87号)第四百三十八条。
		向突出矿井自救系统供风的压风机、井下移动瓦斯抽采泵应有各有两回路直接由变(配)电所馈出的供电线路。	抽查井上、下配电系统图及现场抽查。	《煤矿安全规程》(国家安全生产监督管理总局令第87号)第四百三十八条。
2	供电线路	在总回风巷、专用回风巷及机械提升的进风倾斜井巷(不包括输送机上、下山)中不应敷设电力电缆。	抽查现场及资料。	《煤矿安全规程》(国家安全生产监督管理总局令第87号)第四百六十二条。
		电缆线路选用、敷设和连接应符合规定，应按规定进行电气试验。	抽查技术资料和电气试验报告。	《煤矿安全规程》(国家安全生产监督管理总局令第87号)第四百六十三条至第四百六十八条。

序号	项目	检　查　内　容	检查方法	检查依据
3	电气设备选用	井下电气设备选型应符合规定;井下电池使用符合规定。	抽查设备台账及现场抽查。	《煤矿安全规程》(国家安全生产监督管理总局令第 87 号)第四百四十一条、第四百八十四条。
		防爆电气设备应具备产品合格证、煤矿矿用产品安全标志;入井前应当进行防爆检查,签发合格证。	抽查设备台账,核查安全标志证书,抽查防爆合格证。	《煤矿安全规程》(国家安全生产监督管理总局令第 87 号)第四百四十八条。
4	电气安全防护	容易碰到的、裸露的带电体及机械外露的转动和传动部分必须加装护罩或者遮拦等防护设施。	现场抽查。	《煤矿安全规程》(国家安全生产监督管理总局令第 87 号)第四百四十四条。
		检修、试验作业时,警示牌、停送电标志应齐全可靠。	现场抽查。	《煤矿安全规程》(国家安全生产监督管理总局令第 87 号)第四百四十二条。
5	检修及停送电	高压电气设备的修理和调整工作,应有工作票和施工措施;高压停、送电制度的执行,高压检修作业中停电、验电、放电、挂接地线措施的执行,线路倒闸操作和监护制度的执行,操作井下电气设备应遵守相关规定。	抽查检修作业情况,现场抽查。	《煤矿安全规程》(国家安全生产监督管理总局令第 87 号)第四百四十二条、第四百四十三条、第四百八十一条。

13.3 地面变电所检查表

序号	项目	检 查 内 容	检查方法	检查依据
1	变电所管理制度	停送电制度、领导干部上岗制度等各类制度应齐全。	现场抽查。	《煤矿安全规程》(国家安全生产监督管理总局令第 87 号)第四条、第四百八十一条。
		有井上、下配电系统图，并随着情况变化定期填绘。	现场抽查。	《煤矿安全规程》(国家安全生产监督管理总局令第 87 号)第四百四十七条。
2	矿井供电电源	矿井有来自两个不同变电站或者来自不同电源进线的同一变电站的两段母线的两回路电源线路。当任一回路停电时，另一回路能担负矿井全部用电负荷。 矿井的两回路线路上不得分接任何负荷。 矿井电源采用分列运行方式。若一回路运行，另一回路必须带电备用。 矿井电源线路上严禁装设负荷定量器等各种限电断电装置。 变电所应有可靠的操作电源。	现场及资料抽查。	《煤矿安全规程》(国家安全生产监督管理总局令第 87 号)第四百三十六条。
3	地面供电线路	地面固定式架空高压电力线路应符合要求。	现场抽查及抽查试验报告。	《煤矿安全规程》(国家安全生产监督管理总局令第 87 号)第四百六十一条。
4	安全保护、防护和维护	井上、下地面变电所的高压馈电线上，要具备有选择性的单相接地保护。	抽查电气试验报告等资料，现场抽查。	《煤矿安全规程》(国家安全生产监督管理总局令第 87 号)第四百五十三条。

序号	项目	检　查　内　容	检查方法	检查依据
4	安全保护、防护和维护	应当按要求对电气设备、电缆进行检查和调整。	现　场抽查。	《煤矿安全规程》(国家安全生产监督管理总局令第 87 号)第四百八十三条。
		容易碰到的、裸露的带电体及机械外露的转动和传动部分必须加装护罩或者遮拦等防护设施。	现　场抽查。	《煤矿安全规程》(国家安全生产监督管理总局令第 87 号)第四百四十四条
		高压电气设备和线路的修理和调整工作,应当有工作票和施工措施。 高压停、送电的操作,可以根据书面申请或者其他联系方式,得到批准后,由专责电工执行。	现场抽查并抽查检修作业情况。	《煤矿安全规程》(国家安全生产监督管理总局令第 87 号)第四百八十一条。
5	设备硐室	变电所高压配电室、低压配电室、变压器室、电容器室等应当符合防火有关规定;高压配电室、低压配电室、控制室、变压器室、电容器室等应满足设备布置及检修安全距离要求;安全出口数量、通道等应符合规定。	现　场抽查。	《煤矿安全规程》(国家安全生产监督管理总局令第 87 号)第四百五十六条、第四百五十八条、第四百五十九条,《10 kV 及以下变电所设计规范》(GB 50053—94) 4. 2. 1 ～ 4. 2. 8、6. 1. 1、6. 2. 1。
		变电所应有直通矿调度室的有线调度电话;变电所照明及应急照明设施必须符合要求。	现　场抽查。	《煤矿安全规程》(国家安全生产监督管理总局令第 87 号)第五百零七条、第四百六十九条。
		变电所灭火器材设置应符合要求、安全警示牌齐全。	现　场抽查。	《煤矿安全规程》(国家安全生产监督管理总局令第 87 号)第四百五十六条、第四百六十条。

序号	项目	检　查　内　容	检查方法	检查依据
6	电气操作资格	电气作业人员应取得特种作业人员操作资格证并持证上岗。	现　场抽查。	《安全生产法》第二十七条,《特种作业人员安全技术培训考核管理规定》(国家安全生产监督管理总局令第30号)第五条。

13.4 井下中央变电所检查表

序号	项目	检查内容	检查方法	检查依据
1	电源	对井下各水平中央变(配)电所供电线路不得少于两回路;变电所运行管理必须符合规定。	对照供电系统图进行抽查。	《煤矿安全规程》(国家安全生产监督管理总局令第 87 号)第四百三十八条。
2	电气设备	电气设备选型应符合规定,普通型携带式电气测量仪表使用应符合规定。	对照设备台账及淘汰设备目录抽查。	《煤矿安全规程》(国家安全生产监督管理总局令第 87 号)第四百四十一条。
		防爆电气设备的产品合格证、煤矿矿用产品安全标志齐全,安全性能符合要求,防爆合格证齐全且无失爆现象。	查设备台账、安全标志管理台账、防爆合格证,并现场抽查。	《煤矿安全规程》(国家安全生产监督管理总局令第 87 号第四百四十八条。
3	安全保护	井下高压电动机、动力变压器高压控制设备的短路、过负荷、接地、欠压释放等保护可靠;高压馈电线路的短路、过流、欠压、单相接地等保护可靠。	现场抽查。	《煤矿安全规程》(国家安全生产监督管理总局令第 87 号)第四百五十一条、第四百五十三条。
		低压电动机的控制设备,应具备短路、过负荷、单相断线、漏电闭锁保护及远程控制功能。	现场抽查。	《煤矿安全规程》(国家安全生产监督管理总局令第 87 号)第四百五十 ·条。
		井下配电网络过流、短路保护装置必须符合规定。	现场抽查。	《煤矿安全规程》(国家安全生产监督管理总局令第 87 号)第四百五十二条。
		保护接地电阻值应符合要求。	现场抽查接地电阻值的定期检测记录。	《煤矿安全规程》(国家安全生产监督管理总局令第 87 号)第四百七十六条。

序号	项目	检 查 内 容	检查方法	检查依据
4	安全防护设施	电气设备带电裸露部分必须加装护罩或设置护栏，并在明显位置悬挂警示标语。	现场抽查。	《煤矿安全规程》(国家安全生产监督管理总局令第87号)第四百四十四条。
		操作高压电气设备主回路时，操作人员必须戴绝缘手套，并穿电工绝缘靴或者站在绝缘台上。	现场抽查。	《煤矿安全规程》(国家安全生产监督管理总局令第87号)第四百四十三条
5	设备硐室	硐室支护方式和防火、防水设施、警示牌的设置应符合规定。	现场抽查。	《煤矿安全规程》(国家安全生产监督管理总局令第87号)第四百五十六条。
		不设专人值班的地面集中监控并有图像监视的变电所，硐室必须关门加锁，并有巡检人员巡回检查。	现场抽查。	《煤矿安全规程》(国家安全生产监督管理总局令第87号)第四百三十九条。
		设有直通矿调度室的有线调度电话，功能应符合要求。	现场抽查。	《煤矿安全规程》(国家安全生产监督管理总局令第87号)第五百零七条。
		实现采区变电所功能的中央变电所必须有独立的通风系统。	现场抽查。	《煤矿安全规程》(国家安全生产监督管理总局令第87号第一百六十八条。
6	井下电缆	选用的电缆应具备煤矿矿用产品安全标志。	抽查资料和现场。	《煤矿安全规程》(国家安全生产监督管理总局令第87号)第十条。
7	图纸	变电所内的供电系统图应与实际相符。	抽查图纸和现场。	《煤矿安全规程》(国家安全生产监督管理总局令第87号)第四百六十条。

序号	项目	检　查　内　容	检查方法	检查依据
8	检修及停送电	高压电气设备和线路的修理和调整工作，应当有工作票和施工措施；高压停、送电的操作，可以根据书面申请或者其他联系方式，得到批准后，由专责电工执行。	现场抽查并抽查检修作业情况。	《煤矿安全规程》(国家安全生产监督管理总局令第87号)第四百八十一条。
9	电气操作资格	电气作业人员应取得特种作业人员操作资格证并持证上岗。	现场抽查。	《安全生产法》第二十七条，《特种作业人员安全技术培训考核管理规定》(国家安全生产监督管理总局令第30号)第五条。

13.5 采区变电所检查表

序号	项目	检查内容	检查方法	检查依据
1	电源	采(盘)区变(配)电所供电线路不得少于两回路;向采区供电的同一电源线路上,串接的采区变电所数量不得超3个。	对照供电系统图进行检查。	《煤矿安全规程》(国家安全生产监督管理总局令第87号)第四百三十八条。
2	电气设备	采区电气设备的选用应符合规定,且无淘汰设备。普通型携带式电气测量仪表使用符合规定。	对照设备台账及淘汰设备目录抽查。	《煤矿安全规程》(国家安全生产监督管理总局令第87号)第四百四十一条。
		防爆电气设备的产品合格证、煤矿矿用产品安全标志应齐全,安全性能符合要求,防爆合格证齐全且无失爆现象。	查设备台账、安全标志管理台账、防爆合格证,并现场抽查。	《煤矿安全规程》(国家安全生产监督管理总局令第87号)第四百四十八条。
3	安全保护	井下高压电动机、动力变压器高压控制设备的短路、过负荷、接地、欠压释放等保护应可靠;高压馈电线路的短路、过流、欠压、单相接地等保护应可靠。	现场抽查。	《煤矿安全规程》(国家安全生产监督管理总局令第87号)第四百五十一条、第四百五十三条。
		低压电动机的控制设备的短路、过负荷、单相断线、检漏及漏电闭锁等保护应可靠;照明综保的短路、过载和漏电保护应可靠。	现场抽查。	《煤矿安全规程》(国家安全生产监督管理总局令第87号)第四百五十一条、第四百七十四条。
		井下配电网络的过流、短路保护装置和熔断器应选择合理。	现场抽查。	《煤矿安全规程》(国家安全生产监督管理总局令第87号)第四百五十二条。
		保护接地电阻值应符合要求。	现场抽查接地电阻值的定期检测记录。	《煤矿安全规程》(国家安全生产监督管理总局令第87号)第四百七十六条。

序号	项目	检 查 内 容	检查方法	检查依据
4	安全防护设施	电气设备带电裸露部分必须加装护罩或者遮栏等防护设施，并在明显位置悬挂警示牌。	现场抽查。	《煤矿安全规程》（国家安全生产监督管理总局令第87号）第四百四十四条。
		操作高压电气设备主回路时，操作人员必须戴绝缘手套，并穿电工绝缘靴或者站在绝缘台上。	现场抽查。	《煤矿安全规程》（国家安全生产监督管理总局令第87号）第四百四十三条。
5	设备硐室	变电所应采用不燃性材料支护，防火铁门、防火设施、警示牌的设置必须符合规定。	现场抽查。	《煤矿安全规程》（国家安全生产监督管理总局令第87号）第四百五十六条。
		变电所应有专人值班，无人值班时应关门加锁并巡检。	现场抽查。	《煤矿安全规程》（国家安全生产监督管理总局令第87号）第四百三十九条。
		必须设有直通矿调度室的有线调度电话，且功能符合要求。	现场抽查。	《煤矿安全规程》（国家安全生产监督管理总局令第87号）第五百零七条。
		采区变电所必须有独立的通风系统。	现场抽查。	《煤矿安全规程》（国家安全生产监督管理总局令第87号）第一百六十八条。
6	井下电缆	选用的电缆应具备煤矿矿用产品安全标志。	抽查资料和现场。	《煤矿安全规程》（国家安全生产监督管理总局令第87号）第十条。
7	管理制度	变电所内的供电系统图应与实际相符。	抽查图纸和现场。	《煤矿安全规程》（国家安全生产监督管理总局令第87号）第四百六十条。

序号	项目	检　查　内　容	检查方法	检查依据
8	检修及停送电	不得带电检修设备;电气设备,电缆的检查、维护调整符合要求。采区电工,在特殊情况下,可对采区变电所内高压电气设备进行停、送电的操作,但不得打开电气设备进行修理。	现场抽查检修记录、停送电操作记录等。	《煤矿安全规程》(国家安全生产监督管理总局令第 87 号)第四百四十二条、第四百四十三条、第四百八十一条、第四百八十二条、第四百八十三条。
9	电气操作资格	电气作业人员应取得特种作业人员操作资格证并持证上岗。	现　场抽查。	《安全生产法》第二十七条,《特种作业人员安全技术培训考核管理规定》(国家安全生产监督管理总局令第 30 号)第五条。

13.6 移动变电站(采掘工作面配电点)检查表

序号	项目	检查内容	检查方法	检查依据
1	电气设备	采区电气设备的选用符合规定,且无淘汰设备。普通型携带式电气测量仪表使用符合规定。	对照设备台账及淘汰设备目录进行抽查。	《煤矿安全规程》(国家安全生产监督管理总局令第87号)第四百四十一条。
		防爆电气设备的产品合格证、煤矿矿用产品安全标志应齐全,安全性能符合应要求,防爆合格证齐全且无失爆现象。	查设备台账、安全标志管理台账、防爆合格证,并现场抽查。	《煤矿安全规程》(国家安全生产监督管理总局令第87号)第四百四十八条。
2	安全保护	向移动变电站的高压馈电线上,必须装设有选择性的动作于跳闸的单相接地保护;低压馈电线上,必须装设检漏保护装置或有选择性的漏电保护装置;每天必须对低压漏电保护进行1次跳闸试验。	抽查现场及记录。	《煤矿安全规程》(国家安全生产监督管理总局令第87号)第四百五十三条。
		移动变电站或者配电点引出的馈电线上,必须具有短路、过负荷和漏电保护。低压电动机的控制设备,必须具备短路、过负荷、单相断线、漏电闭锁保护及远程控制功能。	现场抽查。	《煤矿安全规程》(国家安全生产监督管理总局令第87号)第四百五十一条。
		采掘工作面用电设备电压超过3 300 V时,要制定专门的安全措施	抽查专门措施。	《煤矿安全规程》(国家安全生产监督管理总局令第87号)第四百四十五条。
		保护接地电阻值必须符合要求。	现场抽查接地电阻值的定期检测记录。	《煤矿安全规程》(国家安全生产监督管理总局令第87号)第四百七十六条。

序号	项目	检查内容	检查方法	检查依据
3	安全防护设施	防护用具应齐全，有绝缘手套、绝缘靴、符合电压等级的验电笔、接地线，并定期检测。	现场抽查。	《煤矿安全规程》(国家安全生产监督管理总局令第 87 号)第四百四十三条。
4	移动变电站(配电点)	采掘工作面配电点的位置和空间必须满足设备安装、拆除、检修和运输等要求，并采用不燃性材料支护。	现场抽查。	《煤矿安全规程》(国家安全生产监督管理总局令第 87 号)第四百五十七条。
		采用扩散通风的，其深度不得超过 6 m、入口宽度不得小于 1.5 m，并且无瓦斯涌出。	现场抽查。	《煤矿安全规程》(国家安全生产监督管理总局令第 87 号)第一百六十八条。
5	井下电缆	选用的电缆应具备煤矿矿用产品安全标志。	抽查资料和现场。	《煤矿安全规程》(国家安全生产监督管理总局令第 87 号)第十条。
6	检修及停送电	不得带电检修设备，严禁带电搬迁非本安型电气设备、电缆；电气设备、电缆的检查、维护调整应符合要求。	现场抽查并抽查检修作业情况。	《煤矿安全规程》(国家安全生产监督管理总局令第 87 号)第四百四十二条、四百四十三条、第四百八十一条至第四百八十三条。
7	电气操作资格	电气作业人员应取得特种作业人员操作资格证并持证上岗。	现场抽查。	《安全生产法》第二十七条，《特种作业人员安全技术培训考核管理规定》(国家安全生产监督管理总局令第 30 号)第五条。

14 主要设备检查表

14.1 设备设施基础管理资料检查表

序号	项目	检 查 内 容	检查方法	检查依据
1	设备资质	机电设备应有产品合格证,纳入安全标志管理的产品应有煤矿矿用产品安全标志。	抽查设备台账、安全标志管理台账,并现场抽查。	《煤矿安全规程》(国家安全生产监督管理总局令第 87 号)第十条、第四百四十八条。
		防爆电气设备的产品合格证、煤矿矿用产品安全标志齐全,防爆合格证齐全。	抽查设备台账、安全标志管理台账、防爆合格证,并现场抽查。	《煤矿安全规程》(国家安全生产监督管理总局令第 87 号)第四百四十八条。
2	设备管理	机电设备岗点有岗位责任制、操作规程。	抽查现场和资料。	《煤矿安全规程》(国家安全生产监督管理总局令第 87 号)第四条。
		井上、下配电系统图和井下电气设备布置图等图纸齐全。	抽查现场和资料。	《煤矿安全规程》(国家安全生产监督管理总局令第 87 号)第十四条。

序号	项目	检　查　内　容	检查方法	检查依据
3	检测检验	主提升设备、主排水泵、主要通风机、压风机等安全检验应符合标准规定，检验结果合格。	抽查检测检验报告。	煤矿在用摩擦式提升机系统安全检测检验规范》(AQ 1014—2005)，《煤矿在用缠绕式提升机系统安全检测检验规范》(AQ 1015—2005)，《煤矿在用主排水系统安全检测检验规范》(AQ 1012—2005)，《煤矿在用主要通风机系统安全检测检验规范》(AQ 1011—2005)，《煤矿在用空气压缩机系统安全检测检验规范》(AQ 1013—2005)。
4	操作资格	特种作业人员应取得特种作业人员操作资格证并持证上岗。	抽查操作资格证。	《安全生产法》第二十七条，《特种作业人员安全技术培训考核管理规定》(国家安全生产监督管理总局令第 30 号)第五条。
5	四新试验	井下试验涉及安全生产的新技术、新工艺必须经过论证并制定安全措施；新设备、新材料必须经过安全性能检验，取得产品工业性试验安全标志。	抽查现场和资料。	《煤矿安全规程》(国家安全生产监督管理总局令第 87 号)第十条。

14.2 主要通风机检查表

序号	项目	检查内容	检查方法	检查依据
1	风机供电电源	主要通风机供电线路符合规定。	现场检查。	《煤矿安全规程》(国家安全生产监督管理总局令第87号)第四百三十八条。
2	安全保护	高压开关柜、电动机、电控系统(包括变频器)各类保护齐全。	检查安全检验报告。	《煤矿安全规程》(国家安全生产监督管理总局令第87号)第四百五十一条、第四百五十二条、第四百五十三条。
		主要通风机传动轴和电动机定子轴承温度保护符合规定。	现场检查。	《煤矿安全规程》(国家安全生产监督管理总局令第87号)第一百六十条。
		容易碰到的、裸露的带电体及机械外露的转动和传动部分加装防护设施。	现场检查。	《煤矿安全规程》(国家安全监督管理总局第87号)第四百四十四条。
3	设备管理	主要通风机房内安装电流表、电压表、轴承温度计等仪表。	检查资料及检定报告。	《煤矿安全规程》(国家安全生产监督管理总局令第87号)第一百六十条。
		新安装的主要通风机投入使用前，要进行试运转和通风机性能测定，以后每5年至少进行1次性能测定；主要通风机技术改造及更换叶片后必须进行性能测试。	检查安全检验报告。	《煤矿安全规程》(国家安全生产监督管理总局令第87号)第一百五十八条。
		至少每月检查1次主要通风机。改变主要通风机转数、叶片角度或者对旋式主要通风机运转级数时，必须经矿总工程师批准。	检查资料及批准报告。	《煤矿安全规程》(国家安全生产监督管理总局令第87号)第一百五十八条。

14.3 排水设备检查表

序号	项目	检查内容	检查方法	检查依据
1	供电电源	主排水泵房和下山开采的采区排水泵房供电的线路应符合规定。	检查井下配电系统图及现场检查。	《煤矿安全规程》(国家安全生产监督管理总局令第87号)第四百三十八条。
2	安全保护	高压开关柜、电动机、启动柜等电气设备各类保护齐全，灵敏可靠。	检查安全检验报告。	《煤矿安全规程》(国家安全生产监督管理总局令第87号)第四百五十一条、第四百五十二条、第四百五十三条。
		容易碰到的、裸露的带电体及机械外露的转动和传动部分要加装防护设施。	现场检查。	《煤矿安全规程》(国家安全生产监督管理总局令第87号)第四百四十四条。
		主要泵房安全出口应符合要求，防水防火密闭门、控制闸门等齐全。	现场检查及资料。	《煤矿安全规程》(国家安全生产监督管理总局令第87号)第三百一十二条。
3	设备管理	在每年雨季之前，要全面检修1次，并对全部工作水泵和备用水泵进行1次联合排水试验，提交联合排水试验报告。	检查检修记录及报告。	《煤矿安全规程》(国家安全生产监督管理总局令第87号)第三百一十四条。
		排水系统集中控制的主要泵房可不设专人值守，但必须实现图像监视和专人巡检。	现场检查。	《煤矿安全规程》(国家安全生产监督管理总局令第87号)第三百一十二条。
4	主要泵房	主排水泵房内应当悬挂排水系统图、供电系统图。	现场检查。	《煤矿安全规程》(国家安全生产监督管理总局令第87号)第十四条。

14.4 压风设备检查表

序号	项目	检查内容	检查方法	检查依据
1	设备及电源	矿井在地面集中设置空气压缩机站;井下设置空气压缩设备时,应符合规定。	抽查技术资料及现场抽查。	《煤矿安全规程》(国家安全生产监督管理总局令第87号)第四百三十一条。
		向突出矿井自救系统供风的压风机的供电线路应符合规定。	抽查井上、下配电系统图及现场抽查。	《煤矿安全规程》(国家安全生产监督管理总局令第87号)第四百三十八条。
2	安全保护	空气压缩机站设备应设有压力表和安全阀。压力表和安全阀应当定期校准。安全阀和压力调节器应当动作可靠,安全阀动作压力不得超过额定压力的1.1倍。	抽查检定报告。	《煤矿安全规程》(国家安全生产监督管理总局令第87号)第四百三十二条。
		使用油润滑的空气压缩机必须装设断油保护装置或者断油信号显示装置。水冷式空气压缩机必须装设断水保护装置或者断水信号显示装置。	现场抽查。	《煤矿安全规程》(国家安全生产监督管理总局令第87号)第四百三十二条。
		储气罐装有动作可靠的安全阀和放水阀,并有检查孔;在储气罐出口管路上必须加装释压阀,其口径不得小于出风管的直径,释放压力应当为空气压缩机最高工作压力的1.25～1.4倍。	抽查检定报告。	《煤矿安全规程》(国家安全生产监督管理总局令第87号)第四百三十三条。

序号	项目	检查内容	检查方法	检查依据
2	安全保护	螺杆式空气压缩机的排气温度不得超过 120 ℃，离心式空气压缩机的排气温度不超过 130 ℃。必须装设温度保护装置，在超温时能自动切断电源并报警；储气罐内的温度应当保持在 120 ℃以下，并装有超温保护装置，在超温时能自动切断电源并报警。	抽查安全检验报告。	《煤矿安全规程》（国家安全生产监督管理总局令第 87 号）第四百三十四条。
		高压开关柜、电动机等电气设备各类保护齐全。	抽查安全检验报告。	《煤矿安全规程》（国家安全生产监督管理总局令第 87 号）第四百五十一条、第四百五十二条、第四百五十三条。
		容易碰到的、裸露的带电体及机械外露的转动和传动部分必须加装防护设施。	现场抽查。	《煤矿安全规程》（国家安全生产监督管理总局令第 87 号）第四百四十四条。
3	设备管理	井下设置空气压缩设备时，固定式空气压缩机和储气罐必须分别设置在 2 个独立硐室内，并保证独立通风；移动式空气压缩机必须设置在采用不燃性材料支护且具有新鲜风流的巷道中。	抽查现场和资料。	《煤矿安全规程》（国家安全生产监督管理总局令第 87 号）第四百三十一条。
		井下设置空气压缩设备时，应当设自动灭火装置；运行时必须有人值守。	现场抽查。	《煤矿安全规程》（国家安全生产监督管理总局令第 87 号）第四百三十一条。
		使用闪点不低于 215 ℃的压缩机油。	抽查检验报告。	《煤矿安全规程》（国家安全生产监督管理总局令第 87 号）第四百三十二条。

序号	项目	检　查　内　容	检查方法	检查依据
3	设备管理	新安装或者检修后的储气罐，应当用 1.5 倍空气压缩机工作压力做水压试验。	抽查技术资料。	《煤矿安全规程》(国家安全生产监督管理总局令第 87 号)第四百三十三条。
4	空气压缩机站	应悬挂压风管路系统图。	现场抽查。	《煤矿安全规程》(国家安全生产监督管理总局令第 87 号)第十四条。

14.5 采掘设备检查表

序号	项目	检查内容	检查方法	检查依据
1	采煤设备管理	采煤机、刮板输送机、转载机、破碎机等保护齐全，符合设备管理规定；采煤机内外喷雾有效。	现场抽查。	《煤矿安全规程》(国家安全生产监督管理总局令第87号)第一百一十七条至第一百二十条。
		电气设备保护齐全。	现场抽查。	《煤矿安全规程》(国家安全生产监督管理总局令第87号)第四百五十一条、第四百五十二条、第四百五十三条。
		采掘工作面用电设备电压超过3 300 V时，要制定专门的安全措施。	抽查现场与资料。	《煤矿安全规程》(国家安全生产监督管理总局令第87号)第四百四十五条。
		容易碰到的及机械外露的转动和传动部分必须加装护罩或遮栏等防护设施。	现场抽查。	《煤矿安全规程》(国家安全生产监督管理总局令第87号)第四百四十四条。
		工作面倾角超过15°时，液压支架有防倒、防滑措施，其他设备有防滑措施；倾角在25°以上时，工作面刮板输送机有防止煤(矸)窜出伤人的措施。	现场抽查。	《煤矿安全规程》(国家安全监管总局令第87号)第一百一十四条。
		采煤工作面刮板输送机必须安设能发出停止、启动信号和通讯的装置，发出信号点的间距不得超过15 m。	现场抽查。	《煤矿安全规程》(国家安全生产监督管理总局令第87号)第一百二十一条。

序号	项目	检　查　内　容	检查方法	检查依据
2	掘进设备管理	掘进机、耙装机、输送机、喷浆机等保护齐全；掘进机内外喷雾有效。	现　场抽查。	《煤矿安全规程》(国家安全生产监督管理总局令第87号)第一百一十九条、第一百二十条、第一百二十一条。
		掘进工作面局部通风机供电符合规定。	现　场抽查。	《煤矿安全规程》(国家安全生产监督管理总局令第87号)第一百六十四条、第一百六十五条。
		电气设备保护齐全。	现　场抽查。	《煤矿安全规程》(国家安全生产监督管理总局令第87号)第四百五十一条、第四百五十二条、第四百五十三条。
		容易碰到的及机械外露的转动和传动部分必须加装护罩或遮栏等防护设施。	现　场抽查。	《煤矿安全规程》(国家安全生产监督管理总局令第87号)第四百四十四条。
		掘进设备掘进时，在设备非操作侧，必须装有紧急停转按钮(连续采煤机除外)。	现　场抽查。	《煤矿安全规程》(国家安全生产监督管理总局令第87号)第一百一十九条。
		锚杆钻车必须有防护操作台。	现　场抽查。	《煤矿安全规程》(国家安全生产监督管理总局令第87号)第一百二十条。
		掘进设备停止工作和交班时，必须将切割头落地，并切断电源。	现　场抽查。	《煤矿安全规程》(国家安全生产监督管理总局令第87号)第一百一十九条。

序号	项目	检　查　内　容	检查方法	检查依据
2	掘进设备管理	设备停机、检修或者处理故障时，必须停电闭锁。	现场抽查。	《煤矿安全规程》(国家安全生产监督管理总局令第 87 号)第一百二十条。
		运煤车、铲车、梭车制动装置必须齐全、可靠；检修时，铰接处必须使用限位装置。	现场抽查。	《煤矿安全规程》(国家安全生产监督管理总局令第 87 号)第一百二十条。
		带电移动的设备电缆应当有防拔脱装置。	现场抽查。	《煤矿安全规程》(国家安全生产监督管理总局令第 87 号)第一百二十条。

14.6 抽采瓦斯设施检查表

序号	项目	检查内容	检查方法	检查依据
1	设备及电源	地面抽采瓦斯泵房、井下临时抽采瓦斯泵设计符合规定，验收资料齐全；供电线路符合规定。	抽查现场及设计资料。	《煤矿安全规程》（国家安全生产监督管理总局令第87号）第一百八十二条、第一百八十三条、第四百三十八条。
		地面泵房内电气设备、照明和其他电气仪表都应当采用矿用防爆型，否则必须采取安全措施。	现场抽查。	《煤矿安全规程》（国家安全生产监督管理总局令第87号）第一百八十二条。
		井上、下敷设的瓦斯管路，不得与带电物体接触并应当有防止砸坏管路的措施。	抽查现场和资料。	《煤矿安全规程》（国家安全生产监督管理总局令第87号）第一百八十四条。
2	安全保护及设施	干式抽采瓦斯泵吸气侧管路系统中，装设有防回火、防回气和防爆炸作用的安全装置。	现场抽查。	《煤矿安全规程》（国家安全生产监督管理总局令第87号）第一百八十二条。
		泵房必须有检测管道瓦斯浓度、流量、压力等参数的仪表或自动监测系统。	现场抽查。	《煤矿安全规程》（国家安全生产监督管理总局令第87号）第一百八十二条。
3	泵房管理	泵房应设专人值班。	现场抽查。	《煤矿安全规程》（国家安全生产监督管理总局令第87号）第一百八十二条。
		抽采瓦斯管路系统图齐全。	抽查现场与资料。	《煤矿安全规程》（国家安全生产监督管理总局令第87号）第十四条。

15 提升系统检查表

15.1 立井提升检查表

序号	项目	检 查 内 容	检查方法	检查依据
1	操作资格	提升机司机应持证上岗。	抽查提升机司机特种作业操作证、设备巡检和运行记录。	《煤矿安全规程》(国家安全生产监督管理总局令第 87 号)第九条,《特种作业人员安全技术培训考核管理规定》(国家安全生产监督管理总局令第 30 号)第五条。
2	提升设备保护装置	提升机具有过卷和过放保护、超速保护、过负荷和欠电压保护、限速保护、提升容器位置指示保护、闸瓦间隙保护、松绳保护、仓位超限保护、减速功能保护、错向运行保护。	抽查安全保护装置的安装、使用情况;设备检测报告、设备档案、检查维修记录。	《煤矿安全规程》(国家安全生产监督管理总局令第 87 号)第四百二十三条。
3	检测检验	专门升降人员及混合提升的系统应当每年进行 1 次性能检测,检测合格后方可继续使用。	抽查检测检验报告。	《煤矿安全规程》(国家安全生产监督管理总局令第 87 号)第四百二十九条。
		升降人员或升降人员和物料用的缠绕式提升钢丝绳,自悬挂使用后每 6 个月进行 1 次性能检验;悬挂吊盘的钢丝绳,每 12 个月检验 1 次。	抽查换绳记录、钢丝绳检测报告。	《煤矿安全规程》(国家安全生产监督管理总局令第 87 号)第四百一十一条。
		立井提升容器与提升钢丝绳的连接,应采用楔形连接装置。更换钢丝绳时,要对连接装置的主要受力部件进行探伤检验。	检验报告、检查记录。	《煤矿安全规程》(国家安全生产监督管理总局令第 87 号)第四百一十六条。

序号	项目	检　查　内　容	检查方法	检查依据
4	检查制度	提升系统各部分每天由专职人员至少检查1次，每月至少进行1次全面检查。	抽查制度和检查记录。	《煤矿安全规程》(国家安全生产监督管理总局令第87号)第四百条。
5	防坠器	使用中的立井罐笼防坠器，每6个月进行1次不脱钩试验，每年进行1次脱钩试验。	抽查防坠器试验记录。	《煤矿安全规程》(国家安全生产监督管理总局令第87号)第四百一十五条。
6	提升信号	立井罐笼提升井口、井底和各水平的安全门与罐笼位置、摇台或者锁罐装置、阻车器之间的联锁符合要求。	抽查信号闭锁设置及使用情况。	《煤矿安全规程》(国家安全生产监督管理总局令第87号)第三百九十五条。
7	提升机房	制动系统图、电气系统图、提升装置的技术特征和岗位责任制等应当悬挂在提升机房内。	抽查图纸、制度悬挂情况。	《煤矿安全规程》(国家安全监管总局令第87号)第四百三十条。

15.2　斜巷轨道运输检查表

序号	项目	检　查　内　容	检查方法	检查依据
1	操作人员	提升机司机应持证上岗。	抽查提升机司机特种作业操作证、设备巡检和运行记录。	《煤矿安全规程》(国家安全生产监督管理总局令第87号)第九条,《特种作业人员安全技术培训考核管理规定》(国家安全生产监督管理总局令第30号)第五条。
2	提升设备保护装置	提升机具有过卷和过放保护、超速保护、过负荷和欠电压保护、限速保护、提升容器位置指示保护、闸瓦间隙保护、松绳保护、仓位超限保护、减速功能保护、错向运行保护。	抽查安全保护装置的安装、使用情况;设备检测报告、设备档案、检查维修记录。	《煤矿安全规程》(国家安全生产监督管理总局令第87号)第四百二十三条。
3	安全防护装置	倾斜井巷内使用串车提升时,要安设跑车防护装置、阻车器、挡车栏,并按规定使用。	抽查设备检修记录、运行记录、巡检记录及现场抽查试验。	《煤矿安全规程》(国家安全生产监督管理总局令第87号)第三百八十七条。
4	检测检验	专门升降人员及混合提升的系统应当每年进行1次性能检测,检测合格后方可继续使用。	抽查检测检验报告。	《煤矿安全规程》(国家安全生产监督管理总局令第87号)第四百二十九条。
		升降人员或升降人员和物料用的缠绕式提升钢丝绳,自悬挂使用后每隔6个月检验1次。	抽查换绳记录、钢丝绳检测报告。	《煤矿安全规程》(国家安全生产监督管理总局令第87号)第四百一十一条。

序号	项目	检　查　内　容	检查方法	检查依据
4	检测检验	倾斜井巷运输用的钢丝绳连接装置，在每次换钢丝绳时，必须按规定进行拉力试验。	抽查试验报告。	《煤矿安全规程》（国家安全生产监督管理总局令第 87 号）第四百一十六条。
5	斜巷人车	斜卷人车必须设置可靠的制动装置，必须设置使跟车工在运行途中任何地点都能发送紧急停车信号的装置。	检查制动装置试验记录、现场抽查。	《煤矿安全规程》（国家安全生产监督管理总局令第 87 号）第三百八十四条。

15.3 带式输送机检查表

序号	项目	检查内容	检查方法	检查依据
1	滚筒驱动带式输送机	采用非金属聚合物制造的输送带、托辊和滚筒包胶材料等，其阻燃性能和抗静电性能必须符合有关标准的规定。	抽查皮带阻燃试验报告、基础资料。	《煤矿安全规程》(国家安全生产监督管理总局令第 87 号)第三百七十四条。
		装设防打滑、跑偏、堆煤、撕裂等保护装置，装设温度、烟雾监测装置和自动洒水装置，具备沿线急停闭锁功能。	现场抽查。	
		机头、机尾、驱动滚筒和改向滚筒处，设防护栏及警示牌。行人跨越带式输送机处，应当设过桥。	现场抽查。	
2	钢丝绳牵引带式输送机	装设过速保护、过电流和欠电压保护、钢丝绳和输送带脱槽保护、输送带局部过载保护、钢丝绳张紧车到达终点和张紧重锤落地保护，并定期进行检查和试验。在倾斜井巷中，必须在低速驱动轮上装设液控盘式失效安全型制动装置。	抽查检查和试验记录，现场抽查。	《煤矿安全规程》(国家安全生产监督管理总局令第 87 号)第三百七十五条。
3	运输人员	应装有在输送机全长任何地点可由乘坐人员或者其他人员操作的紧急停车装置。	现场抽查。	《煤矿安全规程》(国家安全生产监督管理总局令第 87 号)第三百七十五条。
		在机头机尾下人处，必须设有人员越位的防护设施或者保护装置，并装设机械式倾斜挡板。	抽查设计资料、现场抽查。	

15.4 架空乘人装置运输检查表

序号	项目	检查内容	检查方法	检查依据
1	制动装置	驱动系统必须设置失效安全型工作制动装置和安全制动装置，安全制动装置必须设置在驱动轮上。	现场抽查。	《煤矿安全规程》(国家安全生产监督管理总局令第87号)第三百八十三条。
2	安全保护	装设超速、打滑、全程急停、防脱绳、边坡点防掉绳、张紧力下降、越位等保护，安全保护装置发生保护动作，需经人工复位，方可重新启动。制定有断轴保护措施。各种信号装置齐全可靠。	现场抽查。	《煤矿安全规程》(国家安全生产监督管理总局令第87号)第三百八十三条。
3	检测检验	每年至少对架空乘人装置进行1次安全检测检验。	抽查检测检验报告。	《煤矿安全规程》(国家安全生产监督管理总局令第87号)第三百八十三条。
4	安全闭锁	倾斜巷道中架空乘人装置与轨道提升系统同巷布置时，必须设置电气闭锁，2种设备不得同时运行。倾斜巷道中架空乘人装置与带式输送机同巷布置时，必须采取可靠的隔离措施。	现场抽查。	《煤矿安全规程》(国家安全生产监督管理总局令第87号)第三百八十三条。

15.5 无极绳牵引车、电轨吊车、卡轨车运输检查表

序号	项目	检查内容	检查方法	检查依据
1	安全保护、防护装置	使用的单轨吊车、卡轨车、齿轨车、胶套轮车、无极绳连续牵引车安全制动和停车制动装置必须为失效安全型。必须设置既可手动又能自动的安全闸。	现场抽查。	《煤矿安全规程》(国家安全生产监督管理总局令第87号)第三百九十条。
		柴油机和蓄电池单轨吊车，必须具备2路以上相对独立回油的制动系统，必须设置超速保护装置。司机应当配备通信装置。	现场抽查。	《煤矿安全规程》(国家安全生产监督管理总局令第87号)第三百九十条。
		无极绳连续牵引车、绳牵引卡轨车、绳牵引单轨吊车，设置越位、超速、张紧力下降等保护。运送人员时，必须设置卡轨或者护轨装置，采用具有制动功能的专用乘人装置，必须设置跟车工。制动装置必须定期试验。	现场抽查。	《煤矿安全规程》(国家安全生产监督管理总局令第87号)第三百九十条。
		采用柴油机、蓄电池单轨吊车运送人员时，必须使用人车车厢；两端必须设置制动装置，两侧必须设置防护装置。	现场抽查。	《煤矿安全规程》(国家安全生产监督管理总局令第87号)第三百九十一条。
		采用无轨胶轮车运输时，应设置随车通信系统或者车辆位置监测系统。	现场抽查。	《煤矿安全规程》(国家安全生产监督管理总局令第87号)第三百九十二条。

16　劳动防护检查表

序号	项目	检　查　内　容	检查方法	检查依据
1	配备范围	向煤矿井下、井上、煤炭洗选等从业人员提供符合国家标准或者行业标准的劳动防护用品。	抽查发放记录、产品资质（安全标志）证书、入库验收记录和劳动防护用品管理制度，抽查部分重点岗位职工。	《安全生产法》第四十二条，《煤矿职业安全卫生个体防护用品配备标准》（AQ 1051—2008），《煤矿安全规程》(国家安全生产监督管理总局令第87号）第十三条、第四百七十一条。
2	配备种类	矿灯、自救器、安全帽、防尘口罩、绝缘手套（鞋）、工作服（带反光标识）等。	抽发放记录、产品资质（安全标志）证书、入库验收记录和劳动防护用品管理制度，抽查部分重点岗位职工。	《安全生产法》第四十二条、第九十六条，《煤矿职业安全卫生个体防护用品配备标准》（AQ 1051—2008），《煤矿安全规程》(国家安全生产监督管理总局令第87号)第十三条、第四百七十一条。
3	使用期限	按《煤矿职业安全卫生个体防护用品配备标准》规定的周期向劳动者发放劳动防护用品。从业人员劳动保护用品使用期限符合规定，不得使用过期或失效的劳动防护用品。	抽查劳动防护用品发放记录、查管理资料和现场抽查相结合的方法。	《煤矿职业安全卫生个体防护用品配备标准》（AQ 1051 2008）。
4	现场使用	从业人员工作期间应当佩戴使用劳动防护用品。	现场抽查劳动者的配备、使用情况。	《煤矿安全规程》（国家安全生产监督管理总局令第87号）第十三条。

序号	项目	检　查　内　容	检查方法	检查依据
5	使用监督	煤矿企业应监督、教育从业人员按照规定正确佩戴、使用劳动防护用品。	抽查煤矿企业劳动防护用品管理制度和安全检查制度。	《安全生产法》第四十二条。

17 职业危害检查表

17.1 职业病危害防治管理检查表

序号	项目	检查内容	检查方法	检查依据
1	职业危害防治机构制度	建立健全职业病危害防治领导机构，制定职业病危害防治规划，明确职责分工和工作经费。配备专职职业卫生管理人员。	抽查领导机构设置、职责分工文件、防治规划。	《煤矿作业场所职业病危害防治规定》(国家安全生产监督管理总局令第73号)第六条、第七条。
		制定职业病危害防治年度计划和实施方案。 建立职业病危害防治责任制度，职业病危害警示与告知制度，职业病危害项目申报制度，职业病防治宣传、教育和培训制度，职业病防护设施管理制度，职业病个体防护用品管理制度，职业病危害日常监测及检测、评价管理制度，职业卫生“三同时”制度，劳动者职业健康监护及其档案管理制度，职业病诊断、鉴定及报告制度，职业病危害防治经费保障及使用管理制度，职业卫生档案管理制度；职业病危害事故应急管理制度。	抽查职业病危害防治年度计划、实施方案和规章制度。	《煤矿作业场所职业病危害防治规定》(国家安全生产监督管理总局令第73号)第八条。

序号	项目	检　查　内　容	检查方法	检查依据
1	职业危害防治机构制度	建立健全企业职业卫生档案，包括职业病防治责任制文件，职业卫生管理规章制度，作业场所职业病危害因素种类清单、岗位分布以及作业人员接触情况等资料，职业病防护设施、应急救援设施基本信息及其配置、使用、维护、检修与更换等记录，作业场所职业病危害因素检测、评价报告与记录，职业病个体防护用品配备、发放、维护与更换等记录，企业主要负责人、职业卫生管理人员和劳动者的职业卫生培训资料，职业病危害事故报告与应急处置记录，劳动者职业健康检查结果汇总资料和存在职业禁忌证、职业健康损害或者职业病的劳动者处理和安置情况记录，建设项目职业卫生“三同时”有关技术资料，职业病危害项目申报情况记录以及其他有关职业卫生管理的资料或者文件。	抽查职业卫生档案。	《煤矿作业场所职业病危害防治规定》(国家安全生产监督管理总局令第 73 号)第十七条。
2	劳动合同	在劳动合同、变更的劳动合同中，应载明作业场所职业病危害及其后果、职业病防护措施和有关待遇。	抽查劳动合同书。	《职业病防治法》第三十四条。
3	职业危害警示	对产生严重职业病危害的作业岗位，应在其醒目位置，设置警示标识和中文警示说明。	现场抽查岗位警示标识设置情况。	《职业病防治法》第二十四条，《煤矿作业场所职业病危害防治规定》(国家安全生产监督管理总局令第 73 号)第十五条。

序号	项目	检　查　内　容	检查方法	检查依据
4	职业危害因素监测	配备专职或者兼职的职业病危害因素监测人员，装备相应的监测仪器设备，确保监测系统处于正常的运行状态。	抽查监测人员的配备、培训情况以及仪器设备台账。	《职业病防治法》第二十六条，《煤矿作业场所职业病危害防治规定》（国家安全生产监督管理总局令第73号）第九条。
		开展职业病危害因素监测。 总粉尘浓度每月测定2次或者采用实时在线监测，呼吸性粉尘浓度每月测定1次，粉尘分散度每6个月监测1次，游离Si_2含量每6个月测定1次（变更工作面时测1次）。 对作业场所噪声每6个月监测1次；对NO（换算成NO_2）、CO、SO_2每3个月至少监测1次，对H_2S每月至少监测1次（有自燃倾向的应根据需要随时监测）。	抽查职业病危害因素监测记录、台账。	《职业病防治法》第二十七条，《煤矿作业场所职业病危害防治规定》（国家安全生产监督管理总局令第73号）第十条、第三十六条、第六十二条。
5	职业病危害检测评价	煤矿应委托具有资质的职业卫生技术服务机构每年进行一次职业病危害因素检测，每三年进行一次职业病危害现状评价；检测、评价结果存入本单位职业卫生档案、定期向所在地安全生产监督管理部门和驻地煤矿安全监察机构报告，并向劳动者公布。	抽查监测报告，查看存档、报告情况；抽查检测结果公布情况。	《职业病防治法》第二十六条，《煤矿作业场所职业病危害防治规定》（国家安全生产监督管理总局令第73号）第十条。
6	职业健康检查	对接触职业病危害的作业的劳动者，组织上岗前、在岗期间和离岗时的职业健康检查。	抽查职业健康查体报告。	《职业病防治法》第三十六条，《煤矿作业场所职业病危害防治规定》（国家安全生产监督管理总局令第73号）第二十七条。

序号	项目	检　查　内　容	检查方法	检查依据
6	职业健康检查	按检查周期组织职业健康检查:煤尘在岗人员 2 年 1 次,煤尘观察对象和Ⅰ期煤工尘肺患者每年 1 次;岩尘在岗人员及观察对象和Ⅰ期矽肺患者每年 1 次;高温在岗人员每年 1 次;噪声在岗人员每年 1 次;化学毒物在岗人员根据所接触的化学毒物确定检查周期。	抽查历年职业健康查体档案;检查接触职业病危害的人员数量。	《煤矿作业场所职业病危害防治规定》(国家安全生产监督管理总局令第 73 号)第二十九条。

17.2 粉尘危害防治检查表

序号	项目	检查内容	检查方法	检查依据
1	防尘水源	永久性防尘水池容量不小于 200 m^3(贮水量不得小于井下连续 2 h 的用水量),备用水池贮水量不小于永久性防尘水池的 50%。	现场检查。	《煤矿安全规程》(国家安全生产监督管理总局令第 87 号)第六百四十四条,《煤矿作业场所职业病危害防治规定》(国家安全生产监督管理总局令第 73 号)第三十八条。
2	防尘管路	建立完善的防尘管路系统,敷设到所有能产生粉尘和沉积粉尘的地点,管路管径、强度应当满足要求;防尘用水应当过滤。	抽查防尘洒水系统图、防尘用水管路设计、现场抽查。	《煤矿作业场所职业病危害防治规定》(国家安全生产监督管理总局令第 73 号)第三十八条,《煤矿安全规定》第六百四十四条。
		井工煤矿转载点采用自动喷雾降尘或者密闭尘源除尘器抽尘净化等措施。	抽查维修记录、现场抽查。	《煤矿作业场所职业病危害防治规定》(国家安全生产监督管理总局令第 73 号)第四十八条。
3	粉尘测定	配备粉尘采样器、直读式粉尘浓度测定仪等仪器设备。 井工煤矿采煤工作面回风巷、掘进工作面回风侧设置粉尘浓度传感器,接入安全监测监控系统。	检查粉尘仪器设备台账。	《煤矿作业场所职业病危害防治规定》(国家安全生产监督管理总局令第 73 号)第三十七条。
		煤矿进行粉尘监测时,其监测点的选择和布置应符合规定。	抽查测定记录、台账。	《煤矿作业场所职业病危害防治规定》(国家安全生产监督管理总局令第 73 号)第三十五条。

序号	项目	检查内容	检查方法	检查依据
3	粉尘测定	采用定点或个体方法测尘。 总粉尘浓度井工煤矿每月测定2次或者采用实时在线监测，呼吸性粉尘浓度每月测定1次，粉尘分散度每6个月测定1次，游离 SiO_2 含量每6个月测定1次(变更工作面时必须测定1次)。	检查测定记录、台账。	《煤矿作业场所职业病危害防治规定》第三十六条，《煤矿安全规程》(国家安全生产监督管理总局令第87号)第六百四十二条。
4	采煤工作面防尘	井工煤矿采煤工作面应按规定采取煤层注水防尘措施。	抽查可注性测试报告、注水设计、注水台账记录，现场抽查。	《煤矿安全规程》(国家安全生产监督管理总局令第87号)第六百四十五条，《煤矿作业场所职业病危害防治规定》(国家安全生产监督管理总局令第73号)第四十六条。
		采煤机要安装内、外喷雾装置，无水或者喷雾装置不能正常使用时必须停机。 破碎机要安装防尘罩和喷雾装置或者除尘器。 液压支架要安装喷雾装置，降柱、移架时同步喷雾。 放顶煤采煤工作面的放煤口，必须安装高压喷雾装置(喷雾压力不低于8 MPa)或者采取压气喷雾降尘。	抽查降尘装置设置、现场抽查。	《煤矿安全规程》(国家安全生产监督管理总局令第87号)第六百四十七条，《煤矿作业场所职业病危害防治规定》(国家安全生产监督管理总局令第73号)第四十二条。
		采煤工作面回风巷应安设至少2道自动控制风流净化水幕。	抽查安装维修记录、现场抽查。	《煤矿作业场所职业病危害防治规定》(国家安全生产监督管理总局令第73号)第四十四条。
		井工煤矿在煤、岩层中钻孔应按规定实施湿式作业。	现场抽查。	《煤矿作业场所职业病危害防治规定》(国家安全生产监督管理总局令第73号)第四十条。

序号	项目	检 查 内 容	检查方法	检查依据
4	采煤工作面防尘	井工煤矿爆破作业要使用水炮泥，爆破前后应当冲洗煤壁，爆破时应当采用高压喷雾(喷雾压力不低于 8 MPa)或者压气喷雾降尘。	抽查作业规程、现场抽查。	《煤矿作业场所职业病危害防治规定》(国家安全生产监督管理总局令第 73 号)第四十一条。
5	掘进工作面防尘	井工煤矿掘进机应使用内、外喷雾装置和控尘装置、除尘器等构成的综合防尘系统。掘进机无水或者喷雾装置不能正常使用时，必须停机。	抽查降尘装置设置、现场抽查。	《煤矿安全规程》(国家安全生产监督管理总局令第 87 号)第六百五十条，《煤矿作业场所职业病危害防治规定》第四十三条。
		掘进工作面回风测安设应至少 2 道自动控制风流净化水幕，其中一道净化水幕距离工作面 50 m 以内。	现场抽查。	《煤矿作业场所职业病危害防治规定》(国家安全生产监督管理总局令第 73 号)第四十四条，《煤矿井下粉尘综合防治技术规范》(AQ 1020—2006)4.7.4.1。
		井工煤矿掘进井巷和硐室时，必须采取湿式钻眼、冲洗井壁巷帮、水炮泥、爆破喷雾、装岩(煤)洒水和净化风流等综合防尘措施。	抽查作业规程、现场检查。	《煤矿安全规程》(国家安全生产监督管理总局令第 87 号)第六百四十九条，《煤矿作业场所职业病危害防治规定》(国家安全生产监督管理总局令第 73 号)第三十九条。
		井工煤矿打锚杆眼应当实施湿式钻孔，喷射混凝土时要采用潮喷或者湿喷工艺，喷射机、喷浆点配备捕尘、除尘装置，距离锚喷作业点下风向 100 m 内，设置 2 道以上自动控制风流净化水幕。	现场抽查。	《煤矿作业场所职业病危害防治规定》(国家安全生产监督管理总局令第 73 号)第四十七条。

17.3 噪声危害防治检查表

序号	项目	检 查 内 容	检查方法	检查依据
1	噪声限值	作业人员每天连续接触噪声时间达到或者超过 8 h 的，噪声声级限值为 85 dB(A)，不足 8 h 的，时间减半、噪声声级限值增加 3 dB(A)。	抽查测量记录，现场抽查。	《煤矿安全规程》(国家安全生产监督管理总局令第 87 号)第六百五十七条，《煤矿作业场所职业病危害防治规定》(国家安全生产监督管理总局令第 73 号)第五十二条。
2	噪声测定仪器	配备 2 台以上噪声测定仪器，对作业场所噪声每 6 个月监测 1 次。	抽查仪器的配备和噪声监测记录。	《煤矿安全规程》(国家安全生产监督管理总局令第 87 号)第六百五十八条，《煤矿作业场所职业病危害防治规定》(国家安全生产监督管理总局令第 73 号)第五十三条。
3	降噪措施	优先选用低噪声设备，采取隔声、消声、吸声、减振、减少接触时间、佩戴防护耳塞(罩)等措施降低噪声危害。	现场抽查采取的降噪措施。	《煤矿安全规程》(国家安全生产监督管理总局令第 87 号)第六百五十九条，《煤矿作业场所职业病危害防治规定》(国家安全生产监督管理总局令第 73 号)第五十五条。

17.4 热害防治检查表

序号	项目	检查内容	检查方法	检查依据
1	温度限值	采掘工作面的空气温度超过30 ℃时，必须停止作业。	现场抽查温度传感器、记录牌板。	《煤矿安全规程》（国家安全生产监督管理总局令第87号）第一百零二条、第六百五十五条，《煤矿作业场所职业病危害防治规定》（国家安全生产监督管理总局令第73号）第五十六条。
		机电设备硐室的空气温度超过34 ℃时，必须停止作业。		
2	温度传感器	采煤工作面要设置温度传感器。	现场抽查温度传感器的设置和数值、抽查安全监控系统报表。	《煤矿作业场所职业病危害防治规定》（国家安全生产监督管理总局令第73号）第五十七条，《煤矿安全监控系统及检测仪器使用管理规范》（AQ 1029—2007）7.6。
		掘进工作面要设置温度传感器。		
		机电设备硐室要设置温度传感器。		

17.5 职业中毒防治检查表

序号	项目	检查内容	检查方法	检查依据
1	毒物检测	煤矿进行化学毒物监测时，要选择有代表性的作业地点(包括空气中有害物质浓度最高、作业人员接触时间最长的作业地点)。采样要在正常生产状态下进行。	检查监测记录、台账。	《煤矿作业场所职业病危害防治规定》(国家安全生产监督管理总局令第73号)第六十一条,《煤矿安全规程》(国家安全生产监督管理总局令第87号)第六百六十条。
		氧化氮、一氧化碳、氨、二氧化硫每3个月至少监测1次，硫化氢每月至少监测1次。煤层有自燃倾向的，应根据需要随时监测。	检查监测记录、台账。	《煤矿作业场所职业病危害防治规定》(国家安全生产监督管理总局令第73号)第六十二条,《煤矿安全规程》(国家安全生产监督管理总局令第87号)第六百六十一条。
2	降毒措施	作业场所存在硫化氢、二氧化硫等有害气体，在采用通风措施无法达到要求时，要采用集中抽取净化、化学吸收等措施降低有害气体的浓度。	检查措施制定及执行情况、检查测量记录。	《煤矿作业场所职业病危害防治规定》(国家安全生产监督管理总局令第73号)第六十三条、第六十条,《煤矿安全规程》(国家安全生产监督管理总局令第87号)第六百六十二条。
3	毒物警示标识	应在化学毒物监测地点悬挂职业病危害警示标识和中文警示说明。	现场检查及警示标识台账、记录。	《煤矿作业场所职业病危害防治规定》(国家安全生产监督管理总局令第73号)第十五条。

17.6 职业病防护设施“三同时”检查表

序号	项目	检查内容	检查方法	检查依据
1	职业危害预评价报告	建设项目在可行性论证阶段应当进行职业病危害预评价。	抽查预评价报告及编制机构的资质情况。	《职业病防治法》第十七条、第二十六条。
2	职业危害设计	建设项目在初步设计阶段，应当委托具有资质的设计单位编制职业病防护设施设计专篇。	抽查设计及编制机构的资质情况。	《煤矿作业场所职业病危害防治规定》(国家安全生产监督管理总局令第73号)第二十二条。
3	竣工验收	建设项目在竣工验收前，建设单位应当进行职业病危害控制效果评价。	抽查评价报告及编制机构的资质情况。	《职业病防治法》第十八条。
		建设项目职业病防护设施应当由取得相应资质的施工单位负责施工。职业病防护设施与主体工程同时设计、同时施工、同时投入产和使用。	抽查现场是否存在违规组织生产情况、抽查施工单位资质。	《职业病防治法》第十八条，《建设项目职业卫生“三同时”监督管理暂行办法》(国家安全生产监督管理总局令第51号)第二十三条。
		建设项目职业病防护设施试运行时间不少于30日，最长不超180日。	抽查试运行报告、抽查试运行时间、现场抽查。	《建设项目职业卫生“三同时”监督管理暂行办法》(国家安全生产监督管理总局令第51号)第二十五条。
		煤矿建设项目职业病防护设施由建设单位依法组织验收，验收合格后，方可投入生产或使用。	现场检查验收报告及验收结果。	《职业病防治法》第十八条。

18 安全避险六大系统检查表

18.1 应急救援检查表

序号	项目	检查内容	检查方法	检查依据
1	应急规章制度	建立事故预警、应急值守、信息报告、现场处置、应急投入、救援装备和物资储备、安全避险设施管理和使用等规章制度，主要负责人是应急管理和事故救援第一责任人。	抽查文件规定和相关制度。	《煤矿安全规程》（国家安全生产监督管理总局令第87号）第六百七十二条。
		建立应急演练制度，应急演练计划、方案、记录和总结评估报告等资料保存期限不少于2年。	抽查应急演练计划、总结等资料。	《煤矿安全规程》（国家安全生产监督管理总局令第87号）第六百七十五条。
2	救护队	60万t/年（含）以上的高瓦斯矿井和距离救护队超过100 km的矿井要设置独立矿山救护队。 不具备设立独立矿山救护队条件的要设立兼职救护队，并与就近的救护队签订救护协议。救护队到达煤矿的时间不得超过30 min。	抽查救护队设立文件、救护协议。	《煤矿安全规程》（国家安全生产监督管理总局令第87号）第六百七十六条。
		兼职矿山救护队应由2个以上小队组成，每个小队由9人以上组成；设专职队长及仪器装备管理人员。	抽查相关资料。	《矿山救护规程》（AQ 1008—2007）5.1.4。
		兼职矿山救护队及个人配备装备必须符合规定。	抽查相关资料、现场抽查。	《矿山救护规程》（AQ 1008—2007）7.1～7.4。

序号	项目	检　查　内　容	检查方法	检查依据
2	救护队	兼职矿山救护队有电话接警值班室、夜间值班休息室、办公室、学习室、装备室、修理室、氧气充填室、战备器材库等。	抽查相关资料、现场抽查。	《矿山救护规程》(AQ 1008—2007)7.6。
		兼职矿山救护队指战员必须经过救护理论及技术、技能培训，并经考核取得合格证。	抽查培训合格证。	《矿山救护规程》(AQ 1008—2007)8.1。
		兼职救护队每季度至少进行一次佩用呼吸器的单项演习训练。	抽查相关资料。	《矿山救护规程》(AQ 1008—2007)8.2.2。
3	应急预案	对重大危险源制定应急预案，告知从业人员和相关人员在紧急情况下应当采取的应急措施，应急措施报有关部门备案。	抽查相关资料。	《安全生产法》第三十七条。
		编制的应急救援预案应当与所在地地方人民政府的生产安全事故应急救援预案相衔接，并及时修订完善。	抽查应急救援预案。	《煤矿安全规程》(国家安全生产监督管理总局令第87号)第六百七十四条。
		每年至少组织一次综合应急预案演练或者专项应急预案演练，每半年至少组织一次现场处置方案演练和演练效果评估。	抽查相关资料、现场抽查。	《生产安全事故应急预案管理办法》(国家安全生产监督管理总局令第88号)第三十三条、第三十四条。
4	应急物资储备	煤矿应储备必要的应急救援装备及物资，重点储备潜水电泵及配套管线、救援钻机及其配套设备、快速掘进与支护设备、应急通信装备等，建立应急救援装备和物资台账。	抽查相关资料、现场抽查。	《煤矿安全规程》(国家安全生产监督管理总局令第87号)第七百零一条。

18.2 紧急避险系统检查表

序号	项目	检查内容	检查方法	检查依据
1	避险设备设施	建立井下紧急撤离和避险设施，与监测监控、人员位置监测、通信联络等系统结合。 紧急避险设施建成后的功能测试应符合要求。	现场抽查、抽查功能测试相关资料。	《煤矿安全规程》（国家安全生产监督管理总局令第87号）第六百七十三条，《煤矿井下紧急避险系统建设管理暂行规定》（安监总煤装〔2011〕15号）。
		设置井下应急广播系统，保证井下人员能够清晰听见应急指令。	现场抽查。	《煤矿安全规程》（国家安全生产监督管理总局令第87号）第六百八十五条。
		采区避灾路线上应设置压风、供水管路，供气、供水阀门等。	现场抽查。	《煤矿安全规程》（国家安全生产监督管理总局令第87号）第六百八十七条。
2	避险设备设施管理维护	建立井下紧急撤离和避险设施，每年由矿总工程师组织开展有效性评估。	抽查相关资料。	《煤矿安全规程》（国家安全生产监督管理总局令第87号）第六百七十三条。
		矿井避灾路线图中应当明确标注紧急避险设施的位置、规格和种类。	现场抽查，抽查矿井避灾路线图。	《煤矿安全规程》（国家安全生产监督管理总局令第87号）第六百八十八条。
		建立紧急避险系统管理制度，每天巡检1次。 建立紧急避险设施的技术档案，准确记录紧急避险设施设计、安装、使用、维护、配件配品更换等相关信息。	抽查管理制度、机构人员设置文件。	《煤矿安全规程》（国家安全生产监督管理总局令第87号）第六百九十二条，《煤矿井工紧急避险系统建设管理暂行规定》（安监总煤装〔2011〕15号）。

18.3 通信联络系统检查表

序号	项目	检查内容	检查方法	检查依据
1	通信系统设置	矿井必须装备有线调度通信系统。	现场抽查。	《煤矿安全规程》（国家安全生产监督管理总局令第87号）第四百八十七条。
		有线调度通信系统必须具有防雷电保护，通信电缆必须专用，线缆的入井口处必须具有防雷措施。	抽查资料、现场抽查。	《煤矿安全规程》（国家安全生产监督管理总局令第87号）第四百八十九条。
		有线调度通信系统应当具有选呼、急呼、全呼、强插、强拆、监听、录音等功能。	抽查资料、现场抽查。	《煤矿安全规程》（国家安全生产监督管理总局令第87号）第五百零七条。
		设置井下应急广播系统，保证井下人员能够清晰听见应急指令。	现场抽查。	《煤矿安全规程》（国家安全生产监督管理总局令第87号）第六百八十五条。
		采区设计、采掘作业规程要明确有线调度通信设备的种类、数量、位置和通信线缆的敷设等，绘制井下通信系统图。	抽查资料、现场抽查。	《煤矿安全规程》（国家安全生产监督管理总局令第87号）第四百八十八条。

序号	项目	检　查　内　容	检查方法	检查依据
2	电话机设置	矿井地面变电所、地面主要通风机房、主副井提升机房、压风机房、井下主要水泵房、井下中央变电所、井底车场、运输调度室、采区变电所、上下山绞车房、水泵房、带式输送机集中控制硐室等主要机电设备硐室、采煤工作面、掘进工作面、突出煤层采掘工作面附近、爆破时撤离人员集中地点、突出矿井井下爆破起爆点、采区和水平最高点、避难硐室、瓦斯抽采泵房、爆炸物品库等地点，应当设有直通矿调度室的有线调度电话。	抽查资料、现场抽查。	《煤矿安全规程》(国家安全生产监督管理总局令第 87 号)第五百零七条。

18.4 人员定位系统检查表

序号	项目	检查内容	检查方法	检查依据
1	人员定位系统中心站	具有工作、备用主机，系统主机及系统联网主机双机或多机备份，24 h 不间断运行。	现场抽查。	《煤矿井下作业人员管理系统使用与管理规范》(AQ 1048—2007)。
		中心站每 3 个月对数据进行备份，备份数据保存 1 年以上。图纸、技术资料保存 1 年以上。	现场抽查。	《煤矿井下作业人员管理系统使用与管理规范》(AQ 1048—2007)。
2	人员定位系统分站和定位卡	巷道分支处设置分站。 各个人员出入井口、重点区域出入口、限制区域等地点设置读卡分站。	现场抽查。	《煤矿安全规程》(国家安全生产监督管理总局令第 87 号)第五百零四条，《煤矿井下作业人员管理系统使用与管理规范》(AQ 1048—2007)。
		人员出入井口应设置检测识别工作是否正常和唯一性检测的装置，并提示携卡人员本人及相关人员。	现场抽查。	《煤矿井下作业人员管理系统使用与管理规范》(AQ 1048—2007)，《煤矿安全规程》(国家安全生产监督管理总局令第 87 号)第五百零五条。
		下井人员应携带标识卡。	现场抽查。	《煤矿安全规程》(国家安全生产监督管理总局令第 87 号)第五百零四条。
3	人员定位系统运行管理	制定岗位责任制、操作规程、值班制度等规章制度。	抽查相关制度。	《煤矿井下作业人员管理系统使用与管理规范》(AQ 1048—2007)。
		矿调度室值班员应当监视人员位置等信息，填写运行日志。	抽查运行日志。	《煤矿安全规程》(国家安全生产监督管理总局令第 87 号)第五百零六条。

18.5 压风自救系统检查表

序号	项目	检查内容	检查方法	检查依据
1	空气压缩机	矿井应当在地面集中设置空气压缩机站。 井下设置空气压缩设备时，应符合规定。	抽查技术资料。	《煤矿安全规程》(国家安全生产监督管理总局令第87号)第四百三十一条。
		向突出矿井自救系统供风的压风机的供电线路应符合规定。	抽查井上、下配电系统图及现场抽查。	《煤矿安全规程》(国家安全生产监督管理总局令第87号)第四百三十八条。
2	压风管路	采区避灾路线上应当设置压风管路，主管路直径不得小于100 mm，采掘工作面管路直径不小于50 mm，压风管路上设置的供气阀门间隔不大于200 m。	现场抽查。	《煤矿安全规程》(国家安全生产监督管理总局令第87号)第六百八十七条。
3	压风自救装置	突出与冲击地压煤层，应当在距采掘工作面25～40 m的巷道内、爆破地点、撤离人员与警戒人员所在位置、回风巷有人作业处等地点，至少设置1组压风自救装置；在长距离的掘进巷道中，应增加压风自救装置的设置组数。每组压风自救装置供5～8人使用。 突出煤层工作面回风系统中有人作业的地点，要设置压风自救系统。	抽查压风管路系统图、现场抽查。	《煤矿安全规程》(国家安全生产监督管理总局令第87号)第六百九十一条，《防治煤与瓦斯突出规定》(国家安全生产监督管理总局令第19号)第一百零六条。

18.6 供水施救系统检查表

序号	项目	检查内容	检查方法	检查依据
1	供水系统	应按照规定建立消防防尘供水系统。	现场抽查。	《煤矿安全规程》(国家安全生产监督管理总局令第87号)第六百四十四条。
2	供水管路阀门	采区避灾路线上必须敷设供水管路，在供气阀门附近安装供水阀门。 没有防尘供水管路的采掘工作面不得生产。	现场抽查。	《煤矿安全规程》(国家安全生产监督管理总局令第87号)第六百四十四条、第六百八十七条。

19 建设项目检查表

19.1 建设项目管理资料检查表

序号	项目	检查内容	检查方法	检查依据
1	安全设施设计	必须按规定编制《建井地质报告》。	抽查审批文件。	《煤矿防治水规定》(国家安全生产监督管理总局令第28号)第十四条。
		必须按规定编制安全预评价报告书。	抽查预评价报告书。	《煤矿建设项目安全设施监察规定》(国家安全生产监督管理总局令第6号)第九条、第十三条。
		编制安全设施设计,经煤矿安全监察机构审查同意。	抽查安全设施设计和批准文件。	《煤矿建设项目安全设施监察规定》(国家安全生产监督管理总局令第6号)第十五条。
		已批准的煤矿建设项目安全设施设计需作重大变更的,应经原审查机构审查同意。	抽查初步设计及报备、批准文件。	《煤矿建设项目安全设施监察规定》(国家安全生产监督管理总局令第6号)第二十二条、第二十四条。
2	建设施工单位管理机构和制度	施工单位应具有工商登记、施工资质和安全生产许可证,施工资质与工程级别相符。	抽查原件。	《煤矿建设项安全设施监察规定》(国家安全生产监督管理总局令第6号)第二十三条,《煤矿建设安全规范》(AQ 1083—2011)4.1。

序号	项目	检　查　内　容	检查方法	检查依据
2	建设施工单位管理机构和制度	监理单位的资质有效并与工程级别相符，现场监理人员执有效监理资格证书。	抽查有关资质文件、证书。	《煤矿建设安全规范》（AQ 1083—2011）4.8。
		煤矿建设、施工单位要设立安全生产管理机构，配备满足安全生产需要的专职安全管理人员和装备。 施工项目部必须配备满足需要的矿建、机电、通风、地测等工程技术人员。	抽查管理机构设置文件，现场抽查。	《煤矿建设安全规范》（AQ 1083—2011）4.4、4.5。
		煤矿建设、施工单位要建立安全生产责任制度、安全目标管理制度、安全投入保障制度、安全培训与教育制度、事故隐患排查与整改制度、安全监督检查制度、安全技术审批制度、安全会议等制度。	抽查制度发布文件。	《煤矿建设安全规范》（AQ 1083—2011）4.3。
		建设单位和施工单位、同一作业区域内的施工单位之间签定施工安全管理协议。	抽查安全管理协议原件。	《安全生产法》第四十五条，《煤矿建设安全规范》（AQ 1083—2011）4.8。
		单位工程施工组织设计、作业规程、安全技术措施，由施工单位（工程处或项目部）组织编制，报上一级主管单位审批，批准后报送建设单位和监理单位；无上级主管单位的施工单位，需报送建设单位批准实施。	抽查审批意见、记录。	《煤矿建设安全规范》（AQ 1083 2011）4.12。
		矿井施工二、三期工程时，每班同时进行掘进作业人员不超过100人。	抽查考勤记录、人员定位记录。	《煤矿建设安全规范》（AQ 1083—2011）4.25。

序号	项目	检查内容	检查方法	检查依据
2	建设施工单位管理机构和制度	填绘11种图纸：地质和水文地质图，井上、下对照图，巷道布置图，采掘工程平面图，通风系统图(二期以后)，安全监测装备布置图及断电控制图(二期以后)，井下运输系统图，排水、防尘、压风、抽放瓦斯等管路系统图，井下通信系统图，井上、下配电系统图和井下电气设备布置图，井下避灾路线图。	抽查图纸。	《煤矿建设安全规范》(AQ 1083—2011)4.26。
		煤矿建设单位、施工单位根据工程进展情况组织编制应急预案，成立应急救援领导小组，指定兼职应急救援人员，配备必要的救援器材、设备，保证正常运转。及时修订应急预案，每年必须至少组织1次矿井救灾演习。	抽查应急救援领导小组成立文件、应急预案、修订记录、矿井救灾演习记录。	《煤矿建设安全规范》(AQ 1083—2011)4.29。
		单项工程、单位工程开工前，施工单位要编制工程范围内的地质预测报告，说明施工过程中可能遇到地质灾害因素及采取的预防措施。 在施工期间，施工单位应根据工程进度情况，适时编制单位工程地质预报，必须做到一工程一预报。	抽查地质预测报告。	《煤矿建设安全规范》(AQ 1083—2011)5.2。
3	联合试运转	竣工完成后，应当在正式投入生产或使用前进行联合试运转。联合试运转总时长不得超过12个月。	抽查主管部门批准文件及联合试运转的时间。	《煤矿建设项目安全设施监察规定》(国家安全生产监督管理总局令第6号)第二十六条。
		联合试运转正常后，进行安全验收评价。	抽查委托评价合同及评价机构资质。	《煤矿建设项目安全设施监察规定》(国家安全生产监督管理总局令第6号)第二十八条。

19.2 建设项目施工现场检查表

序号	项目	检查内容	检查方法	检查依据
1	地面安全设施	双回路供电： 建井期间应当形成两回路供电。当任一回路停止供电时，另一回路应当能担负矿井全部用电负荷。暂不能形成两回路供电的，必须有备用电源，备用电源的容量应当满足通风、排水和撤出人员的需要。 高瓦斯、煤与瓦斯突出、水文地质类型复杂和极复杂的矿井进入巷道和硐室施工前，其他矿井进入采区巷道施工前，必须形成两回路供电。	抽查供电系统图，现场抽查。	《煤矿安全规程》(国家安全生产监督管理总局令第 87 号)第七十一条。
		安全出口： 开凿或者延深立井时，井筒内必须设有在提升设备发生故障时专供人员出井的安全设施和出口。 井筒到底后，应当先短路贯通，形成至少 2 个通达地面的安全出口。	抽查设计及有关图纸。	《煤矿安全规程》(国家安全生产监督管理总局令第 87 号)第四十条。
		安全监控系统： 矿井进入主要大巷施工前，必须安装安全监控、人员位置监测、通信联络系统。 井筒施工进入基岩段后，必须装备甲烷风电闭锁装置。 所有矿井进入二期工程后必须安装矿井安全监控系统。	抽查相关图纸并现场抽查。	《煤矿建设安全规范》(AQ 1083—2011)6.3.1.1，《煤矿安全规程》(国家安全生产监督管理总局令第 87 号)第七十条。

序号	项目	检查内容	检查方法	检查依据
		冻结站： 冻结站必须采用不燃性材料建筑，并装设通风装置，备有急救和消防器材。 定期测定站内空气中的氨气浓度，氨气浓度不得大于0.004%。	抽查现场及有关记录。	《煤矿安全规程》(国家安全生产监督管理总局令第87号)第四十七条。
1	地面安全设施	防坠落： 立井井口必须用栅栏或金属网围住，进出口设置栅栏门。 井筒与各水平的连接处必须有栅栏。 栅栏门只准在通过人员或车辆时打开。立井井筒与各水平车场的连接处，必须设有专用的人行道，人行道上方必须设防护设施，严禁人员通过提升间。 罐笼提升立井的井口和井底、井筒与各水平的连接处，进车侧应设置复式阻车器，出车侧设置单式阻车器。	现场抽查有关设施。	《煤矿建设安全规范》(AQ 1083—2011) 6.1.5.1、6.1.5.3、6.1.5.4。
		井筒悬挂设备的安全防护： 悬挂吊盘、模板、抓岩机、管路、电缆和安全梯的凿井绞车，必须装设制动装置和防逆转装置，并设有电气闭锁。	现场抽查。	《煤矿安全规程》(国家安全生产监督管理总局令第87号)第七十二条。

序号	项目	检　查　内　容	检查方法	检查依据
2	立井凿井提升安全	采用吊桶升降人员时，乘坐人员必须挂牢安全绳，不得人、物混装，严禁用自动翻转式、底卸式吊桶升降人员。	现场抽查设备设施及其检测报告。	《煤矿安全规程》(国家安全生产监督管理总局令第 87 号)第七十四条、第七十五条。
		信号装置： 掘进工作面与吊盘、吊盘与井口、吊盘与辅助盘、腰泵房与井口、翻矸平台与绞车房、井口与提升机房要设置独立信号装置。 井口信号装置要与绞车的控制回路闭锁。 吊盘与井口、腰泵房与井口、井口与提升机房，要装设直通电话。 建井期间罐笼与箕斗混合提升，提人时应当设置信号闭锁，当罐笼提人时箕斗不得运行。 装备 1 套提升系统的井筒，必须有备用通信、信号装置。	现场抽查设备设施。	《煤矿安全规程》(国家安全生产监督管理总局令第 87 号)第七十六条。
		钢丝绳及连接装置： 立井凿井期间，提升钢丝绳与吊桶的连接，要采用具有可靠保险和回转卸力装置的专用钩头。 钩头主要受力部件每年应进行 1 次无损探伤检测。 井筒中悬挂吊盘、模板、抓岩机的钢丝绳，使用期限为 1 年；悬挂水管、风管、输料管、安全梯和电缆的钢丝绳，使用期限为 2 年。(经检测检验，满足安全要求的可继续使用)。	抽查检测报告、安装使用记录。	《煤矿安全规程》(国家安全生产监督管理总局令第 87 号)第七十七条、第七十八条。

序号	项目	检　查　内　容	检查方法	检查依据
2	立井凿井提升安全	临时改绞： 立井井筒临时改绞必须编制施工组织设计。 井筒井底水窝深度必须满足过放距离的要求。 提升容器过放距离内严禁积水积物。	抽查现场及施工组织设计、专项措施。	《煤矿安全规程》（国家安全生产监督管理总局令第 87 号）第七十九条。
3	井筒施工（一期工程）安全	过含水层或者破碎带： 立井井筒穿过预测涌水量大于 10 m^3/h 的含水岩层或者破碎带时，应当采用地面或者作面预注浆法进行堵水或者加固。 注浆前，必须编制注浆工程设计和施工组织设计。	抽查观测记录及相关设计。	《煤矿安全规程》（国家安全生产监督管理总局令第 87 号）第五十一条。
		伞钻使用安全： 在施工组织设计中验算和明确井口伞钻悬吊装置、导轨梁等设施的强度及布置。 伞钻摘挂钩必须由专人负责。 伞钻在井筒中运输时必须收拢绑扎。 伞钻支撑完成前不得脱开悬吊钢丝绳，使用期间必须设置保险绳。	抽查作业规程及现场操作。	《煤矿安全规程》（国家安全生产监督管理总局令第 87 号）第五十九条。
		抓岩机使用安全： 抓岩机应与吊盘可靠连接，设置专用保险绳。 抓矸完毕必须将抓斗收拢并锁挂于机身。	抽查作业规程及现场操作。	《煤矿安全规程》（国家安全生产监督管理总局令第 87 号）第六十条。

序号	项目	检 查 内 容	检查方法	检查依据
3	井筒施工(一期工程)安全	保险绳： 在吊盘上或者在 2 m 以上高处作业时，工作人员必须佩带保险带。 保险带必须拴在牢固的构件上，高挂低用。 保险带应当定期按有关规定试验。	抽查保险绳发放、试验记录，现场抽查。	《煤矿安全规程》(国家安全生产监督管理总局令第 87 号)第八十一条。
3	井筒施工(一期工程)安全	供风方式：立井凿井期间的局部通风机位于井口主导风向上风侧，安装位置距井口不得小于 20 m。	现场抽查。	《煤矿安全规程》(国家安全生产监督管理总局令第 87 号)第八十三条。
4	井巷施工(三期工程)安全	立井井筒装备安装： 井筒未贯通或突出矿井进行煤巷施工、且井筒处于回风状态时，严禁井筒装备安装施工。 吊盘、吊桶(罐)、悬吊装置的销轴在使用前应进行无损探伤检测。	现场抽查。	《煤矿安全规程》(国家安全生产监督管理总局令第 87 号)第六十六条。
4	井巷施工(三期工程)安全	排水系统：井筒开凿到底后，应当先施工永久排水系统，并在进入采区施工前完成。	现场抽查。	《煤矿安全规程》(国家安全生产监督管理总局令第 87 号)第八十二条。
4	井巷施工(三期工程)安全	通风系统： 主井、副井和风井在同一工业广场内，主井或者副井与风井贯通后，应先安装主要通风机和备用通风机，实现全风压通风。不得采用局部通风机或者局部通风机群代替临时通风机。 主井、副井和风井布置在不同的工业广场内，短期内不能与风井贯通的，主井与副井贯通后必须安装临时通风机和备用通风机，实现全风压通风。	现场抽查。	《煤矿安全规程》(国家安全生产监督管理总局令第 87 号)第八十三条、第八十四条。

序号	项目	检查内容	检查方法	检查依据
4	井巷施工（三期工程）安全	瓦斯抽采系统：突出矿井在揭露突出煤层前，或任一掘进工作面瓦斯涌出量大于 3 m^3/min，用通风方法解决瓦斯问题不合理的，必须建立瓦斯抽采系统。	现场抽查。	《煤矿安全规程》（国家安全生产监督管理总局令第 87 号）第八十五条。
		斜井防跑车装置：开凿或者延深斜井、下山时，必须在斜井、下山的上口设置防止跑车装置，在掘进工作面的上方设置跑车防护装置，跑车防护装置与掘进工作面的距离必须在施工组织设计或者作业规程中明确。	现场抽查。	《煤矿安全规程》（国家安全生产监督管理总局令第 87 号）第八十条。

20 露天开采检查表

20.1 基础部分检查表

序号	项目	检查内容	检查方法	检查依据
1	图纸资料	编制地形地质图，工程地质平面图、断面图、综合水文地质图，采剥、排土工程平面图和运输系统图，供配电系统图，通信系统图，防排水系统图，边坡监测系统平面图，井工采空区与露天矿平面对照图。 进行边坡工程、地质勘探工程、岩土物理力学试验和稳定性分析，制定边坡监测措施。	抽查资料、现场抽查。	《煤矿企业安全生产许可证实施办法》（国家安全生产监督管理总局令第 86 号）第九条。
2	人行安全	行走的人员必须走人行通路或梯子，跨越带式输送机时，必须沿着装有栏杆的栈桥通过。	现场抽查。	《煤矿安全规程》（国家安全生产监督管理总局令第 87 号）第五百一十二条。
		非作业人员和车辆未经批准严禁进入作业区。	现场抽查。	《煤矿安全规程》（国家安全生产监督管理总局令第 87 号）第五百一十三条。
3	危险场所	采场内有危险的火区、老空区、滑坡区等地点，应充填或者设置栅栏，设置警示标志。	现场抽查。	《煤矿安全规程》（国家安全生产监督管理总局令第 87 号）第五百一十四条。
		地面、采场及排土场内临时设置的变压器应设围栏，配电柜、箱、盘应当加锁，设置明显的防触电标志。	现场抽查。	
		爆炸物品库、油库、加油站，需设置防爆、防火和危险警示标志。	现场抽查。	

序号	项目	检　查　内　容	检查方法	检查依据
4	高空作业	作业人员在 2 m 及以上的高处作业时，必须系安全带或设置安全网。	现场抽查。	《煤矿安全规程》（国家安全生产监督管理总局令第 87 号）第五百二十条。

20.2 钻孔爆破检查表

序号	项目	检查内容	检查方法	检查依据
1	设计图纸	钻孔、爆破作业要编制钻孔、爆破设计及安全技术措施，并经矿总工程师批准。	抽查资料。	《煤矿安全规程》(国家安全生产监督管理总局令第87号)第五百二十一条。
		爆破前应当绘制爆破警戒范围图。	现场抽查。	
2	钻孔作业	钻孔设备进行钻孔作业和走行时，履带边缘与坡顶线的距离： (1) 台阶高度＜4时，安全距离1～2 m； (2) 台阶高度4～10时，安全距离2～2.5 m； (3) 台阶高度10～15 m时，安全距离2.5～3.5 m； (4) 台阶高度≥15 m时，安全距离3.5～6 m。	现场抽查。	《煤矿安全规程》(国家安全生产监督管理总局令第87号)第五百二十三条。
		钻凿坡顶线第一排孔时，钻孔设备应当垂直于台阶坡顶线或者调角布置(夹角应不小于45°)。 有顺层滑坡危险区的，必须压碴钻孔。 钻凿坡底线第一排孔时，应当有专人监护。		
		采空区钻孔作业时必须制定安全技术措施，必须有专业人员指挥。		《煤矿安全规程》(国家安全生产监督管理总局令第87号)第五百二十四条。
3	爆炸物品管理	爆破现场临时存放的爆炸物品20 m内严禁烟火，10 m内严禁非工作人员进入。	现场抽查。	《煤矿安全规程》(国家安全生产监督管理总局令第87号)第五百二十六条。

序号	项目	检查内容	检查方法	检查依据
3	爆炸物品管理	加工起爆药卷应距离炸药 5 m 以上，加工好的起爆药卷应距离炮孔炸药 2 m 以上。	现场抽查。	《煤矿安全规程》（国家安全生产监督管理总局令第 87 号）第五百二十六条。
4	装药作业	爆破前应实地标出警戒点的位置，设置明显标志，严禁无关人员、车辆进入爆破区域。	现场抽查。	《煤矿安全规程》（国家安全生产监督管理总局令第 87 号）第五百二十一条、第五百二十七条。
		装药时，每个炮孔同时操作的人员不得超过 3 人；严禁向炮孔内投掷起爆具和受冲击易爆的炸药严禁使用塑料、金属或者带金属包头的炮杆。	现场抽查。	
		炮孔卡堵或者雷管脚线、导爆管及爆索损坏时应及时处理；无法处理时插上标志，按拒爆处理。	现场抽查。	
		装药完成并撤出人员后方可连接起爆网络。	现场抽查。	
		爆破作业必须在白天进行，严禁在雷雨时进行；严禁裸露爆破。	现场抽查。	《煤矿安全规程》（国家安全生产监督管理总局令第 87 号）第五百三十五条。
5	爆破警戒	必须有安全警成负责人，并向爆破区周围派出警戒人员。 爆破区域负责人与警戒人员之间实行“三联系制”。 因爆破中断生产时，立即报告矿调度室，采取措施后方可解除警戒。	现场抽查。	《煤矿安全规程》（国家安全生产监督管理总局令第 87 号）第五百二十八条。
		抛掷爆破（孔深小于 45 m ）的安全警戒距离，爆破区正向不得小于 1 000 m，其余方向不得小于 600 m。	检查现场。	《煤矿安全规程》（国家安全生产监督管理总局令第 87 号）第五百二十九条。

序号	项目	检 查 内 容	检查方法	检查依据
5	爆破警戒	深孔松动爆破(孔深大于 5 m)的安全警戒距离，距爆破区边缘，软岩不得小于 100 m、硬岩不得小于 200 m。	检 查现场。	《煤矿安全规程》(国家安全生产监督管理总局令第 87 号)第五百二十九条。
		浅孔爆破(孔深小于 5 m)的安全警戒距离，无充填预裂爆破，不得小于 300 m。		
		二次爆破的安全警戒距离，炮眼爆破不小于 200 m。		
6	高温区的爆破	有明火或者孔内温度在 80 ℃以上的炮孔采取灭火、降温措施，经降温处理合格后方可装药。 高温孔应采用热感度低的炸药，或将炸药、雷管作隔热包装。	抽查记录台账，现场抽查。	《煤矿安全规程》(国家安全生产监督管理总局令第 87 号)第五百三十六条。
		高温爆破作业人员应经过专业培训，形成固定搭配。		《爆破安全规程》(GB 6722—2014)9。
		高温爆破孔内不得使用雷管，应在孔内使用耐高温导爆索，孔外使用导爆管雷管。 装药前非作业人员必须全部撤离。		
7	爆破检查	爆破后的安全检查，应在 5 min 以后开始。	抽查管理制度，现场抽查。	《煤矿安全规程》(国家安全生产监督管理总局令第 87 号)第五百三十七条。
		发现拒爆，必须向爆破区负责人报告。发现残余爆炸物品必须收集上缴，集中销毁。		
8	盲炮处置	由爆破工程技术人员制定盲炮处理方案并经技术负责人批准，由有经验的爆破员处理盲炮。	抽查盲炮处置方案和记录。	《爆破安全规程》(GB 6722—2014)6.9。

20.3 拉斗铲采装检查表

序号	项目	检查内容	检查方法	检查依据
1	工作平盘	最小工作平盘宽度，必须保证采掘、运输设备的安全运行和供电通信线路、供排水系统、安全挡墙等的正常布置。	抽查资料，现场检查。	《煤矿安全规程》（国家安全生产监督管理总局令第87号）第五百四十条。
2	拉斗铲行走安全	拉斗铲行走和调整作业位置时，路面必须平整，不得有凸起的岩石。 变坡点必须设缓坡段。 当行走路面处于路堤时，距路边缘安全距离应符合设计。 地面要设专人指挥、监护，做好呼唤应答。 行走靴不同步时，要重新确定行进路线或处理路面。 严禁使用行走靴移动电缆。	现场检查。	《煤矿安全规程》（国家安全生产监督管理总局令第87号）第五百五十七条。
3	拉斗铲作业安全	拉斗铲作业时，机组人员和配合作业的辅助设备进出拉斗铲作业范围必须做好呼唤应答。 严禁铲斗拖地回转、在空中急停和在其他设备上方通过。	现场检查。	《煤矿安全规程》（国家安全生产监督管理总局令第87号）第五百五十八条。

20.4 运输检查表

序号	项目	检查内容	检查方法	检查依据
1	铁路运输	铁路与公路平交道口应有良好的瞭望条件，并设置道口警标和司机鸣笛标、护栏和限界标志；公路与铁路交角不得小于45°。 道口按级别设置安全标志和设施。	现场抽查。	《煤矿安全规程》(国家安全生产监督管理总局令第87号)第五百六十三条。
		车站、曲线半径在200 m以下的线路段和通视条件不良的路堑不准设置道口；道岔部位严禁设道口。	现场抽查。	《煤矿安全规程》(国家安全生产监督管理总局令第87号)第五百六十三条。
2	卡车运输	矿用卡车作业时，其制动、转向系统和安全装置必须完好。应当定期检验其可靠性，大型自卸车设示宽灯或者标志。	现场抽查。	《煤矿安全规程》(国家安全生产监督管理总局令第87号)第五百六十四条。
		矿场道路必须设置安全挡墙，高度应当为矿用卡车轮胎直径的2/5～3/5。 长距离坡道运输系统，应当在适当位置设置缓坡道。	现场抽查。	《煤矿安全规程》(国家安全生产监督管理总局令第87号)第五百六十五条。
		卡车必须在挖掘机发出信号后，方可进入或者驶出装车地点。 待进入装车位置的卡车必须停在挖掘机最大回转半径范围之外。 正在装载的卡车必须停在挖掘机尾部回转半径之外，且卡车必须制动。	现场抽查。	《煤矿安全规程》(国家安全生产监督管理总局令第87号)第五百六十九条。

序号	项目	检查内容	检查方法	检查依据
3	带式输送机	设置拉绳开关和防跑偏、打滑、堵塞等安全保护。 上运时应设制动器和逆止器，下运时应设软制动和防超速保护装置。 机头、机尾、驱动滚筒和改向滚筒处应设防护栏。	现场抽查。	《煤矿安全规程》（国家安全生产监督管理总局令第87号）第五百七十一条。
		带式输送机启动时应有声光报警装置。 检修时应停机闭锁。	现场抽查。	《煤矿安全规程》（国家安全生产监督管理总局令第87号）第五百七十三条。
4	破碎作业	破碎站卸车平台应设卡车卸料安全限位车挡及防止物料滚落的安全防护挡墙，有良好的照明系统，并有卸料指示信号安全装置。	现场抽查。	《煤矿安全规程》（国家安全生产监督管理总局令第87号）第五百五十二条。
		处理和吊运大块物料时，非作业人员必须撤到安全地点。 清理破碎机堵料时，必须采取防止系统突然启动的安全保护措施。	抽查管理制度、现场抽查。	《煤矿安全规程》（国家安全生产监督管理总局令第87号）第五百五十三条。
		自移式破碎机必须设置卸料臂防撞检测、过负荷保护和各旋转部件防护装置。	现场抽查。	《煤矿安全规程》（国家安全生产监督管理总局令第87号）第五百五十四条。

20.5 排土作业检查表

序号	项目	检查内容	检查方法	检查依据
1	排土场安全	排土场位置的选择，应当保证排弃土岩时，不致因大块滚落、滑坡、塌方等威胁采场、工业场地、居民区、铁路、公路、农田和水域的安全。	现场抽查。	《煤矿安全规程》(国家安全生产监督管理总局令第 87 号)第五百七十四条。
		当出现滑坡征兆或者其他危险时，必须停止排土作业，采取安全措施。	现场抽查。	《煤矿安全规程》(国家安全生产监督管理总局令第 87 号)第五百七十五条。
		排土场卸载区应当有通信设施或联络信号，夜间应当有照明。	现场抽查。	《煤矿安全规程》(国家安全生产监督管理总局令第 87 号)第五百八十二条。
2	铁路运输排土	路基面向场地内侧按段高形成反坡。 排土线设置移动停车位置标志和停车标志。	现场抽查。	《煤矿安全规程》(国家安全生产监督管理总局令第 87 号)第五百七十六条。
		列车进入排土线后，由排土人员指挥列车运行。 机械排土线的列车运行速度不超过 20 km/h；人工排土线不超过 15 km/h；接近路端时，不超过 5 km/h。 严禁运行中卸土。	现场抽查。	《煤矿安全规程》(国家安全生产监督管理总局令第 87 号)第五百七十七条。
3	单斗挖掘机排	受土坑的坡面角不得大于 70°，严禁超挖。	现场抽查。	《煤矿安全规程》(国家安全生产监督管理总局令第 87 号)第五百七十八条。

序号	项目	检查内容	检查方法	检查依据
3	单斗挖掘机排	挖掘机至站立台阶坡顶线的安全距离： （1）台阶高度 10 m 以下为 6 m； （2）台阶高度 11～15 m 为 8 m； （3）台阶高度 16～20 m 为 11 m； （4）台阶高度超过 20 m 时必须制定安全措施。	现场抽查。	《煤矿安全规程》（国家安全生产监督管理总局令第 87 号）第五百七十八条。
4	推土机、装载机排土	排土场卸载区，必须有连续的安全挡墙。 排土工作面向坡顶线方向应当保持 3%～5%的反坡。	现场抽查。	《煤矿安全规程》（国家安全生产监督管理总局令第 87 号）第五百七十九条。
		推土机、装载机排土严禁平行于坡顶线作业。 推土机、装载机与矿用卡车之间应保持足够的安全距离。	现场抽查。	《煤矿安全规程》（国家安全生产监督管理总局令第 87 号）第五百八十条。
5	排土机排土	排土机必须在稳定的平盘上作业，外侧履带与台阶坡顶线之间必须保持一定的安全距离。 工作场地和行走道路的坡度必须符合排土机的技术要求。	现场抽查。	《煤矿安全规程》（国家安全生产监督管理总局令第 87 号）第五百八十一条。

20.6　机电设备检查表

序号	项目	检　查　内　容	检查方法	检查依据
1	设备设施	电气设备、电力和通信系统的设计、安装、验收、运行、检修、试验等工作，必须符合国家有关规定。	抽查资料。	《煤矿安全规程》(国家安全生产监督管理总局令第 87 号)第五百九十七条、第六百一十条。
		采场内的主排水泵站必须设置备用电源，当供电线路发生故障时，备用电源必须能担负最大排水负荷。	抽查资料，现场抽查。	《煤矿安全规程》(国家安全生产监督管理总局令第 87 号)第五百九十八条。
		配置能够覆盖整个开采范围的无线对讲系统，有基站的必须配备不间断电源，同时配置其他的有线或者无线应急通信系统；调度室与附近急救中心、消防机构、上级生产指挥中心的通信联系必须装设有线电话。	抽查通信系统资料，现场抽查。	《煤矿安全规程》(国家安全生产监督管理总局令第 87 号)第六百二十八条。
		必须对变电站(移动站)、开关箱、分支箱统一编号，门必须加锁，并设安全警示标志。 移动变电站箱体应当有保护接地。	现场抽查。	《煤矿安全规程》(国家安全生产监督管理总局令第 87 号)第六百零一条。
		变(配)电设施、油库、爆炸物品库、高大或者易受雷击的建筑，必须装设防雷电装置，每年雨季前检验 1 次。	抽查记录，现场抽查。	《煤矿安全规程》(国家安全生产监督管理总局令第 87 号)第六百一十一条。
2	停送电操作	高压变配电设备和线路的检修及停送电，必须严格执行停电申请和工作票制度。	抽查记录，现场抽查。	《煤矿安全规程》(国家安 全监管总局令第 87 号)第六百二十一条。

序号	项目	检 查 内 容	检查方法	检查依据
2	停送电操作	采场内(变电站、所及以下)配电线路的停送电严格执行工作票、操作票制度。 非计划停送电,应经调度同意后执行,并做好停送电记录。	抽查记录,现场抽查。	《煤矿安全规程》(国家安全生产监督管理总局令第 87 号)第六百二十条。
3	检修作业	执行电气检修作业,必须停电、验电、放电,挂接三相短路接地线,装设遮栏并悬挂标示牌。	现场抽查。	《煤矿安全规程》(国家安全生产监督管理总局令第 87 号)第六百条。
		严禁带电检修、移动电气设备。对设备进行带电调试、测试、试验时,必须采取安全措施。	抽查记录,现场抽查。	《煤矿安全规程》(国家安全生产监督管理总局令第 87 号)第六百一十七条。
		检修用电设备的高压进线和总隔离开关柜时,必须执行停送电制度。 检修设备高压线路时,必须切断相应的断路器和拉开隔离开关,并进行验电、放电、挂接短路接地线。	现场抽查。	《煤矿安全规程》(国家安全生产监督管理总局令第 87 号)第六百三十一条。
		检修前,应当选择坚实平坦的地面停放,因故障不能移动的设备应当采取防止溜车措施,轮式设备必须安放止轮器。	现场抽查。	《煤矿安全规程》(国家安全生产监督管理总局令第 87 号)第六百二十九条。
		设备检修时要执行挂牌制度,悬挂警示牌,设专人协调指挥。	现场抽查。	《煤矿安全规程》(国家安全生产监督管理总局令第 87 号)第六百三十条。
		在设备的隐蔽处及通风不畅的空间内检修时,必须制定安全措施,并设专人监护。	现场抽查。	《煤矿安全规程》(国家安全生产监督管理总局令第 87 号)第六百三十条。

序号	项目	检　查　内　容	检查方法	检查依据
3	检修作业	检查和诊断运动、铰接、高温、有压、带电、弹性储能等危险部位时，必须采取安全措施，检修前切断相应的动力源、释放压力。	现　场抽查。	《煤矿安全规程》(国家安全生产监督管理总局令第 87 号)第六百三十条。

20.7 边坡检查表

序号	项目	检查内容	检查方法	检查依据
1	边坡管理制度	应当进行专门的边坡工程、地质勘探工程和稳定性分析评价。 定期巡视采场及排土场边坡。	抽查评价报告和巡视制度。	《煤矿安全规程》(国家安全生产监督管理总局令第87号)第五百八十三条。
		制定边坡监测措施。	抽查设计、分析报告、监测措施。	《煤矿企业安全生产许可证实施办法》(国家安全生产监督管理总局令第86号)第九条。
2	边坡安全	采场最终边坡采掘作业必须按设计进行，临近到界台阶时采用控制爆破。 坡底线严禁超挖。 最终煤台阶要采取防止煤风化、自然发火及沿煤层底板滑坡措施。	抽查设计，现场抽查。	《煤矿安全规程》(国家安全生产监督管理总局令第87号)第五百八十七条，《煤矿企业安全生产许可证实施办法》(国家安全生产监督管理总局令第86号)第九条。
		定期对排土场边坡进行稳定性分析。 内排土场最下部台阶的坡底与采掘台阶坡底之间必须留有足够的安全距离。 排土场必须采取有效的防排水措施，防止或者减少水流人排土场。	现场检查及资料。	《煤矿安全规程》(国家安全生产监督管理总局令第87号)第五百八十八条。
		定期巡视采场及排土场边坡，发现有滑坡征兆时，必须设明显标志牌。	现场检查及资料。	《煤矿安全规程》(国家安全生产监督管理总局令第87号)第五百八十三条。

20.8 防排水检查表

序号	项目	检查内容	检查方法	检查依据
1	雨季前的计划与措施	雨季前必须制定当年的防排水工作计划与措施。	抽查防排水工作计划。	《煤矿安全规程》(国家安全生产监督管理总局令第87号)第五百八十九条。
		雨季前必须对防排水设施作全面检查。检修防排水设施、新建的重要防排水工程必须在雨季前完工。	抽查防排水工程及设施。	《煤矿安全规程》(国家安全生产监督管理总局令第87号)第五百八十九条。
		对低于当地历史最高洪水位的设施,必须按规定采取修筑堤坝、沟渠,疏通水沟等防洪措施。	检查巡查记录、参加人员。	《煤矿安全规程》(国家安全生产监督管理总局令第87号)第五百九十条。
2	地表防排水设施	地表及边坡上的防排水设施应当避开有滑坡危险的地段。	抽查防排水设施。	《煤矿安全规程》(国家安全生产监督管理总局令第87号)第五百九十一条。
		排水沟应当经常检查、清淤,不应渗漏、倒灌或者漫流。 当水沟经过有变形、裂缝的边坡地段时,应当采取防渗措施。	抽查排水沟。	《煤矿安全规程》(国家安全生产监督管理总局令第87号)第五百九十一条。
3	采场排水设施	用露天采场深部做储水池排水时,必须采取安全措施,备用水泵的能力不得小于工作水泵能力的50%。	检查储水池情况。	《煤矿安全规程》(国家安全生产监督管理总局令第87号)第五百九十二条。

序号	项目	检　查　内　容	检查方法	检查依据
3	采场排水设施	当采用采掘场坑底储水的排水方式时，其排水期限应： (1) 因储水而停止采煤的工作面数少于采煤工作面总数的 1/3 时，不得大于 15 日； (2) 因储水而停止采煤的工作面占采煤工作面总数的 1/3～1/2 时，不得大于 7 日； (3) 因储水而停止采煤的工作面多于采煤工作面总数的 1/2 时，不得大于 3 日。	检查储水池情况。	《煤矿防治水规定》(国家安全生产监督管理总局令第 28 号) 第一百一十一条。